行走中的凝望

——北京市航天中学教师教育教学成果选集

柳学袖　任亚方　主编

北京科学技术出版社

图书在版编目（CIP）数据

行走中的凝望：北京市航天中学教师教育教学成果选集/柳学袖，任亚方主编. —北京：北京科学技术出版社，2015.1

ISBN 978－7－5304－7418－1

Ⅰ.①行…　Ⅱ.①柳…②任…　Ⅲ.①教育研究－中学－文集②教学研究－中学－文集　Ⅳ.①G632.0－53

中国版本图书馆 CIP 数据核字（2014）第 200014 号

行走中的凝望：北京市航天中学教师教育教学成果选集

主　　编： 柳学袖　任亚方
责任编辑： 王云飞
封面设计： 桑　聪
出 版 人： 曾庆宇
出版发行： 北京科学技术出版社
社　　址： 北京西直门南大街 16 号
邮政编码： 100035
电话传真： 0086－10－66135495（总编室）
0086－10－66113227（发行部）　0086－10－66161952（发行部传真）
电子邮箱： bjkjpress@163.com
网　　址： www.bkydw.cn
经　　销： 新华书店
印　　刷： 三河市国新印装有限公司
开　　本： 720mm×1020mm　1/16
字　　数： 380 千
印　　张： 21.25
版　　次： 2015 年 1 月第 1 版
印　　次： 2015 年 1 月第 1 次印刷
ISBN 978－7－5304－7418－1/G·1310

定　价：50.00 元

序

2013年，北京市航天中学建校十周年之际，出版了《行走中的回眸》一书，记录了航天中学50多位教师和管理者的教育教学优秀成果，产生了很好的效果和影响。两年后的今天，学校又编辑出版了《行走中的凝望》一书，这不再是十年的回眸，却是学校两年的奋进，真让人高兴。

一所学校的管理者能及时总结教师们的教育教学优秀成果，并不断积累、汇编，这种做法很有远见，对于提升学校的教育教学质量，提升教师和管理者的综合素质具有十分重要的意义。

对于一个学校来说，有三方面的工作特别重要：一是教学，二是科研，三是管理。教学是学校工作的中心，教学质量是学校的生命。学生的成长，主要依赖于教师的教育教学工作。课堂是教师教育教学的主阵地，教师在课堂上展示自己的教育思想和教育艺术。抓教学、抓课堂是学校的首要任务，科研是推动教学向前发展的动力。当前，学校教育教学改革在不断深入，教育教学内容在不断拓展，教育教学方法不断更新，一切都在变。而变的过程，就是研究的过程、实践的过程。学校的教师要成为教学研究型的教师，就要参与研究，亲自实践。学校要鼓励教师加强科学研究，承担科研课题，在研究中成长。管理是整合各种要素促进学校教育教学发展的抓手。管理要出效率，管理要出水平。没有好的管理，学校的工作就不能形成一股劲，大家的努力就不能拧成一股绳。学校的管理团队是学校管理工作的核心，学校的教育教学、科研以及学校的一切工作运行得如何，皆取决于学校管理团队的领导水平。管理团队的管理思想至关重要，有了正确的管理思想，就会有好的顶层设计，就会组织全体教职工有条不紊地按照学校的发展目标前行。因此，学校的管理团队更应该是个管理研究型的团队。

北京市航天中学又一本教育教学优秀成果集的出版，充分反映了学校在上述三方面工作取得的成绩。衷心希望北京市航天中学秉承航天人的思想和精神，脚踏实地，持之以恒地为学校的持续发展创造出新的业绩。

倪传荣

2015 年 1 月 20 日

目　录

第一编　爱的教育

用教育情怀铸爱于航中 …… 朱利娟 3
师爱，不厌诈 …… 曹　洋 8
她迟到了5分钟 …… 何　萍 13
让“爱”伴随学生成长 …… 高俊华 16
把赞美献给学生 …… 艾洪凤 20
新时期学生的早恋问题初探
——青春期心理教育案例 …… 温　鹏 22
爱与信任——触动心灵的力量 …… 马秀舫 28
一封“微信”，浓浓师生情
——爱的教育案例 …… 陈海玲 31
扶你上马走一程 …… 孙晓宇 35
英语课上爱的教育 …… 艾　勤 39
塞翁失马，焉知非福
——记合唱节失利之后 …… 王晓东 44
在关爱中重生 …… 周新华 47
以爱育爱，让爱浇灌出心灵的花朵 …… 刘惠玲 50
顺畅沟通，传递爱的正能量
——记一次与家长的面谈交流 …… 赖卫平 54
用心履行责任，用爱传承希望 …… 高立文 60
班主任教育案例
——换座位风波 …… 王秋珍 67
爱的教育——班主任工作 …… 梁　超 69

捡到一把汽车钥匙
——与一位学生过招 …………………………………………… 魏建仓 72
我的幸福一刻
——班主任工作手记 …………………………………………… 吴 苑 75
培育一方有温度的土壤 ………………………………………… 张海虹 77
走进学生内心世界，塑造孩子美好心灵
——班主任谈心艺术新思维、新方法 ………………………… 王丽京 81
让真爱温暖学生
——平凡的岗位，不平凡的经历 ……………………………… 张 青 88
孩子，你一定能飞得更高 ……………………………………… 李会霞 91
爱的教育案例 …………………………………………………… 许荔燕 96
以爱育人，润物无声 …………………………………………… 杜 金 98
用爱走进学生的心灵 …………………………………………… 刘小红 102
回味是灵魂提升的转角处 ……………………………………… 车英红 106
做一名智慧型班主任 …………………………………………… 侯 斌 111
距离 ……………………………………………………………… 王永红 117
让单亲孩子在关爱中成长 ……………………………………… 曹万仓 121
用情感架起心灵的桥梁 ………………………………………… 江旭晨 125
用智慧谱写爱的旋律 …………………………………………… 冯晓杰 129

第二编 美的教学

中国古代诗歌鉴赏课堂教学实效性的实施与反思 ……………… 赵俊雷 137
高考古诗文背诵的迁移训练 …………………………………… 李 兰 144
让美流淌在课堂上 ……………………………………………… 夏宇霞 149
文言文阅读“理解文意”之深层解读 ………………………… 陈治君 154
教学不仅仅是“告诉”
——谈语文课堂教学的有效性 ………………………………… 曹瑞波 160
写熟悉的生活，学身边的榜样 ………………………………… 张志芳 165

利用导数求函数的单调区间
——分类讨论 …… 车永慧 169
对函数概念起始课的设计与思考 …… 郝丽霞 178
挖掘课堂教学功能，提高教学实效性 …… 蒋晓玲 183
加强实效性教学，提高学生数学成绩 …… 杨明慧 189
浅析新课程背景下提高文科数学有效教学的策略 …… 赵　伟 193
一切从学生实际出发
——谈定理课教学的实效性 …… 周丽红 198
有效教学活动初探
——针对“写英文回信”的课堂实践 …… 罗　军 203
“用心，真心，精心”提高课堂实效性
——新课标理念下一节听说读写综合技能课教学反思 …… 张华玲 210
学生的“尝试”，有效的教学 …… 李憬斌 218
再认识氯水教学设计 …… 毛冬梅 223
提高化学复习有效性的教学研究 …… 张会春 229
地理导入问题情境创设与课堂节奏把握的研究
——以“世界的语言和宗教”为例 …… 李家宾 237
夯实解题之基
——提升“获取和解读信息”能力 …… 董　丽 245
培养高中学生政治解题能力的策略
——“论证和探究问题”能力的培养 …… 高　焱 251
让信息技术课小心翼翼地去触及学生的心灵 …… 王翠竹 257
提高“网络技术应用”课堂教学有效性的几种方法 …… 钱立春 263
信息技术与音乐课堂教学的整合 …… 林　琳 268
高中音乐鉴赏《丝竹相和》教学设计
——江南丝竹、广东音乐 …… 田丽馨 271
彩绘葫芦的第一课——鉴赏葫芦 …… 袁　清 275
在新课程标准下，体育教学追求合作教学 …… 朱　莎 283
有效利用数据的教学分析 …… 崔小娟 288
心理课教学实践中的几点思考 …… 何　力 294
让学生在游戏中自我成长 …… 王亚玫 298

第三编　新的教法

精选案例，推进高中政治学科与生活的融合 ························ 李志英 305
“航天科技特色”校本课程有效开发途径初探 ························ 徐　红 310
美在其中的数学 ··· 邱荣荣 322
问渠哪得清如许　为有源头活水来
——引导学生改变写作方式 ·· 纪　宏 327

利用导数求函数的单调区间
——分类讨论 …………………………………………… 车永慧 169
对函数概念起始课的设计与思考 ………………………… 郝丽霞 178
挖掘课堂教学功能，提高教学实效性 ………………………… 蒋晓玲 183
加强实效性教学，提高学生数学成绩 ………………………… 杨明慧 189
浅析新课程背景下提高文科数学有效教学的策略 ………… 赵　伟 193
一切从学生实际出发
——谈定理课教学的实效性 …………………………… 周丽红 198
有效教学活动初探
——针对“写英文回信”的课堂实践 ………………… 罗　军 203
“用心，真心，精心”提高课堂实效性
——新课标理念下一节听说读写综合技能课教学反思 …… 张华玲 210
学生的“尝试”，有效的教学 ………………………………… 李憬斌 218
再认识氯水教学设计 ………………………………………… 毛冬梅 223
提高化学复习有效性的教学研究 …………………………… 张会春 229
地理导入问题情境创设与课堂节奏把握的研究
——以“世界的语言和宗教”为例 …………………… 李家宾 237
夯实解题之基
——提升“获取和解读信息”能力 …………………… 董　丽 245
培养高中学生政治解题能力的策略
——“论证和探究问题”能力的培养 ………………… 高　焱 251
让信息技术课小心翼翼地去触及学生的心灵 ……………… 王翠竹 257
提高“网络技术应用”课堂教学有效性的几种方法 ……… 钱立春 263
信息技术与音乐课堂教学的整合 …………………………… 林　琳 268
高中音乐鉴赏《丝竹相和》教学设计
——江南丝竹、广东音乐 ……………………………… 田丽馨 271
彩绘葫芦的第一课——鉴赏葫芦 …………………………… 袁　清 275
在新课程标准下，体育教学追求合作教学 ………………… 朱　莎 283
有效利用数据的教学分析 …………………………………… 崔小娟 288
心理课教学实践中的几点思考 ……………………………… 何　力 294
让学生在游戏中自我成长 …………………………………… 王亚玫 298

第三编　新的教法

精选案例，推进高中政治学科与生活的融合 …………………… 李志英 305
“航天科技特色”校本课程有效开发途径初探 …………………… 徐　红 310
美在其中的数学 …………………………………………………… 邱荣荣 322
问渠哪得清如许　为有源头活水来
——引导学生改变写作方式 ………………………………… 纪　宏 327

第一编　爱的教育

教育是事业，其意义在于奉献；
教育是科学，其价值在于求真；
教育是艺术，其生命在于创新。

用教育情怀铸爱于航中

——北京市航天中学德育特色主题教育

北京市航天中学　朱利娟

北京市航天中学坐落在中国运载火箭研究院所在地，是丰台区办学规模较大的一所完全中学。学校拥有综合体育馆、远程授课教室、气象台、天文台、航天科技教育工作室、太空种植生态实践园、无土栽培花卉实践基地等设施齐全的教育教学活动场所，是一所设施先进、布局合理、管理规范的花园式学校。近四年来，我们秉承“立志、立德、至真、至善”的校训，结合我校的实际，以“爱的教育”为德育主阵地，以提高课堂教学有效性为引领，以航天科技特色校本课程建设为抓手，不断加强队伍建设，始终坚持德育为先、教学为主、教研相长的教育理念，不断增强我校的教育教学实力，努力构建积极向上、内涵丰富、特色鲜明的航天德育品牌。

一、明确德育目标，以爱育爱，构建和谐德育氛围

2009年合校伊始，五所学校合并，一校四址的办公现状，1400多名学生的汇集，350多位老师的融合，让学校各项工作的开展举步维艰，难上加难。此时此刻，学校的稳定是重中之重。柳学袖校长坚定地提出了“用心承载教育，用爱履行责任”的办学方针，并规划了我校发展的三年目标——稳定、质量、特色，力求在稳定中求质量，在质量中求特色，在特色中求创新。我们德育处围绕学校的办学方针和目标，确立了以爱育爱为核心的德育工作重点，创设了“爱满航中”系列特色主题活动。以校园系

列活动为主导，以学生在校常规落实为重点，以班级文化建设为契机，积极营造“尊重与关爱，合作与创新”的校园文化氛围。四年来，我们的努力促使我校德育工作逐步正规化、序列化、科学化、人性化。

二、创新特色活动，以爱为本，培养优秀航中学子

历来的教育家都把热爱学生作为为师之本。博大深邃的师爱，是教育王国的万有引力，是教育走向成功的最基本的前提和必要条件。巴特有句名言：“教师的爱是滴滴甘露，即使枯萎的心灵也能苏醒；教师的爱是融融春风，即使冰冻了的感情也会消融。”“没有爱，就没有教育”已成为教育者的共识。航天中学需要的就是这种爱的教育的延续，航中的教师们就是要关注每一个学生，让每一个学生都在教师的关爱中健康成长。

（一）关爱

2009—2010 学年度，围绕以爱为本、构建和谐德育、培养优秀航中学子这一德育工作切入点，我们初步尝试开展了“关爱与赏识”系列德育主题活动。率先以师爱为主导，倡导教师关爱学生，赏识学生，要“拇指教育”，不要“食指教育”。要求教师做到微笑教学、亲情批语和关爱对话。《北京市航天中学学困生帮扶爱心手册》的使用，使全体教师依据关爱教育的理念，变管理为帮扶，变批评为关爱，建立了和谐融洽的师生关系，让学生在学习中感受爱。

（二）赏识

2010—2011 学年度第一学期，在关爱教育的基础上，依托我校“用爱承载教育，用心履行责任”的办学理念，我们在学生中开展了“爱是承担、爱是力量、爱是分享、爱是荣耀”四大主题爱的教育活动。以班级文化建设为龙头，用文化引领学生，用文化凝聚班级，用文化发展学校。搭建“航爱杯”评选平台，鼓励全体学生积极参与，每月从学生中评选出榜样之星。全方面、多角度关注、奖励进步生，充分发挥关爱的教育功能，把外在的激励变为学生自身的动力，促进学生健康成长。

第二学期，我们进一步研讨我校的德育工作方针，确立了“爱满航中”的特色德育主题，以“春满校园”为主导，践行北京精神为主线，将“爱国、创新、包容、厚德”的北京精神和“立志、立德、至真、至善”的航中校训相结合，开展了“春声——我为学校、社区做好事”“春绿——绿色卫士”“春芽——品读座右铭”“春风——学风、班风、校风建设”“春雨——净化心灵 诚信是金”系列活动。在不断赏识和鼓励的基础上，激发学生的自信心和荣誉感，让学生在活动中凝聚爱。

（三）感恩

2011—2012 学年度，我们继续发挥“爱满航中”特色德育主题活动的功效，在稳定、发展的基础上，努力打造学校的特色德育。我们开展了“爱我祖国，传承美德，担负责任”“爱我学校，美化校园，净化心灵”“爱我集体，难忘师恩，情谊常驻”“爱我科技，探索自然，立志腾飞”“爱我活动，汲取知识，充实提高”五大系列主题活动。让学生沐浴爱的阳光，健康成长，在活动中分享爱。

（四）合作

2012—2013 学年度伊始，我们延展了“爱满航中”主题活动，举办了“感恩九月，爱我恩师”“创新科技，爱我航天”“经典浸润，书香伴我”“唱响国歌，爱我中华”“心手相牵，互助互爱”五项德育主题活动。第二学期，为了深化爱的教育的辐射性，让爱走进学生的心灵，我们鼓励学生们充分发挥自身的正能量，不仅能够感受爱、分享爱，还要学会奉献爱、传递爱，让身边的每一个人都能积极向上，合作共赢。我们开展了“爱的正能量”系列德育主题活动，将航中学子的爱传递到各个角落，真正实现以爱育爱的德育目标。“志愿服务，传递爱的正能量”学雷锋志愿活动；“寻找春美，凝聚爱的正能量”社会实践活动，“关爱心灵，释放爱的正能量”心理教育活动，“放飞梦想，点燃爱的正能量”爱的正能量主题教育活动，再一次将我校的德育特色教育推向了高潮，让学生在活动中不断传递爱。

（五）超越

2013—2014 学年度，凸现我校德育特色专题化、营造德育亮点成为我们探索的新方向。我们设计了以“超越自我，做最好的自己”为主线的“爱的正能量”系列主题活动。努力实践多角度，多方面培养学生的综合能力，鼓励学生超越自我，成为优秀的航中学子。我们提出了感动他人每一天，超越自我每一天，提升自我每一天，展现自我每一天的励志口号，力争在活动中塑造学生，成就学生，为学生成为最好的自己搭建广阔的平台。

合校以来，我们坚持以“爱的教育”为切入点，以“爱满航中”特色德育活动为台阶，打造了一条“关爱、赏识、感恩、合作、超越”的德育主线。在关爱中教会学生关心人，感受爱；在赏识中鼓励学生，凝聚爱；在感恩中教育学生回报人，分享爱；在合作中引导学生协同人，传递爱；在超越中成就学生，做最好的自己。我们搭以爱育爱之平台，以活动规范行为，以活动促进和谐，以活动打造特色。在活动中，我们的老师和学生都在不断地成长。

三、规范德育管理，以爱引领，打造卓越德育团队

五年内，为了打造一支卓越的全员德育队伍，我们先后制定了《北京市航天中学班级管理评比条例》《北京市航天中学优秀班主任评选条例》《北京市航天中学副班主任培训方案》，实施了“育师铸优”青年教师培训工程，充分发挥教育的引领和监督职能，规范了德育管理制度，强化了德育表彰机制，加强了各项评比、培训的政策倾斜，极大地激发了班主任老师的工作积极性、责任心、荣誉感和幸福感。

全校38位班主任，8位年级组长。平均年龄42岁，平均班主任年限12年，老中青合理搭配，学科结构全面，骨干力量凸显。他们中有4人荣获北京市“紫禁杯”优秀班主任的光荣称号，2人荣获丰台区骨干班主任称号，2位年轻班主任荣获丰台区青年新秀的称号，区级德育先进和优秀班主任11人，区、校级骨干教师17人，党员27人。这是一支经验丰富、学术全面、肯于付出、勇挑重担的德育队伍，是我校德育工作的中坚力量和核心。

总之，五年来航中的每一名成员在这个温暖的大家庭中都被爱所包围着、引领着。柳校长率先垂范，要求每一名党员和每一位教师做学生的良师、慈母、益友，做学生的知心人、贴心人。我校也由此涌现出了一批教师典范，他们在学习上耐心地辅导每一位学生，在生活上更是给予学生无私的关爱。学校现任初三（4）班主任、59岁的袁志庆老师“爱生如子，无私奉献”的事迹感动了很多的同仁和家长，也感染了他的学生们。他的办公室就在设在本班教室里，办公、吃饭、休息……袁老师从不离开班级，时时刻刻都和孩子们在一起。他的言传身教，学生们感同身受。

有太多的班主任事迹让我们感动，有太多的学生行动让我们难忘。忘不了高三（3）班28岁的、全校最年轻的班主任曹洋老师拖着刚刚做完手术的病腿，在孩子们期待的目光下，满面笑容地站在讲台上的情景。忘不了随班就读的初三学生王靖思同学，蹒跚地走上毕业典礼台，将怀中早已焐热的一大捧鲜花献给他最亲爱的班主任马丽老师的情景。忘不了暑期学校装修后，为保证新学期学生正常上课忙碌在教室、楼道、操场的老师们的身影，忘不了学生们参加全国、市、区级各项比赛后手捧奖杯、奖状的喜人情景…… 浓浓的爱心如涓涓溪流，滋润了学生的心田，增添了老师的幸福。

五年的德育工作是充实有效的，阶段性任务的完成也是有条不紊的，成绩的取得更是令人惊喜的。我们一步一个台阶，扎扎实实地将我校的德育工作不断向前推进。现在，我们仍在不断思考、探究航天中学特色德育主题活动的创新和深化。把活动开展的更加深入、有效，把校级层面活动向年级、班级层面活动的落实，是我们在层面纵深方面的思考。将每个大活动分解成多个小项目，由不同的社团、兴趣小组来承担，也是我们初步探究的重点。我们相信：生命在于运动，教育在于活动，活动是实现教育目标的最佳手段，活动让孩子们的成长值得回味。

今后，我们将不断努力，增强我校德育工作的实效性；不断探索航天特色德育的系列化、课程化，建立健全航天特色德育管理机制，进一步做亮、做活“爱满航中”系列德育主题教育，努力打造一个卓有特色的航天德育主题品牌。用教育情怀，铸爱于航中！

用爱做指导，用心做教育，挥洒勤奋汗水，浇灌智慧之花，再结累累硕果。

师爱，不厌诈

北京市航天中学 曹 洋

爱，它包含了太多温暖与美好的回忆。母爱，给予我们生命、养育我们的伟大的爱，是因为血脉相连；友爱，给予我们力量、温暖我们心迹的爱，是因为共通你我；师爱，不似母爱伟大，却有母爱的关怀，不似友爱温暖，却有友爱的温馨。作为班主任，我一切无怨无悔的付出源于心中深沉的爱，给学生的爱犹如一粒种子，它会开花，会香飘满园。爱需要智慧，爱更需要一些刻意的谎言，那一点“诈”可以改变孩子的一生。

【案例背景】

处在青春期的学生敏感，脆弱。班级里有个男孩叫文灏（化名），中考时因为志愿问题，考到了我的班级里。这是个学习能力很强的孩子，但是他的性格很古怪，和同学的关系也不是很好。他觉得他应该在一个更好的学校里学习，于是 11 月份和家里提出了转学，坚持到了第一学期的期末。由于一些原因，学校让我在第二学期临时接管了这个班级，第二学期一开学，家长跟我联系说转学不好转，可是孩子要转学的事情很多同学都知道了，这个敏感且带有一点“高傲”的孩子无论家长怎么说服，也不来学校上学，而且还有了放弃和轻生的念头。老师家长看在眼里，急在心上。

【案例过程】

对于我这个中途接班的年轻教师，处理这样的事情是第一次，于是我静下来分析了事情的整个过程，决定采取以情动人、爱不厌诈的方式，用爱的基调唤起孩子心中的博爱，用博爱转变孩子，给他以希望和温暖。

进行了前期的班级走访，班级里其他的孩子对文灏的印象很不好，觉得他不好接触，性格不好。文灏也觉得自己不能融入班集体。我和文灏进行了电话沟通，本来都答应周四下午来学校，中午接到文灏家长电话说孩子还是没有勇气走进学校，我将电话打到孩子手机上，还没等我说话，孩子态度消极地说：“老师，您别为我操心了，我不学了，我彻底地放弃了。”失落中透着绝望的语气。我赶紧说：“孩子，你是我眼中非常有前途的孩子，我们所有的老师都期待你的归来，我昨天知道你要回来，很是兴奋。你的前途把握在你的手里，没有人能阻碍你前进的脚步。”过了一会儿，我又问：“下午能过来吗?”孩子说能，当我让他来办公室时，他犹豫了，后来我意识到了如此要强的孩子还没有勇气一下子面对所有的老师，于是我约他在对面的麦当劳见面，他终于答应了。我们如约而至，知道孩子喜欢喝咖啡，我买了两杯，特意为他多要了一袋糖，看着清瘦的他，我们开始了聊天。看着他强硬的放弃态度，首先分析了他的现状，我说：“你是个非常有实力和能力的孩子，从目前的学习情况看，是非常有希望的。”他说不喜欢班级之前的氛围，因为这个班我也是新接管的，但是我信心百倍地告诉他：“你放心，咱们班现在可好了，整体风貌不错，还有良好的学习氛围。”关于他说的缺少动力的问题，我明确地告诉他：“学习的动力源于自己，我们应该像雄鹰一样，为了心中的信仰和追求，百折不挠，在胸中充满勇气，在风雨人生路上一往无前。”他的语气缓和了很多。我知道他心中最大的症结是害怕其他同学嘲笑他，这是自尊心极强的他所不能接受的。我不确定其他的孩子会不会接受他，会不会有孩子嘲笑他，我心里也打着鼓，但是我坚定地说：“你回来的事情放心吧，班里会欢迎你的，大家都盼着你回去呢。我向你保证，咱们这一家人都期盼你回来。”他笑了，也开口说了他的想法，最终答应回来先把落下的课补上，从他的眼睛里我读出了一些信心。

离下午放学还有半个小时的时间，我迅速思考着如何在如此短时间内让其他孩子从心里接受他，让同龄人不嘲笑他。

终于听到了放学的铃声，我走进班，先做了一个全班的常规总结，肯定了大家的努力和成绩，然后我说我要和大家说一个严肃的问题：“从我接班，我就觉得咱们这样一个积极向上、活泼开朗的集体就是我们的一个大家庭，大家认同我的观点吗?”班里瞬间响起了掌声。我继续说：“如果咱们的家人生病了或者出差了，你们是不是特别地期盼他回来呢?”话音刚落，有的孩子马上意识到了，说："老师，是文灏要回来了吗？""老师，他不是转学了吗？"我冷静了一下，对全体同学撒了谎，我说"文灏同学是生病了，今天是最后一天打点滴，实不相瞒，我才见过他，他没有转学，他不是还来参加咱们的期末考试了吗？""不行，老师，他太自私了。""老师，他都不和我们说话。"一串串的问题向我袭来，我说："孩子们，文灏变了，他变得开朗了，剩下的大家自己来发现他的变化吧。""老师，我和他说话他不理我怎么办啊？"我灵机一动，说："从我接班，我就用心在爱你们，我用一颗心来包容在座38个孩子的缺点和小脾气，大家能不能每人拿出心中一份小小的爱和点滴的宽容来，共同编织一份四班的博爱和宽容来欢迎我们即将回家的同伴？"孩子们开始认同了，还是有人在质疑，我请大家伸出双手，为自己的博爱鼓掌，然后让他们突然撤去左手，请继续鼓掌，孩子们愣住了。我说："只有两只手才能击出那样美的掌声，缺一不可，我希望明天大家都可以伸出我们热情的右手，我相信文灏会因为大家的博爱而伸出他的左手，奏出我们最美的掌声。"我说完后，孩子们响起了热烈的掌声。大家说："老师，放心吧，咱们自己家人，我们知道该怎么做。"放学后，我又召开了专门的班委会，又强调了一下，请大家多关照一下这个面临选择的同伴。

一切的前期工作暂时完成，可我心里还是放心不下，真的不知道明天会有什么状况出现，也担心某位同学的话刺痛他敏感的神经，我一遍又一遍地为最坏的场面计划着如何处理，同时也期盼着好的结果。

【案例结果】

终于还是等到了第二天，早晨我忐忑地来到班级，孩子们问："老师，文灏还没来？"这时，我看到他走进了教学楼，我微笑着迎上去，试探着问："咱们进班？""嗯。"我高兴地领着他进了班，瞬间班里一片掌声，当时我都没想到，他们一起喊："文灏，欢迎你回来！"我说："孩子们，咱们的亲人回家了，这回我们40个人拧成一股劲，一起向前飞，欣赏我们奋斗之路上的美。"孩子们笑着应着："好！"班长主动过来领文灏到了他的座位，说："昨天就为你擦干净了，一起奋斗，加油！"第一节上课铃响了，文灏说："老师，我没带笔记本。"坐在他前面的孩子主动给了他一个新本子。课间的时候我没有刻意地关注他，可以看到他和其他学生一起有说有笑地交流着，文灏逐渐地走向美好的明天，我从心里高兴。

【案例分析】

爱是一座硕大的城堡，使人宁静、向往、安全，它是无边无际的阳光，给人温暖和希望。真实的爱，是醇厚的爱；有诈的爱，是智慧的爱。

一、换位思考，关注细节处理，体现爱的真谛

“换位思考”的实质是设身处地为他人着想，即想人所想，理解至上。换位思考是师生之间最应该做到的，在解决文灏的问题上，对于开始他不愿意来办公室的问题，我就想如果是我，我也不好意思直接到办公室来说自己的问题，万一其他老师问起来，对于自尊如此强烈的他来说肯定不知如何是好。切实地从他的角度出发，我们将见面的地点约在没有熟人的麦当劳，学生体会到了我的用心，也很配合地愿意和我沟通。如果我生硬地让其来办公室，也许会是另外一种结果。换位思考不是轻飘飘的四个字，学会它要有宽广的胸怀，要有博大的气度，要有一颗体贴入微的心。和敏感型学生沟通时，要十分注意细节，以前每天早晨都会看到文灏吃麦当劳的早餐，总是有一杯咖啡，于是见面的时候我特意为他买了咖啡，这就给了学生一种高度关注他的感觉，学生体会到他的一举一动都受到老师如此的关注，心里会和老师有一种亲近感，师生沟通起来会更加的顺畅。爱学生才会把他们当作我的亲人，每天给学生灿烂的微笑和无微不至的关爱，也许会在学生心中撑起一片阳光。

二、时刻关注，注重方法，渗透爱的魅力

关爱学生的方法和技巧很丰富，实施的效果也会因人而异，要选择合适的方法，有时还要发挥主观能动性，创造性地开展工作，正确处理师生之间对立统一的矛盾关系，既要坚持原则又要灵活机智。在孩子们质疑的表现中，我抓住了“掌声”的魅力和鼓掌的方式，掌声是给优秀的人的赞扬，孩子也需要掌声，同时是为自己的宽容和博爱鼓掌，当需要协作鼓掌时，他们意识到了班集体的每一个同伴都是他们的另一只“左手”，是他们青春掌声的协作者。孩子们理解了我的用意，与此同时也提高了自己的素质，爱护了文灏的自尊心，培养其他孩子的博爱之心。这是教育的一种境界，一门艺术，是我做班主任追求的目标之一。

三、爱不厌诈，以爱养爱，创造双赢

1. 爱不厌诈，它看起来是诈，发挥的却是爱

爱，有时候需要一些适当的谎言，这些善意的谎言也许可以为孩子撑起一片天空。在解决文灏不来上学的问题时，我首先肯定了他的能力和实力，他担心的是学生的嘲讽，我在不知道孩子们会如何接受的情况下，跟文灏说大家的期盼，打消了他的顾虑，为他心态平和地回归校园坚定了信心。这是一种谎言，是一种诈，但是这样却可以挽救一个孩子。在和其他孩子沟通的时候，我没有直白地说出来他转学没成功，而是为他找了一个生病的借口，平复学生心中的疑惑和猜想，也避免了文灏回来的尴尬。一切都源于我对他们的爱，没有如此的感情，我不会想到用谎言让文灏回来，也不会想到让孩子们在短时间内接受文灏，这些“诈”展现了我心底对学生深沉的爱的力量。

2. 爱不厌诈，适时教育，创造双赢

在和全体孩子沟通的时候，我利用这个机会给孩子们进行了博爱和宽容的教育以及实施。宽容是一种美。宽容是一种非凡的气度，是对人对事的包容和接纳。他们的宽容，在我博爱观念和集体精神的引导下迅速地建立，并且很快实施，他们内心的博爱和宽容将为他们的青春再添色彩。同时也增强了班集体凝聚力，学生真正地做到爱集体犹如爱自己的家。青春期的孩子经不起太多反面的触碰，有时候沟通需要做一些“手脚”，使孩子们用他们自己的博爱接受原本不接受的事物，奠定爱的基调，使文灏重新融入集体中，用爱的谎言化解了一场“危机”，用爱的谎言着实地教育了学生。用爱养爱，创造了双赢的局面。

做班主任的日子里我是幸福的，我用心爱着每一个学生。教育学生关键是理解，“亲其师才能信其道”，教师热爱学生、对学生寄予希望，学生在心理上就会得到满足，从而乐于接受班主任的教育和管理。每个学生都是活生生的、有感情、有思想的人，只要付出爱心，枯草也会发芽；只要一缕阳光，他们就会灿烂。总之，心灵的桥梁要用情感去架设，用尊重、信任、体贴去充实。有诈的爱也是一种爱的语言，它是一种欣赏、一种坦荡、一种宽容，一种幸福的体验，一种诗意的享受。作为一名班主任，一定要有博爱、公正和宽容之心，去呵护学生、悦纳学生，这样我们就能感受到每一个鲜活的生命，看到每一种独特的美丽！一分严格之水，要加九分感情之蜜酿成甘露，爱不厌诈，以爱养爱，用智慧创造爱的双赢。

教育是一个长期的、潜移默化的过程，因此，我们在解决教育问题的一切具体场合，都应该表现出明智、有远见、合情合理和耐心。

她迟到了5分钟

北京市航天中学　何　萍

这是期中考试的第一天，一早，我来到了教室。学生们都在教室里认真地复习，很安静，一一看去，发现还有一个学生没有按时到校，心里暗想，她怎么又迟到了？

早自习铃声响过之后大约五分钟，有学生推门进来，正是她——小赵。我轻轻地问了一声："迟到了，怎么回事?"让我没想到的是，这轻声一问之后，并没有得到正常的回答。如果学生说明情况、表现正常，即将开考，我也不会"为难"她，有问题会考完后再解决。可是，这时的小赵眼圈发红、情绪激动，可以明显地感觉到她的心中压抑着一座火山，即将喷发。此时的她无法控制好情绪，不适合、也无法进入教室投入考前这最后一点复习时间中去，我示意她一起来到了教室外面。

教室门外，小赵眼泪夺眶而出，原本语言表达很清楚的她，这时在含混不清地说着什么，似乎是"就迟到了五分钟，还挨排问!"她不断重复着"挨排问、挨排问"这个短句，原来，她的这次迟到，到我这儿，已经是第三次被问到了，让她感到不舒服。迟到了就要说明情况，接受批评这是学校教育中再普通不过的事情了，为何会引起小赵这么强烈的反应呢?肯定还有其他的原因。而小赵这时情绪激动，我再批评她可能会更加失控，她现在需要的是平静下来，进行正常的沟通。虽然我这时对她的行为不太满意，但我深知：我是教师，她是学生，我是成年人，她是个孩子，她的心智还不成熟，而我应更为理性地处理眼前这一太过任性的行为。

我要求她先去办公室，目送她走进办公室，我稍稍平静之后，也来到办公室，想坐下来和小赵好好聊聊。让我没想到的是，我看到她正在用失控的语调给她的妈妈打电话，大喊大叫地要她妈妈到学校来接她，不想参加考试了。她的妈妈的工作单位离学校不远，很快来到了学校。我当着小赵的面向她妈妈简单说明了情况，在这个过程中，她的情绪稍稍有些稳定，能够进行比较正常的交流。

她说，这两天感冒了，很不舒服。期中考试的时候生病，肯定会影响成绩，心里就觉得很烦。今天早晨又迟到了，被几个老师问，就更烦了，不想考试了。

她的妈妈说："孩子今天早晨起晚了，早饭都没吃，这不还给她带来了早饭，这孩子就是太想考好了，还有就是太任性，听不进我们的话，没办法，要不就回家吧。"

我作为班主任，怎能让她就这么走了呢？今后的考试、今后的挫折还多着呢，如果不能打开心结，再碰到类似的情况她或许还会这样，紧张、烦躁、逃避……

我对她说，我上高中时也碰到过这样的情况。当时住校，没有家长照顾，发着烧去校医室要了一片退烧药，第二天照常参加期末考试。小学六年这样的事经常遇到，当然都有家长陪在身边感觉就好多了。我的亲身经历拉近了与小赵的距离，也让她感到考试与生病感冒是我们都会遇到的很平常的事情。学生迟到了，老师问明情况，提出要求是老师的责任，作为学生按时到校是基本要求，如果迟到，也有责任向老师说明情况，甚至接受批评教育与班级公约的惩罚。生病是每个人都会经历的事情，考试是高中学生生活中的常态，迟到也是生活中谁都可能会遇到的，三件事情都再普通不过了，正常地、理智地看待事物应是高中学生有意识地培养的一种基本素养。出现这样不冷静行为，背后更重要的原因是自我的施压，高三学习压力大，当出现一些不利情况时，紧张感就会变为烦躁感，因此，要试着不断调整心态，以一种积极的、良性的心态应对，会有更大的提升。

我告诉小赵的妈妈，今后除了关注孩子的穿衣吃饭之外，还要关心孩子的心态变化，多了解，适时地帮助孩子调整，帮助他们顺利度过人生的这一关口。

高三，对于学生来说，意味着更多的作业、更多的学习内容，也就是更大的压力，他们经常会出现焦虑、紧张，不能正确面对、调整不好时，有可能会出现不理智的行为。通过这件事，我也反思，高三班主任可以做些什么。

一、时常关注学生的心理变化

要多与学生聊天、沟通，了解他们的思想动态；多与家长沟通了解学生情况，给家长一些提示，在家中关注学生的心态，共同努力，防患于未然。

二、冷静、理性地对待问题

当问题出现时，以暴制暴只会激化矛盾，以柔克刚反而可能是更好的方式。通过理性思考认清事物本质，打开心结，才能更好地投入学习。

一番交流之后，小赵已经平复了情绪，拿起笔来说：“老师，我明白了，我要去考试。”这时开考已十多分钟，时间紧张，我说：“你快去吧!”考试结束后，她又来到办公室，告诉我：“老师，我都答完了，答得很顺利!”

用真挚的“爱”影响学生的一生。

让“爱”伴随学生成长

北京市航天中学　高俊华

“这是心的呼唤，这是爱的奉献，这是人间的春风，这是生命的源泉……”这首《爱的奉献》是我多么喜欢唱的一首歌曲呀，它一直指引着我作为教师要用真爱去谱写教育事业最美丽的篇章，用心去享受孩子们带给我们的爱与幸福。

一、用特别的爱，激励特别的他

我校原初三（6）班有一位男生，名字叫方垒（化名），可以说是“差生”中的极品：吸烟、喝酒、赌博、打架、旷课、迟到时常有之，染发、穿奇装异服也习以为常，不服从老师管理、顶撞老师，在同学中称王称霸，在家长、老师面前诡辩、撒谎，损坏公物，与社会青年混在一起。可以说，这些坏习惯在初中二年级时就积习难改了。自进入初三年级以后，一段时间里他的这些坏习惯逐渐“发扬光大”，很多任课老师拿他没有办法，班主任、年级组长的说教已经不起作用了，家长的管教很不得力，发展到后来根本就管不了。在这种情况下，三天两头送政教处，几乎是要交给我来托管了，时间一长连我的说教他都听不进去了。有一次我与他之间不愉快的谈话，引起了我的深深思考。如何改变他的现状？我突然想起徐志摩写过这样一首诗：我有的只是爱，我是一个极充实的富人，也是一个极其空洞的贫者，我没有别的动力，我只有爱；我没有别的能耐，我只有帮扶；我没有别的方法，我只有真爱。是的，老师是学生心中的太阳。作为传道、授业、解惑的教师，更应该“博爱”，爱他的每一个学生，让每个学生都感到温暖。我相信爱是帮助学生最大的力量，我深信怀抱着这样的心态，教育才有永恒的生命。对“顽劣生”应给予更多的是“关爱”，是“帮扶”；因为他们常常被人瞧不起，自信心已经没有了，只有老师的真爱和同学们的理解，才有可能激发他们的信心和学习的热情。

于是我对他采取特殊的教育方式和方法，牢记用心履行责任、用爱承载教育的理念，始终关注他的存在，尊重其人格，决不在其他学生面前提及他的不是，只是把他的典型过错一一记载下来。平时，我常提醒他要注意改正自己的缺点。有一次，他趁上体育课自由活动的时候，跑到教室大肆吞云吐雾（抽烟），被另外的老师撞见，跑来叫我，我立即跑过去，他已经装出若无其事的样子走出了教室。正好还有另一调皮男生和一女生在教室。我把他们都叫到办公室，问及此事，他们都矢口否认说“绝没有抽烟”，在这种情况下，我只能强忍心中怒火。第二天中午，那名“极品”男生又在教室当着其他同学的面吞云吐雾，被我抓个正着。我先把他叫到办公室，轻言细语给他讲了吸烟的危害，以及过去一段时间里他所犯的错误。然后我问他昨天下午是不是他抽的烟，他还是不承认（其实，那天下午放学后，我又私下找了另外两位同学谈话，了解到就是这位男生干的，只是他们当时不敢说）。这时，我真的火了，但仍然强压心中的火，给予其严厉批评，并且给他讲“列宁小时候摔碎其姑妈花瓶”的故事。他终于承认了这两次抽烟的事实。这次谈话我整整花了 3 个多小时。后来几天，我没有发现他在校内抽烟了。不过，他却剪了个怪发型，好像是向我示威，早上在校门口我拦下了他，说他发型不合格，不符合校规要求，严肃地批评了他。那天他主动要求请假出去理发，我心想这回他怎么这么听话了？同意了他的要求。谁料，那天午自习检查人数时，他和班上其他几名同学都不在班里。下午上第一节课才东倒西歪地回来，满身的酒气，回到教室就撒酒疯，谁说他也不听，班主任又把我找了去，事实证明他喝酒了。我看到他的样子，很生气，但当时，我还是仍然关爱他，没有马上教育他，而是把他的家长请来把他带回家，等到酒醒了再处理此事。第二天，问及此事，他死活不说，只说到其叔叔家吃了午饭，回来晚了，但凭我的经验，他可能在撒谎。经过我 2 个多小时的耐心细致的教育，他终于承认自己并未到叔叔家去，而是去电子游戏厅，和其他社会青年游荡了一上午并和他们一起喝酒了，谈话中他又提出来请假去理发，我仍然相信他，但提出要带他去理发店，这时，他不好意思地低下了头，说了声“老师不用了”……此后，他变得守规矩多了。当然，这种积习很深的同学，要彻底改变，还须长期抓、反复抓、抓反复，从这件事中，至少让我领悟到现代教育的一点真谛——用关爱化解“矛盾”，一定会收到满意的育人效果。教育植根于“爱”，然而“爱”是教育的源泉，教师心中有了爱，才会用伯乐的眼光发现学生的闪光点。苏霍姆林斯基说过：“教育技巧的全部奥妙在于如何去爱护学生。”作为一名学校德育主任，要时刻注意从每一个细节当中关爱学生，因为好孩子是鼓励出来的，好学生是在激励中成长的。

二、真情无限，不轻言放弃

几十年的德育工作实践证明：教育人是一项长久的工作，“顽劣生”的确“顽固”，极不容易转化，爱心能使他一时感动，但要他彻底转变，那是一个十分漫长的过程。也许在几经挫折后，有人会认为其“不可救药”而放弃教育，这样做，顽劣生是得不到真正转化的。我认为师生间的沟通很重要，走进学生的心田，了解学生内心世界，有“随风潜入夜，润物细无声”的作用。关键是要找准教育切入点。

（一）分析成因，做到胸中有数

家庭因素：该生是独生子，父母是普通工人，小时候父母对他百依百顺，放任自流，加之母亲溺爱，可谓是穷汉养娇子，使他从小滋长依赖、懒惰、孤僻、自卑、不求上进，说话做事随心所欲的个性。

自身因素：据他父亲说，他从小就性格内向，进入小学后，有问题不敢问老师，甚至老师主动问他他也不回答，久而久之，学习习惯差、纪律观念淡薄，父母也不知道该怎样教育才好，所以就放任自流。

（二）对症下药，进行帮扶转化

方垒回到教室上课后，恶习难改，经常欺负同学、骂人，上课影响同学、下课追逐打闹，弄得教室乌烟瘴气。又因他气量小，同学制止他，他还出手打人。同学与他的距离远了，他没有伙伴。每次说服教育后他都意识到自己错了，可过几个小时后一切依旧。是什么原因使他屡教屡犯呢？我想是关爱缺失。他得不到同学们和家长的关爱和帮扶，才会表现出种种恶习。因此，我想对待他既要有爱心，又要有耐心，因为潜藏在他骨子深处的“顽劣症”不是短时间内能医治好的，于是我到他们班要求同学们不轻易招惹他，处处团结他，像照顾病人一样照顾他，使其能从中体会到老师和同学们对他的关爱。从这一事例中可以看出，教师要转化这类学生需要一个长期的过程，绝不是一朝一夕就能改变的。要允许他有反复，但是犯了错误，教师要及时批评指正，要讲清楚犯错误的原因，决不能无原则的迁就，更不能放任自流，也不能轻易放弃。陶行知先生告诫我们：“你的教鞭下有瓦特，你的冷眼里有牛顿，你的讥笑中有爱迪生。”问题学生的转化可以说意义重大，事关班风、学风、校风的建设。巴特尔曾说过："教师的爱是滴滴的甘露，即使枯萎的心灵也能苏醒，教师的爱是融融的春风，即使是冰冻了的感情也会消融。"我信奉这句话，因为只有用爱心才能换得学生的真情。因此，我们要特别重视对问题学生的教育。一个总被批评的学生，在他扭曲的心灵里，不知道班集体是一个什么概念，我决心为他找回集体的温暖，找回学习的自信。我想既然他不会管自己，就先教他管别人，让他担任纪律委员，在课前与班长一起合作，维护班级秩序，做好课前准备，我在暗处默默地观察他，发现他工作中点点滴滴做得好的地方，就在班里及时表扬，有不足的地方，就在底下与他交流，帮他改进。一段时间下来，果然见效，他的行为习惯有了很大的进步。在他的日记中记录了自己能当班委的高兴心情，也表示要不断努力改正自己的缺点。

记得有一次方垒同学没来上学，我问他们班同学他为什么没来上学。有一名同学对我说他生病了，我想"他刚刚有一点进步，是老毛病又犯了，还是真的生病了?"带着这种想法，我去他家做了一次家访，对他说了一些鼓励的话，肯定了他做纪律委员工作的成绩。实践证明，对部分学生，特别是一些调皮学生，用大道理很难说服，他们往往不懂得接受，依然我行我素，经常惹来老师的批评，对老师也总抱有一种对抗的情绪。对他进行表扬，他认为是哄骗；对他进行批评，他认为是整治。可是，一旦学生生病了，你去看看他，他就会责备自己曾经让你操心了；学生家里有困难，你给予他帮助，他就会怀着感激之情下决心改掉自己的毛病；学生有了困惑，你去找他谈心、关心他，他就会下决心听你的话……这许许多多关心和爱护学生的行为和举止，会拨响学生心灵深处的琴弦，会引起学生情感的共鸣，会使学生懂得和接受你的教诲。从这以后，特别是在初三后半年的学习中，方垒表现得特别突出，老师们常说"就像换了一个人一样"。就是这么一个小小角色的转变，让他重新找回了自己在集体的位置，他开始爱帮助别人了，能用纪律约束自己了。临近初三毕业的时候，他的家长找到了我，一再表示非常感谢我对他孩子的教育，使他找回了自我并考上自己理想的学校。

看来，每一个孩子的心灵，都渴望关爱和帮扶，只要我们教师爱得真诚、爱得平等、爱得公正，每一名学生都会茁壮成长，我们的绿叶才会枝繁叶茂，我们的绿叶事业才会更加有意义。

让教育充满思想和智慧。

把赞美献给学生

北京市航天中学　艾洪凤

哲学家詹姆士精辟地指出“人类本质中最殷切的要求是渴望被肯定”，热情、向上的中学生更是如此。教师的赞美是阳光、空气和水，是学生成长不可缺少的养料；教师的赞美是一座桥，能沟通教师与学生的心灵之桥；教师的赞美是一种无形的催化剂，能增强学生的自尊、自信、自强；教师的赞美也是实现教育以人为本的有效途径之一。教师的赞美越多，学生就越显得活泼可爱，学习的劲头就越足。

作为教师都有这样一种感觉，各班总有几个学生既不勤奋上进，又不惹是生非；对班级一切活动既不反对抗议，也不踊跃参加；虽然学业平平，却不名落孙山。一般情况下，既得不到老师的表扬，也得不到老师的批评，是一些容易被教师忽视、“遗忘”的学生。

我所带班级的就有这样一个似乎没有什么“特色”的学生。很长时间，我几乎没注意到她。直到有一天，一件微不足道的小事改变了我对她的看法，从此也改变了她自己。那是一个中午，我进行午间管理，当我出现在班级门口时，凑在一堆的同学以最快的速度散开，而眼前地上的一张垃圾纸却没有人拣起。当我注视着这张纸时，她走了过来，轻轻地拣起废纸放进了垃圾桶，我对她投去了赞许的、肯定的目光。在下午的政治课上，我专门拿出10分钟的时间对这件事情进行分析，并对这名同学大加赞扬，赞扬她这种良好的行为习惯和关心集体的思想品质。我注意到此时的她，眼睛亮亮地闪着平日里不曾见到的光。我的心快速地颤抖了，我欣喜地知道，应该怎样做了，我要一鼓作气，打造一个优秀的同学，我这样暗暗地想着，也信心十足地欣喜着。于是，接下来的日子，楼道里、课堂上、操场上甚至是不经意间的偶然相逢，我都会适时地投去欣赏、肯定的目光，每次都能看到她眼里流露出的自信和喜悦。为了收到更好的效果，我还不失时机地从其他学科教师那里挖掘她的闪光点，和其他老师交流看法，相约老师们共同关注她，并及时给予表扬，使其真、善、美的正能量能真正得以激发和升华。渐渐地我发现她变了，上课特别认真，作业完成得尤其好，学习成绩也有了很大的提高。

实践证明，教师一句激励的话语、一个赞美的眼神、一个鼓励的手势，往往能给学生带来意想不到的收获。如此反复地对学生施以鼓励、激励、肯定、赞美，就会使学生的优点在不知不觉中得到强化，使他们不断获得成功的情绪体验，满足其成就感，进而激发学习动力，培养自信心，促进良好心理品质的形成和发展，对于建立和谐的师生关系，营造一个奋发向上的班集体氛围，都有着意想不到的作用。

千淘万漉虽辛苦，淘尽狂沙始得金。

新时期学生的早恋问题初探

——青春期心理教育案例

北京市航天中学　温　鹏

一、背景描述

从2011年9月开始，我担任高中实验班班主任。班里有两个非常出色的孩子，学习成绩十分优异，还在班里担任重要的学生干部工作。他们从高一开始就是前后桌，女生学习非常刻苦，努力程度堪称表率，成绩位居年级前五；男生则天资聪颖，但学习的刻苦性明显不足，成绩在年级20名左右。两个孩子的共同点是，在高一就对学生工作充满了热情，并且都很自信，但似乎都不太认同对方的学习态度，并且都颇有微词。

但这两个孩子在高一下学期开始，有了密切交往的迹象：一起吃饭、写作业、回家，甚至在课堂上未经老师同意就坐到了一起，窃窃私语。中午自习时，女孩一如既往认真学习，男孩则坐在一旁，什么都不做，默默地看着对方。晚自习结束后，两个孩子还要在教室里多待上半个小时，然后由男生送女生回家。这样频繁且密切的交往，很快让老师和同学发现了异常。

二、分析、解决问题过程

我和其他课任老师，选择适当的时机，在适当的场合，分别和这两个孩子谈过心。两个十六七岁的孩子互相产生好感是很正常的事情，我不认同在一开始就向家长汇报情况的做法。我处理所谓“早恋”问题的原则，就是希望双方在感情面前不要丧失理性。但多次的谈心效果并不明显。谈话时，他们都认可老师的看法，但在短暂的克制之后，常常故态复萌。在周日和假期，他们一起去首都图书馆，一起去逛街，关系似乎更密切了。在临近高二的那个暑假，我因为男生成绩一落千丈准备前去家访，却又看到这两个孩子一起走在路上，家访只能作罢。家长在这时也发现孩子的一些异常举动，我们有了简单的电话交流。高二学年一开学，我正为这两个孩子的事发愁时，却收到了男孩寄来的一封信：

××老师：

我们已经分手了，在8月的时候，这是千真万确的事实。虽然这是一个痛苦的过程，但是我想这是值得的。可能你也注意到了，我现在不会和她一起吃饭了，不会跑到她的座位去了，晚上也不会和她一起回去了。就在我们认为已经调整好了心态，一切已经恢复正常，可以专心地读书、不受任何干扰的时候，在我们已经可以坦然面对这个问题的时候，却还是要受到来自老师们和家长的如此大的压力。

妈妈没收了我的手机，限制我的网络，还曾经想要拆掉我的电脑，在我的坚持和努力下才没有发生。甚至每次我接电话她都要找借口到我房间来，或者更直接一点，在另一个房间里拿起分机来“监听”。她会翻我的书包、翻我的抽屉，每天翻电话的通话记录，这我都知道，难道我连保留最基本的隐私都已经是奢求了吗？每天回到家她都会看似漫不经心地说上两句，但弦外之音谁都能听得出来。我知道你跟我妈通过电话，上个星期，她妈妈中午来学校给她送饭，碰到了××，她也说了这件事，我知道你们这样做都是为了我们，你的教学经验也很丰富，像我这样的现象不是第一个，也绝不会是最后一个。只是，这样做真的有必要吗？

发生这种事，妈妈是绝对会站在老师那边的，她似乎觉得只要好几个老师都这么说，那就一定是无可争辩的事实了，岂是我一句无力的“真的没有”可以反驳的。

妈妈是一个受过伤的女人，不知道是不是因为这个才让她变得多疑、不信任，每次我出门她都要问我是跟谁出去的，去哪里。是的，正如你所知道的那样，我们过去会在周末的时候去首都图书馆，去那里写写作业，看看书什么的，但是我们从来没有用去图书馆的借口去逛街或是看电影，唯一的一次，在寒假的时候，我和她去西单（当然没有对父母撒谎，是为了去买同学的生日礼物），还迎面撞见了×老师，自然是十分尴尬。现在我还会去图书馆，只不过是一个人去。

而且妈妈也正在变得没有耐心，爸爸也是。就说昨天，我从房间里出来上个厕所，只不过站在电视前看了不到10秒钟，当时正在放我感兴趣的电影，爸爸就喊我“赶快进去学习，还站在那边干吗”。上次我兴冲冲地拿了一本2011年的考生手册和一本招生计划（向学长借的），想要和她们讨论一下我要报考哪个学校，进入哪个专业比较好，爸爸略带讽刺地说：“考试都考不好考虑进哪个专业有什么用，现在最重要的是把成绩搞上去，而不是来考虑这个，赶快进去复习。”妈妈说：“成绩才是硬道理，到时候你的成绩高还不是想进哪个专业就进哪个专业，你没跨过那个门槛就不行。”我本来准备了一肚子的话想要对他们说，可却像热脸贴上了冷屁股。事实上，几乎每一次我想找他们聊两句，他们都会不耐烦地扔给我一句：“进去复习！”我已经忘记他们上一次表扬我是什么时候了，当然这也和我成绩下降有关，没什么可说的，但是，我更需要的是他们的支持和鼓励，而不是考砸之后的一顿臭骂。他们不知道，他们的一句肯定，就会让我开心好久。

虽然我没读过心理学，但我也想向你分析一下我们的心理，我想，会出现早恋，大概是因为不能从家庭那里得到足够的温暖，所以才在对方身上寻找慰藉。可能你会觉得有些可笑，但是有很多事是你所不了解的。

我的父母闹离婚已经不是一天两天的事了，从我小学六年级开始，他们就已经开始闹离婚了。在别人眼中他们是恩爱的模范夫妻。可是一回到家里就完全不一样了，这一切我都看在眼里。扯头发，撕衣服，砸东西，什么场面我都见过。我经常不得不一个晚上起来三四次来劝架，可是关上房门以后还是继续吵，他们大概以为房门的隔音效果很好，我也希望要是那扇房门的隔音效果能好一些就好了，可是我怎么能当作什么都没发生过呢？每次我去劝架，他们都只是扔下一句：“不关你的事。”真是可笑，不关我的事，难道要等到了法庭上决定监护权的时候才真正“关我的事”了吗？他们不知道的是，有多少次我回到房间，躺在床上把头埋在枕头里哭，在夜里祈祷这个家能够不再破碎。

他们答应过我这一年里不会离婚，似乎更像是一种协议，但是我比谁都更清楚这一年的相安无事并不能解决任何问题，我很害怕在不远的一年后的将来，我会迎来什么样的结果。

我告诉你这些，是因为我想让你了解我的情况，也是因为我信任你。所以，请不要让我失望，好吗？或许在这特殊的一年里我会变得更加敏感，但我会尽力做到坚强。

她也跟我讲过她的故事，讲了整整一个下午，也哭了一个下午，她也有她的不幸。她这么拼了命的读书是有原因的。她是一个非常要强的人。

我知道你觉得我们上课时的状态不对，但是，我们累不是因为越来越少的睡眠，不是因为来自家庭的包袱，而是因为还要承受本不应有的各种压力。让我来数一数，我被你、××年级组长，××主任，××校长都“谈话”过，我真的不想再来一次了。

希望你能给我一个明确的答复。

小龙

小龙：

其实，我也感受到开学两周来你们的变化，我的态度是静观其变。你们应该知道直到上周之前，我没有和你们的父母通过一次电话，谈起你们这方面的事情。但非常不巧的是，上周你妈妈打了一通电话过来，说起××同学几次打电话到你们家，而且是在深夜，好像还是暑假到开学这段时间的事。而她妈妈周六来给她送饭，我恰巧碰到了。在这种情况下，自然会说到你们的学习，我也不可能有意去隐瞒你们在上学期间发生的事情。

我们的年龄、身份、经历各不相同，所以在同一件事上肯定有不同的看法。我处理这类事情的原则，就是希望双方在感情面前不要丧失理性。我想，这么多老师会找你们谈话，主要原因就是你们曾经不分场合、不分时间、不分轻重，一度迷失了自我。这点不单是老师，同学们也多有说法。不管你们出于什么样的原因走到一起，把握情感表达的度，是每个恋爱中的男女都需要注意的。因为你们涉世未深，尤其是你的成绩一落千丈，所以老师才想帮你们一把。其实，××老师在西单碰到过你们；暑假8月份的时候，××年级组长坐在车上，就看到你们俩走在路上；而上学期的某个周日，我自己也在麦当劳的公交车站见过你们一次，我们离得很近，我和你们打招呼，你们居然都没有反应。我想，这些可能就是你所说的压力的来源。

就像你所说的，所谓“早恋”，除了“两情相悦”之外，还源于各自经历中，让人觉得感伤、不幸，甚至是无力承担或改变的苦难。家长、老师的种种行为和举措同样也是出于各自的人生体验。代沟当然也是不可避免的。也没有谁会做出让每个人都满意的事来，况且有些事真的是不可理喻。所以，如果已经下定了决心，就不要再动摇了，更不能因为谁又提起这件事就心生抱怨。

我真的非常感谢你对我的信任。家庭的不幸常常是我们不能面对，同样也是无法改变的。也许这也是你日渐成熟之后，最为在意的一个问题，而它常常只能深藏在心，难以启齿。我是不是可以把它当成你进入高中以来，学习上始终提不起干劲的主要原因？老师的压力恐怕还在其次。我不知道，现在让你安心学习，会不会是隔靴搔痒、站着说话不腰疼的表现。这样的要求恐怕高了些，因为任何人都无法做到心如止水，但这应该成为你的方向。

优越的、健康的成长环境也许我们不完全拥有，但健康、积极的成长心态不可或缺。现在是一个转折，也算是一个新的起点，先把能做好、该做好的事情做好。

我不知道这样的答复你是否满意？

××老师

就这样，这段短暂的恋爱，在我刚刚得知这两个孩子最真实的想法时就结束了。我不知道自己“在感情面前不要丧失理性”的忠告，在他们俩“理性”处理这件事上发挥了多大的作用。但我从这封来信中看到了自己的不足，看到了新时期青少年思想教育面临的新挑战。

三、经验和反思

首先，我们有意无意地忽视了孩子内心世界的丰富与敏感，低估了他们思考的能力，代沟远比想象的要深很多。我们常常下意识地以过来人的身份，强加给我们的孩子许多成年人的想法。殊不知，90后的青少年具有的特殊性——不迷信宣传、不崇拜权威、不轻易服从，让他们下意识地在心底竖起了一道防线，那些最真实的想法往往难以启齿，也不太愿意与成年人分享。所以沟通的效果常常事倍功半。除了了解学生的兴趣爱好之外，真正深入孩子的心灵，才有可能成为心灵的导师。

其次，对于一个花季少年，家庭环境和教育，在孩子身上刻下了极深的烙印，家庭教育成功与否，直接关系到学校教育的成败。陆士桢老师说，新时期，从社会福利和科学发展这个角度，青少年有八大需求，其中一个需求是获得良好的家庭生活。从这个意义上讲，班主任必须把工作的臂膀延伸到家庭。当然不是去干预人家夫妻关系，但是你必须要知晓孩子的家庭环境，有的时候甚至需要通过干预家里的这种教育，来为孩子成长提供一个良好的环境。我曾经在高一年级对这个男孩进行过家访，就如同男孩的来信中所写的那样，我看到他的父母就是恩爱的模范夫妻。当他和女孩交往后，我并没有发现真正原因，所有的谈话也许只能是隔靴搔痒。在收到来信之后，我小心翼翼地在保护隐私的前提下，向男孩的母亲说起男孩渴望鼓励、渴望信任的想法后，母亲才反思了作为父母的某些做法，承认了教育孩子过程中，过于强势、过于“霸权”，造成对孩子的伤害。

最后，学校对学生的男女生交往问题缺乏系统有效的教育。这个案例中，这两位学生在短暂的交往后，学习生活又恢复了正常，高中紧张的学习容不得他们在这件事上有更多的纠缠。但是，恐怕还有不少学生在交往中，身心都受到了严重的伤害。老师的各种教育方式不仅无力、无效，而且遭到学生的抵触和埋怨。学校是否应该在学生进入青春期之后，就考虑从心理、生理、责任意识、平等意识等方面，切切实实对孩子们进行青春期的教育，防患于未然？

参考文献

[1] 孙义农. 高中生心理辅导 [M]. 杭州：浙江大学出版社，2003.
[2] 张厚粲. 心理学 [M]. 北京：中央广播电视大学出版社，2010.
[3] 刘玉新. 对中学生“早恋”现象的分析及对策思考 [J]. 现代教育科学，2003 (12).

教育感言：用爱守护花开，用心陪伴成长，做幸福的教师，培育幸福的人。

爱与信任——触动心灵的力量

北京市航天中学　马秀舫

有位教育家曾经说过：“爱是教育的前提，没有爱就没有教育。”作为教师，只有热爱学生，特别是尊重、爱护、信任学生，使学生真正感到来自教师的温暖和呵护，教育才富有实效。那些在学习、思想、行为等方面存在一定偏差的学生，我们称之为“问题学生”。他们往往被忽视、被冷落，殊不知，学生看起来最不值得爱的时候，恰恰是学生最需要爱的时候；错过学生的一个教育机会，没准就错过学生的一辈子。

在我接的高一（4）班里，有一个好动的男生，他人很聪明，待人也很热情，但是上课的时候总管不住自己的手。不是与同桌打闹，就是自己玩，有时一个笔头就能玩大半节课。跟他坐在一起的同学换了又换，有的受到他的感染，也开始不同程度地违反课堂纪律，影响任课老师的课堂教学和情绪。对于他，任课老师的反应最为强烈，他的行为不仅违反了课堂纪律，而且严重影响了教学进度和任课老师的教学积极性。他对任课老师的批评教育总是谦虚接受，但是坚决不改。任课老师经常向我反映他的问题，然而就算我是班主任，在我的课堂上他一样还是控制不住自己。

我利用课余找他谈话，而他总是这里答应改，转头又管不住双手。君子协定签了好几遍，每次都是坚持不到一周时间就故态复萌。我也多次找家长沟通，共同教育，也无济于事。曾经怀疑孩子得了多动症，但是家长说检查了没有问题，真是伤透脑筋。渐渐地我对他失去耐心，开始不再关注他，甚至有时表现出对他的反感。而他呢，也变本加厉，每节课都不安宁。我们的谈话越来越有火药味，直到有一天……

那天，他在英语课上不仅不听讲还捣乱，被轰出课堂。来到我的办公室，我懒得跟他谈话，拿出他写过的保证书，直接告诉他，按照保证书上写的，今天只能请家长把他领回家思过，然后我就拿起电话，要给他的父亲打电话。他拦住我，说："老师，我以后不这样了，您别给我爸打电话。""这话你说了几次了？今天必须停你的课！要是按照你的所作所为，早就应该按校纪校规处罚了。""你不能停我的课！""你还挺横！我不能停你的课，你就可以捣乱大家的课堂，让全班都没法上课?!""我又没不让他们听讲，我玩我的，碍他们什么事?""你在那又扔纸飞机又出怪声，别人怎么听讲?""反正我不回家!""你……"谈话到了这地步，我火气冲到了脑门，但是又强压下去，不能让愤怒冲昏头脑，我要冷静，想想该怎么办。

正在这时，历史老师来我的办公室办事，我一下子想到，让任课老师们一起说说他的问题，比我一个人有战斗力。于是我请历史老师说说对他的看法。本以为历史老师会跟我一起批评他，但是历史老师却说："我很喜欢你。"我听了一愣，而他，眼眶一红，竟然哭了！刚才还跟我横眉冷对，现在竟然哭了！历史老师接着说："你很尊敬老师，从来不跟老师顶撞，也很爱帮班里做事，那次上历史课投影仪坏了，你主动帮我修，三两下就修好了，这说明你的动手能力很强，而且你的头脑很聪明，虽然你不爱学习历史，也经常不带齐学习用具，还总是上课玩东西，但是其实你是有听讲的，有一次我问了一个问题，全班其他人都不会，你却很快答出来了。我觉得你只要想学一定会把历史学好的。"

是啊，仔细想想，他还真是有很多优点，他喜欢学理科，数理化都不错，同学们有不会的题，都爱去找他请教，他也会耐心讲解；虽然不爱学文科，但是理解力很强，听了就懂，背了就会；其实他除了上课爱动，爱捣乱，还是个不错的孩子。听了历史老师的话，我也开始反思我的教育，为什么我的谈话对他没有触动，而历史老师的话却让他流下眼泪？这之间的差别主要就是"关爱"。我只是看到他的问题，只是为了班级管理来与他谈话，所有的教育都没有把对他本身的"关爱"放在首位，自然就会引起他的反感，甚至反弹。而历史老师却是从对他的"关爱"出发，而且包含着信任，这才触及他的心灵，让他感动。想明白这些，我知道该怎样改变他了。

我接过历史老师的话说："你听到历史老师对你的看法了吧？你自己会想到是这样的吗?""没有。""是啊，你自己觉得你的行为符合老师的评价吗?""不符合，我其实在历史课上经常捣乱，玩东西，玩手机，不听讲，我现在知道错了。""我也可以告诉你其他一些老师对你的评价。数学老师说你是班里最聪明的，许多时候只有你一个人学懂了，你是他的希望，但是你太懒，又太不专心，他很希望你能努力一回，争个数学第一！化学和物理老师也都认为你是非常好的理科生。而文科的地理老师也认为你要是能把注意力多集中一会用来听讲，你的地理也会是名列前茅。而我，其实一直认为你是一个热爱集体的同学，从入学第一天，你就热心班级活动，运动会、黑板报、科技节等活动，你都热心参与，而且你经常给同学讲题。你有很多优点，只有一个缺点就是上课不专心，总爱搞小动作。你能不能发扬你的优点，改掉你这一个缺点呢?""老师，我保证，我一定改，要不然都对不起您和老师们的信任，我给您写下来。""不用了，我相信你。今天还有三节课，你能按你说的做吗?""一定能!""好，我看你的表现。"

一场火药味很浓的谈话，却是这样的收场，连我也没想到，这真的要谢谢历史老师，是她让我看到关爱对学生的重要。而我把老师们的抱怨改变一下方式说给他，竟然得到了良好的效果，更证实了关爱与信任在教育中的重要性。

这之后我联系了各位任课教师和家长，一起寻找他值得表扬的地方，及时表扬，发现有不守纪律的现象及时提醒，注意不是批评，只是提醒，很快就收到了不错的效果。他的违纪少了，成绩提高了，虽然也有管不住自己的时候，但是提醒后能马上改正。

由此看来，只要给"问题"学生多一点的关注，让他们的"闪光点"发光，使他感到老师时刻在关注他，还有就是不要吝惜我们老师的赞扬之词，有问题及时处理，有了进步更要及时表扬。学生希望得到老师的认可，更渴望得到表扬，这会激发学生强大的学习动力，增强信心。转化一名后进生可以带动整个班集体的进步，所以其意义非常重大。

在此我由衷地感谢历史老师，也十分庆幸，我没有错过关爱教育的机会，没有做让自己后悔的事。

教育不是墨守成规的重复，而是与时俱进的创造！

一封“微信”，浓浓师生情

——爱的教育案例

北京市航天中学　陈海玲

忙碌了一天，直到把最后一名学生送走，我才离开了学校。走出学校，看到满天的星光，心里想的还是班里的这些孩子们，惦记着他们的学习，担心着他们的会考。学生再有一个星期就要考试了，我每天除了正常上课以外，对于基础薄弱、学习困难的学生，还要单独辅导，结合他们做题出现的错误，有针对性地讲解和训练，同时还要关心他们另外三科会考科目的复习状况。由于一直劳累，再加上外感风寒，嗓子突然嘶哑，几近失声，但我还是正常上课，并没有太当回事。可是上课时，自己都能感觉到发出的声音好像不是自己的，听起来是那样的陌生，声带肿胀，发声时引起阵阵疼痛。

回到了家，我想起有一件事还要叮嘱一名学生，于是拿起手机，刚要发短信，看到微信圈中有一条新信息，是班上的“默默”发来的。我急忙打开，看到一封微信：“老师，萝卜汁、姜汁混合在一起半杯，对嗓子有好处！您记着试一试哟！”看到这封短信，我的心暖暖的。可爱的“默默”已经能够用爱回报爱了，在他的世界里放得进老师和同学了，这是多么令人欣慰啊！

眼前浮现出两个月前的情景。一天中午，“默默”在办公室外徘徊，他的脸上写满了忧伤，两只眼睛流露出无助和孤独。看到我，一副欲言又止的样子。“默默”是个男孩子，但看上去身体很柔弱，性格内向，平时和同学的交流很少，他的脸上总是挂着忧郁。我曾经和他聊过天：“你有什么不开心吗?”“没有，老师，我很好啊。”我想，可能他就是这种性格，就没有再多问。这次，他在办公室前犹豫很久，注视着窗台上的花，用手指捻着花土，见到我，又慌忙躲避，凭着老师的直觉，我觉得这孩子一定是遇到很难很难的事了。我把他叫到办公室，关切地问道：“你有什么困难，能跟老师说说吗？老师很愿意帮助你!”我看到他的眼圈有些红，但很快他调整了自己的情绪：“老师，放学后，我在教室等您好吗?”我答应了他。

放学后，班里的同学做完值日，三五结伴离开了学校。我准时来到班里，看到“默默”在窗前沉思，孩子这么忧郁，我心里很难过，因为我爱班里的每一名学生，我把他们当成自己的孩子，他们的喜怒哀乐都牵动着我的心。我关切地问：“有什么不开心，告诉老师，我相信我会帮到你的。”当他抬起眼睛时，我看到他的眼里噙满了泪水。“老师，我不想上学了，我要退学了!”说完就哽咽了。我当时一怔，“默默”在班里的学习虽然不能说数一数二，但也是前几名啊，而且他很聪明，理科学起来一点也不费劲，经常和我一起讨论化学题，成绩有时还超过实验班的学生。他为什么突然要退学呢?“你先别难过，跟老师慢慢说。”“老师，我本来不想说，但我实在憋得难受。我的爸爸妈妈要离婚了，他们为了房子和财产，每天都吵来吵去，根本就不关心我。我就是一个多余的人，每天放学回家，我都希望回家的路更长一些，真不愿意回到那个冷冰冰的家里。他们如果离婚了，我就退学，不想学了，没意思!”说着说着，眼泪就流了下来。我能体会这个孩子的心情，压抑得太久了，让他痛痛快快地哭一场吧，把他的委屈都哭出来，把他对爸爸妈妈的“爱”和“恨”都释放出来，把他的无助的情绪宣泄出来。我给他递过去手帕纸，这时候任何的安慰都是多余的!

当他的情绪平静下来以后，我问他：“你想过吗，退学以后去干什么?”“我想去学一门技术，早点工作挣钱。既然爸爸妈妈不重视我，都不爱我，我也不想好好学了！混日子算了!”从他的语气中，我听得出来，爸爸妈妈离婚这件事对他的打击是很大的，他感到的是绝望，因为他认为他们不爱他了，所以才要拆散这个家庭。我首先安慰他：“你不要这么想，你永远是他们的孩子，你的爸爸妈妈是爱你的，而很多东西由不得你去选择，由不得你去改变，但你能主宰自己的现在和未来。”我又说：“每个人的一生都不可能是一帆风顺的，会遇到各种困难和挫折，关键是我们要面对现实，以积极的态度战胜困难！而不是消极逃避！”

我停了一下问：“你怎么知道爸爸妈妈不爱你了呢?”“他们总是在争吵!”我很平静地对他说：“他们之间有矛盾，并不表示他们不爱你了！我相信你的爸爸妈妈对你的爱是不会改变的。如果你一时冲动，退学了，正是学习知识、增长才干的大好年华，不就白白地浪费了吗？况且，在你们众多的同龄人中，能够考上高中也是你奋斗换来的机会，为什么要放弃呢？如果没有学习科学文化知识，没有达到社会所需要的能力和技能，又怎么能创造自己的未来呢?”“老师，我特别怀念小时候，那个时候我的家里充满了温暖。”我说：“人不可能总停留在过去，随着你年龄的增长，家长对你的爱会更加深沉、更加含蓄。其实我们的班集体也是一个大家庭，同学之间就像兄弟姐妹，互相关心，团结友爱。班主任是你们的大家长、大朋友，你们都是我的牵挂，我希望你们都能健康快乐，积极向上；我希望你们天天进步，将来都能成人成才。老师们都很爱你，物理老师夸你作业写得好；数学老师夸你的电脑技术好，上课时帮老师解决技术问题；语文老师夸你很用心，对古文很感兴趣；你是我最得意的学生，老师很愿意和你一起讨论化学问题。你对化学的热爱，令我感动。来自老师和同学的爱，将会一直陪伴你啊!”

“默默”抬起头，擦干了眼泪，眼神里又充满了希望。看得出来，我的话他听进去了，而且给了他很大的鼓舞，他感受到老师对他的关心，也感受到老师对他的浓浓的关爱之情，他对自己的未来又充满了信心。此时，我最想让他感受到：他不是被父母抛弃的孩子，他不是没人爱的孩子，他还有老师无私的爱、同学真诚的爱，他不是孤独的，全班同学都是他的伙伴；他不是无助的，老师和同学一直与他同在！“默默”的心情轻松了很多，“老师，谢谢您，我知道我该怎么做了!”看着他的样子，我的心舒展了许多。于是我拍了拍他的肩膀：“好好学，将来肯定有出息！老师相信你!”

为了给“默默”创造更好的家庭氛围，我约来了他的家长，把他的情况和他的家长进行了沟通。当他的家长听说他要退学时，都很惊讶，而且也意识到对孩子的关心不够。我也给家长提出了建议，不论大人有什么矛盾，对孩子的爱不应改变，对孩子的教育责任不能减少。要多关心、多关注，不要因为大人的事情影响到孩子的身心健康！家长也表示，要注意调节家庭气氛，在家里要多关心孩子的学习生活等方面。

在以后的日子里，我对他倾注的爱就更多了一些。我经常给“默默”

创造机会展示自己的才能，参与班里的事情。让他负责班里多媒体的使用，让他制作主题班会的 ppt，每一次他出色完成后，全班同学都给他鼓掌。渐渐地，我看到他的脸上有了笑容，课间和同学在一起很开心，老师和同学的爱让他感受到集体的温暖。他还会经常和我说一些“小秘密”，师生情日渐深厚！

这次我的嗓子哑了，他非常关注，曾多次提醒我：“老师，您应该多喝点水！”我能感受到他对老师的爱，我很感谢他！没想到，这个孩子很有心，回家找了偏方，又特意给我发来了微信。这一片浓浓爱师情，是多么可贵、多么令人感动啊！我深深体会到：教师爱学生，就会在学生的心里播种下爱的种子，生根发芽，终将长成爱的参天大树！

身为教师，爱学生是天经地义的，没有爱就没有教育；没有爱心，就不会有爱的传播。我们对学生的爱，将教会他们爱家人、爱师长、爱人民、爱国家、爱社会，这应该是教育的重要内涵！

一切为了孩子，为了孩子的一切，是教育最直接也是最终极的目的。

扶你上马走一程

北京市航天中学　孙晓宇

我在未见张鹏之前，就已听闻他的大名。暑假中我来到学校接受分班任务时，教务主任简单介绍了这届学生的大致情况，之后就开始了分班工作，而他提醒我们要特别注意的张鹏恰巧就分在我班。虽然已有思想准备，但张鹏的学籍档案还是让我吃了一惊：没有明确的学习目标，课堂不听讲，课后不完成作业，厌学情绪严重，老师多次劝告而不予理睬。天啊，这是怎样一个学生？我惊愕、担心，但脑中盘旋更多的则是今后如何与这个金刚“过招”。

分班之后就要注册报到，好的开端是成功的一半。我决定要抓住这次契机，把握好与学生的第一次接触，同时也要会一会这个张鹏。报到那天，我首先让学生自我介绍并鼓励他们说说自己的优点与特长。轮到张鹏，他懒洋洋地站起来，眼睛盯着桌角，草草自报家门后说了句，“没啥优点，就是唱歌不跑调，落水不被淹”，之后就坐在位子上，一副无所谓的神态。学生自我介绍结束后，我开始了班级讲话：“同学们，很高兴与大家相识，欢迎大家来到航中。回顾过去，有的同学踌躇满志，三年辛苦换来中考硕果，有的同学脚踏实地打下了坚实基础，也有的同学或多或少留有遗憾。如因贪玩浪费了时光导致在学习上一度落后，又如因任性自负而造成对自己及他人的伤害……”这时教室里很安静，显然大家都听得很认真。我迅速用余光瞟了一眼张鹏，他已坐直了身体，接着我话锋一转，“但过去的一切都俱往矣。从今天开始，你们就进入了高中生活。这是一个崭新的起点，对于每位同学既是挑战又是机会。初中学习不理想而在高中后来者居上的例子还是不少的。究其原因关键在于你是否建立了坚定的目标和具有持之以恒的耐力。希望三年后，大家再一次回顾走过的历程，能够问心无愧无悔无怨。作为班主任我愿与大家携手并肩，共同营造健康蓬勃的班集体，愿每位同学在这个快乐的大家庭中阳光成长，更希望三年高中生活成为你生命中难忘而美好的回忆。”我的话音刚落，张鹏抬头看了我一眼，一瞬间，我似乎看到了他眼中的一丝向往。

此后就是军训，军训期间班主任不与学生直接接触。有几次训练休息时碰到他，我热情地向他打招呼并关心地询问其训练情况，他简单回答着我的问题，临走时还向我说声“老师再见”，言谈举止中少了那一份无所谓。军训最后一天会演，我班节目中竟有个张鹏的独唱，他还真有两手，唱完赢得不少掌声。会演后我向他一翘大拇指：“唱得不错啊，小伙子!”“还行吧，原来练过。”“我说呢，这可比唱歌不跑调的水平高多喽!”他听了先是一怔，随即有些不好意思地笑了。

开学后，张鹏较快地融入了集体生活。担任班级电脑管理员，他认真负责。运动会虽然没有比赛项目，但与其他同学一样，为参赛同学热情地做幕后服务。而我也会适时地对他的表现给予适度的肯定。一切都还平静，我暗自庆幸开局顺利，可接下来的月考再次让我体会到了问题的严峻。张鹏的月考数学竟然是零分，我既气愤又吃惊。但当我找他谈话时，我的情绪已很平静，理智不断提醒我，对待问题生必须冷静耐心。我首先询问了零分的来历。原来月考测试内容多为初高中衔接知识，而张鹏数学底子很薄，开始还答了几笔，越到后来越不会，越不会越没兴趣，趴在桌上竟迷迷糊糊地睡着了，等监考老师把他拽起答题时，距考试结束还有20多分钟了，他赶快胡乱写了几笔，交卷了事，结果也就可想而知了。“张鹏，从认识你到现在，老师对你是不是很真诚也很关心，这一点你能感觉到吧?”他点点头。我又接着说：“那你也跟老师说句真心话，这段时间你好好学习了吗?”他低下头摇了摇。“为什么，是自己不愿上高中，父母强迫来的吗?”他摇摇头，迟疑了一会儿，缓缓地说道：“可能是习惯吧。我初中就是混过来的，底子很糟。现在虽有点儿想学了，可又不知道从哪儿下手，一天天就这么晃过来了。”说完他无奈地叹口气，我瞥见了他眼中的愧疚。拍拍他的肩我说：“还记得开学初我在班里的第一次讲话吗？无论过去怎样，高一又是一个新起点，关键是从现在开始做起。月考数学的零分不仅暴露出你基础薄弱，更显示了你不负责任的学习态度，事实上你对自己第一个月的高中生活交了一份白卷。”张鹏的头低低的，看得出来，他很自责。我继续晓之以理，“其实我一直挺关注你，无论是军训会演的独唱，还是担任班级电脑管理员，你都做得挺投入，这说明你还是个有要求的学生。我还是看好你的，你大概也不希望我失望吧！”“老师，我会克制自己好好学习的，您看期中吧！”他抬起头急切表白着。他还是在乎我对他的看法的，我暗暗想。“你很坦诚，跟老师说了很多真心话，也挺有勇气，敢于面对自己的不足，看得出来你还是有上进心的，希望学好，但自制力不够”，张鹏认可地点点头，我接着分析，“目前你要做的一是加强自主学习的意识，提高自控力；二是抓紧时间查遗补漏。期中考试争取上50，如何?”他认真地点点头。

就月考成绩，我与张鹏妈妈进行了约谈，继而又了解了一些张鹏初中时期的学习经历。刚上初一时，张鹏还是班长，学习成绩也还不错。初二下学期换了一位数学班主任，班主任是个男老师，非常负责，要求也很严格。而此时的张鹏也正处于青春逆反期，又颇为自负，在一次集体活动中因散漫而受到批评，张鹏很不服气，后来因数次与老师作对而被撤了班长，张鹏觉得大没面子，愈加逆反，成绩也大幅下跌。此后听课状态也越来越差，逐渐失去了学习兴趣，初三几乎混过来了，能考上高中也算是运气了。我与数学老师聊了张鹏的这段经历，并与他一起分析张鹏的提升策略。首先数学老师指导张鹏制订了一份补漏计划以便他有目标地实施。其次对张鹏实施分层教学，作业单留面批，不会做的题可以空着但要注明原因，第二天找老师请教。再有我特别安排了班里两位数学较好的同学帮着张鹏答疑。这以后我在课间班级巡视时，会经常看到张鹏急匆匆地奔向数学办公室，抑或抱着一摞作业本往教室走。我则冲他微笑地点点头，我知道我的期待就是对他的最大鼓励。

期中考试到了，张鹏数学考了55分，这一次是张鹏主动找了我，还没等我开口，他先说了：“老师您是不是有点失望啊，我没及格。”“没有啊，我们的底线是50，你已经超过了。”“可很多同学……”“张鹏，我知道班级的均分超过了60，可与你自身相比，你的进步还是非常大的，这一点毋庸置疑。从零分到55也算是个突破了，可不是光动嘴皮子就行的。我倒是很想听听你的学习感受。”他有点感慨地说：“我还真觉得有点累，好长时间没这么学了。高中学习不太像初中，内容多还有些难，拉几节课再跟起来还真有点费劲。”我顺势说道：“有感觉了吧！我相信你真的努力了，只有学进去了，才能体会提升要付出的艰辛。”“唉，我现在真有些后悔了，还是底子太薄了，您说我还能再提高吗?”“能！咱们张鹏是何等人物，掉到水里淹不死啊，潜能大着呢。”听着我的调侃，他不好意思地挠挠头，看着他的神情，我忽然感到这还是个稚气未脱的大孩子。期中考试后我们开了家长会，张鹏的妈妈告诉我张鹏说自己与同学的差距还是挺大的，已经让妈妈给他找了个数学家教，从他妈妈的神态言语中我能感到这个母亲由衷的欣慰，而我又何尝不是如此呢？一个学生主动学习与父母强迫学习效果显然是不同的。张鹏的数学已有了明显的进步，两次测试已经达到班级中游。数学老师向我反映张鹏的基础是差些，不过一旦补上来，他的反馈还是挺快的。而且我安排帮他答疑的同学也说，就某些问题张鹏已经能和他们展开讨论了。

时间过得真快，转眼快到元旦了，而迎新英语节是我校每年的传统节目。周五下午英语节结束后，一身圣诞老人装束的张鹏，来到我办公室，有些狡黠地对我说："老师，刚才我们给看节目的同学发礼物，我看了都挺普通的，就这还不错，我给您留了一个。"说完他从背后拿出一个卡通造型的小笔筒递给我。"哎哟，圣诞老爷爷还惦记着我啊，谢谢，谢谢。"我故作夸张地一抱拳做了个感谢的动作。他咧嘴开心地笑了，他的笑容真的很可爱。

张鹏走了，看着办公桌上的小笔筒，我却陷入了沉思。班级管理中与问题生打交道恐怕是令很多班主任既头疼又不可回避的问题。苏霍姆林斯基说"要像保护幼苗一样保护学生的上进心"，作为老师，我们要有足够的爱心和耐心发现、挖掘问题生的闪光点，激发他们向上的愿望，促使他们形成一种积极向上的人生态度。而后我们要积极分析问题生的症结所在，然后对症下药，一把钥匙开一把锁，有计划、有步骤地实施转化策略，从而把他们引入正确轨道，促使他们健康阳光地成长。

守护青春——做学生喜欢的班主任。

英语课上爱的教育

北京市航天中学　艾　勤

英语教学以语言能力的培养为主要任务，但同时负载着思想感情教育，特别是爱的教育的责任。本文意在探讨通过发掘文本中的爱的因素进行爱的教育。

一、无痕的爱，直击心灵

《英语课程标准》指出：高中阶段的外语教育是培养公民外语素质的重要过程，它既要满足学生心智和情感态度的发展需求以及高中毕业生就业、升学和未来生存发展的需要，同时还要满足国家的经济建设和科技发展对人才培养的需求。因此，高中阶段的外语教育具有多重的人文和社会意义。《标准》把“关注学生情感，提高人文素养”提到了一个前所未有的高度。

在外语教学中，我长期致力于尝试无痕的爱，力求在自然状态下让爱潜移默化地走进心灵，注重在英语教材中挖掘内涵，探索文本深刻的思想性和丰富的情感性。有着几千年历史的语言文字，无论中文还是外文，都是人类文明史上的灿烂瑰宝，积淀和珍藏着人类的精神财富，因此我产生了在英语教学中进行爱的教育的思路，充分利用英语教学内容蕴涵的历史与人文、思想与政治等教育因素，通过有效的课程设计、教学组织，使学生广泛了解中外历史与文化，感受时代的伟大成就，提高思想认识水平，在学习英语的过程中不知不觉受到品德熏陶，形成正确的价值观、健康的人格品质和积极的人生态度。

二、教活文本，感知大爱

作为一名英语教师，我深知发挥爱的情感性的重要。我对外语教学充满热情，教学既是我们对社会的贡献，更是实现自我的表达方式。把教书育人作为神圣天职，作为人生最大追求最大乐趣，在教学中注重引导学生提炼理解文本内容，发掘蕴含在作品中的深邃主题和丰富情感，感知作品的艺术魅力，吸收文化的精华，课堂上师生相互报以会心的微笑，达成默契，气氛融洽，教育才能水到渠成。我鼓励学生大胆创新，创造出最适合师生成长的教育生态环境，把文本的大美转换成师生的审美，把无声的文字转换成有声的语言，以情激情，感染学生，直击心灵。

（一）爱自然

大自然是人类的母亲，生命的源泉，人与自然相互依存。模块五 Unit 2 “The economy or the environment——must we choose?”（经济发展还是环境保护——我们必须做出抉择吗?）“Protecting the Yangtze River”（保护长江）告诉我们，环境问题已成为人类面临的严重社会问题，人类对于自己赖以生存的地球恣意掠夺破坏，大自然已经敲响了警钟。在教学中，我引导学生热爱自然、珍爱环境，树立正确的环境意识，认识健康的环境和稳定的经济并存是可能的。同学们对长江环境问题表现出极大关注：人们终于意识到了保护好这条大河是他们的责任。正因为如此，长江的环境状况正在缓慢改善，我们相信，中国政府和人民保护这条他们所挚爱的河流的努力在将来会得到后人肯定（However, people have finally realized that it is their responsibility to protect this great river. Because of this, the situation on the Yangtze River is improving. The efforts of the Chinese government and people to protect this much - loved river will be appreciated for years to come）。我告诉学生，中国政府和人民在环境问题上做出很大努力、取得很大成效，不仅如此，整个世界都在关注环境问题。在世界环保日来临前夕，联合国教科文组织就如何保护自然资源问题向全世界中学生征文，要求根据提示以 “Preserving Natural Resource”（保护自然资源）为题，写一篇英语短文，意在呼唤学生保护环境，热爱我们共同的家园。通过学习，学生普遍提高了环境意识，认识到地球是我们共同的家园，我们有责任为我们自己和我们的后代去保护好它。同时要让越来越多的人意识到这些问题，采取措施去解决这些问题，让我们的家园变得越来越好。

（二）爱他人

人类需要真爱，人与人之间需要什么来维系呢？应该是爱。爱分为很多种，有亲人之爱、爱人之爱、朋友之爱，爱自己，也爱他人。一位名人说过“爱自己是天生的，爱别人是学来的”，爱不是怜悯，更不是同情，“赠人玫瑰，手有余香”。当我们爱别人时，内心也会充满快乐，这才是爱的本质。学习模块十一 Unit 3 Project “My father, my hero”（我的父亲，我的英雄），我设计了这样几个问题：①我的父亲是什么样的人？为什么说他是英雄？②他对家人和他人的关爱表现出什么精神？③我们应该如何做人？引导学生认识，父亲是个平凡的人，他对亲人和他人的关爱和帮助表现出伟大的人格品质，我们应当学习他的爱心、诚实和同情心，我们每一个人都可以做出不同凡响的事来，从而确立“人生在于奉献，生命才有意义”的人生观、价值观。

我们生活的这个世界之所以五彩缤纷，是因为我们有多个民族、多种文化，人类历史其实就是各民族争取平等权利及民族独立的斗争史，但是种族平等问题至今仍然存在，人类为争取自由平等权利的斗争一天也未曾停止过。高二英语下册 Unit 14 “No voice, Not Heard...”，课文第一句说：“Freedom fighters can be found everywhere, and they are of all times.”听到就在 20 世纪上半叶，美国南部各州的黑人仍然住在隔离区，在公园、学校、车站等地仍然不能与白人平起平坐时，学生就愤愤不平；当听到马丁·路德·金（Martin Luther King）说“I have a dream that my four little children will one day live in a nation where they will not be judged by the color of their skin but by the content of their character”时，学生非常激动，这么简单的愿望在当时的南方黑人看来竟是如此遥不可及！种族平等和人权问题再次引发学生深刻的思考。

（三）爱祖国

模块九 Unit 3 Reading “National flags, colours and cultures”（国旗、颜色和文化）是爱国主义教育的极好教材。爱国精神是不分国界的，不仅在中国，而且在世界许多国家，爱国教育极受重视。美国一个普通的乡村教师说过这样一句话：不懂得热爱国旗的学生，无论他多么出色，都不是好学生。爱国主义精神是全世界人民共同的宝贵财富，我们中国青少年更应热爱国旗，热爱祖国，为祖国做出自己应有的贡献。为了增加学生的感性认识，激发学生情感共鸣，我向学生介绍了这样一组花絮：国庆节到来的时候，大街小巷，红旗飘扬、鲜花绽放；社区广场，欢声笑语尽情回荡。迎风招展的五星红旗下，不同的声音汇成共同的心愿：祝伟大祖国繁荣富强！对于边防军人来说，最神圣的时刻，莫过于升旗。新年元旦，在祖国的万里边海防线上，地域不分南北，哨所无论大小，都举行庄严的升国旗仪式。元旦前夕，海军某部组织官兵参观甲午海战纪念馆，并在国旗前重温军人誓词；南沙及其附近海域是我国神圣的领土领海，几名战士潜入永暑礁附近海域，向世人展示一面象征祖国主权的五星红旗。除了升旗之外，许多边防官兵还用自己特殊的方式，表达着对祖国、对国旗深沉的爱。冰雕国旗、国旗墙、海底国旗……官兵们充分发挥聪明才智，寓情于景，创造出一面面不同风貌的国旗，不仅激发了大家卫国戍边的热情与斗志，而且还为边防哨所增添了一道亮丽的风景。由课文到历史，到五千年文明史，由国旗到文化，由灿烂的文化到优美的语言，由壮丽的山川到伟大的历史人物，这些中华民族宝贵的财富，激发了学生热爱祖国的情感。

（四）爱公益

学习模块四 Unit 1 Reading“Advertisements”（广告），我抓住公益广告（Public service advertisements）不失时机地实施教育，引导学生分析公益广告对人们有什么帮助，使学生认识公益广告表现利他主义精神，它与助人为乐、无私奉献紧密联系，是人类同情心、爱心、责任感等美德充分彰显、社会伦理道德走向和谐、个人智慧趋向成熟的标志，做公益广告的原动力是高度的社会责任感。公益广告营造出一种气氛和声势，即某种社会氛围，从某种意义上说，一个城市、一个地区、一个国家公益广告水平，是这一城市、地区、国家民众文化道德水准和社会风气的重要标志。公益广告传播社会文明，弘扬道德风尚，它传播某种意识和主张，输送某种道德和观念，提高他们的文明程度，获取良好的社会效益。联合国教科文组织、联合国儿童基金会（UNICEF）、国际野生动物保护组织分别发布过“保护文化遗产”“儿童有受教育权利”“保护珍稀动物”等公益广告。CNN 播过一则广告：两个幼儿在一起亲密玩耍，下面分别写着以色列人、巴勒斯坦人；紧接着又出现波斯尼亚和塞尔维亚幼儿、伊拉克和科威特幼儿等几组亲密的镜头，打出字幕“停止战争，为了孩子”，署名“联合国儿童基金会——UNICEF”。毫无疑问，这则广告所传达的精神意义深广，对于提高大众思想意识、鼓舞人们采取行动、促进社会进步发挥着持久的积极的作用，感性地引导学生热爱公共事业，投身公益活动。

三、深度审美，内化品质

当然，发挥英语教学爱的功能，是一个长期的、渐进的渗透过程，它是多范围、多方位、多层次的。教者要因材施教，采取不同的教学方法和教学手段，课内和课外结合，努力达到春风化雨、润物无声的效果，不断提高学生的素质。值得注意的是英语课中爱的教育，必须遵循英语课的特点和规律，绝不能离开英语教学的特点和规律孤立进行，否则就不成其为英语课。因此，英语课中爱的教育应做到重视英语学科特性的同时，紧扣英语教学内容，把爱的教育与英语教学有机结合起来，收到熏陶渐染、潜移默化的效果。

推开一扇窗，让爱的阳光照亮学生心房的每一个角落。

塞翁失马，焉知非福

——记合唱节失利之后

北京市航天中学　王晓东

学校一年一度的红五月艺术节逐渐进入高潮。今年的红五月艺术节可谓花样繁多，形式新颖。除了每年都有的朗诵、象棋和围棋比赛、书法、绘画、手工制作等传统项目外，还增加了初中集体舞和高中踢踏舞比赛，还有全校各班级的合唱比赛。由于高二年级 6 月份即将面临三门功课的会考，在年级老师的商量下，决定向政教处申请高二年级不参加踢踏舞比赛，重点搞好合唱比赛。在得到政教处批准后，各班级开始组织合唱比赛。作为班主任，我很喜欢一年搞一次合唱比赛，这种形式既有利于全体同学参与，又有利于增强班级凝聚力，特别能体现一个班级的精神面貌，所以我暗自下决心一定要在合唱节上夺取名次。

在广泛征求同学们的意见后，我们班选定的歌曲是周华健的《朋友》。同学们牺牲午休时间，在班委的组织下，多媒体下载歌词、准备伴奏带以及组织排练等工作有条不紊地展开。其间同学们也经常征求我的意见，偶尔我也去检查同学们的排练情况，我感到绝大多数同学，非常珍惜这次难得的机会，排练得很认真，心里也感到很欣慰。接近比赛的日子了，我重点抓了一下队形排列、演唱过程中的花样和道具准备的工作，其他事情还是由班委和其他几名同学在负责，我只是简单过问了一下。

终于到了比赛的时刻，临上场前同学们还不忘互相提醒，互相鼓励。然而比赛的情况让人意想不到：台上的声音太小（麦克风放得太远），下面根本听不见；伴奏带放出的音乐与平时不一样，该做的动作有的同学做了，有的同学没做；提前准备的道具关键时刻竟然没有用上。我当时站在舞台的侧边，越看心里越凉，此时的我已经火冒三丈，想大发雷霆，但是有另一股力量却不断地在提醒我：要冷静，要冷静，班主任工作越是遇到这种情况，越要冷静。我竭力控制住自己的情绪。当同学们从舞台上下来从我身边走过时，看着我满面怒容，铁青着脸，一句话也不说时，低着头悄悄地回到座位上坐好。

以往班主任的工作经验告诉我，在最生气的时候把学生痛骂一顿并不能起到预期的效果，而且一旦说出什么过分的话，冷静下来之后还需要做大量的工作去弥补，其实非常不划算。坐在观众席上的我，已经无法去观看下面的比赛，我的脑子里飞快地想着解决问题的办法。我想，今天同学们的表现的确非常不好，一定要抓住这稍纵即逝的教育契机，对学生进行一次思想教育，给他们一个大教训。

回到教室，同学们在静静地等待我的发落，他们猜想我一定会大发脾气，将他们狠狠训斥一顿。可是当我站在讲台上时我的心情已经非常平静，我对同学们说：刚才的比赛，大家都已看到结果，咱们班的表现竟然那样糟糕，是什么原因，每个同学心里都在想，但是我只想让大家讨论一个问题，那就是机会对于我们每一个人来说，是不是只有一次？我们能不能说让评委和观众再给我们一次机会，让我们重新唱一次？

接着我请同学们发表意见和看法。随着讨论的深入，同学们渐渐明白了，今天的失败主要的原因在于做事不认真，准备不充分。伴奏带没有认真审查；同学们在唱歌时没有记准从什么时候开始变花样，平时总看着歌词和节奏，一上台没有了屏幕便心中没数。我又进一步启发他们，要以何种态度面对生活中的每一件事情？同学们联系今天比赛失利的现状纷纷发言：其实生活给我们的机会是平等而又有限的，不抓住机会，努力拼搏，人生就会黯淡无光。

高中三年，我们更应该惜时如金，即将面临的会考和明年的高考对我们来说机会是不是也只有一次？我们应该以什么样的态度去面对？是否每一个人都已做好充分的准备？

如果有些同学也像今天这样，觉得很容易，觉得差不多了，而没有把所学的知识真正落实，那么和今天相比恐怕是一个效果。同学们你一言我一语，热烈地讨论起来。

联想到平时的学习态度和会考及高考的来临，同学们纷纷感到在学习上踏实、认真的重要性，感到把握机会、努力拼搏的重要性。在讨论中我也结合自己学车的经历，向同学们表达了自己真实地感受。经过我和同学们的讨论，找到了这次合唱节失利的原因，明确了大家今后努力的方向，同学们心更齐了，班级的凝聚力更强了。

事实证明：合唱结束后的这一堂课，在接下来同学们准备会考的复习过程中，起到了非常好的作用。平时学习态度不是很认真，总以为会考很容易，而且自己感觉还不错的同学，在会考复习中学习态度均有改变，一些同学能主动做一些课外练习（以前连老师布置的练习都不想做）来让老师批改，以前从不问问题的同学也主动找老师和同学解决疑难问题。

现在想来，合唱节的活动我们班级虽然没有取得好成绩，但是坏事变好事，我抓住这次难得的契机，让同学们从中汲取教训，积累了做人、做事的经验，我想在他们的成长过程中一定会留下深刻的印象。

教育中的一起事件，却带给我无尽的思考空间。

爱是教育的源泉。我们教育学生，首先要与学生之间建立一座心灵相通的桥梁；其次要以平等、宽容的心态对待学生。平等是一种心态，宽容是一种度量。老师在学生的成长的道路上给予必要的扶持、正确的引导，使他们在尊重、赏识、激励与成功期待中健康成长。

作为教育者，不仅是学生知识的传授者，更应该是学生的灵魂塑造者；不仅要给他们的精神之鸟一对有力的翅膀，更要让他们的灵魂深处充满飞翔的渴望。

教育是一项既简单又复杂的工程：简单时一句话就可解开心结；复杂时纵有千言万语也难敞开心扉。但我爱它，义无反顾！

在关爱中重生

北京市航天中学　周新华

《孙子兵法》有一句话：投之亡地而后存，陷之死地而后生。意思是说，将部队投之于危地，才能转危为安；使军队放于死地，才能起死回生。也就是说让士兵在没退路时更有勇气克敌制胜，此兵法在学生教育中也能发挥意想不到的作用。

一、事件

王某某是我校初一某班的一名男生，刚刚入学时，就在众多的小男孩中显出了他的不俗：身材高挑，气宇轩昂，更令人称道的是他还有着优异的成绩。于是老师的目光被吸引，很快锁定他，要努力培养他成为男生中的领头羊。为了这一目的，老师们费尽了心机，给他创造了许多锻炼的机会，但王某某在学校生活中表现出了不尽如人意的地方，如上任何课都随意说话，影响课堂纪律；课间休息也不断有违规之举。在老师的一再教育之下，他尚能克服，第一学期结束，他被评为学校的三好生。

荣誉能够使人百尺竿头更进一步，也能使人迷失方向，王某某就属于第二种。老师的密切关注，谆谆教诲，使他在争取进步的道路上跌跌撞撞地前行，没能使他反思自己的所作所为，反倒使他陡然增加了优越感，自我意识极度膨胀。第二学期开学了，王某某的行为令所有的老师大为吃惊，用“肆无忌惮”来形容他的表现毫不过分：在课堂上毫无顾忌地胡说八道，引得同学们哄堂大笑，扰乱了课堂秩序；不能按老师的要求完成作业，甚至根本不做作业；课间追追打打。老师们又开始了苦口婆心的教育历程，但是，任凭老师怎样说服，他依然我行我素，毫无收敛之意，学习成绩一路下滑，犹如坐滑梯，想收都收不住。教育显出了它无能的一面，老师们提起王某某，也是一片唏嘘感叹之声。将家长找来，共商教育之计，家长却表示了无能为力，教育到了山穷水尽的地步。

二、机会

教育是讲究时机的，教育的机会终于来了。五一长假回校的第一天，全校都在进行期中考试，午休的时候，王某某和另外两个男生在教室内扔喝水的瓶子玩，他在用一只瓶子击打另一只瓶子时，撞上了教室内的管灯，灯管脱落，掉到同学的课桌上爆裂了。所幸当时学生大多数不在教室内，爆裂的灯管碎片溅到距离较远的学生身上，没有造成伤害。灯管爆了，吓着了教室内的学生们，更吓着了王某某，他终于意识到闯祸了。

就连他本人都意识到了问题的严重性，教师岂能错过这一教育的时机？抓住这一时机，对当事人严厉惩治，以达到“置之死地而后生”的效果。

请家长到学校，通报事情经过，让家长体会事情的严重性，并动员家长配合学校和老师做工作。家长非常清醒地和老师合作，很理智地将孩子领回了家进行反思，检点自己的行为。年级迅速出台了处理意见：给他一个机会，在年级内给予严重警告处分，并在全年级宣布处分决定；撤销其数学课代表的职务，取消其带领同学早读英语的资格。

在王某某进行了充分的反省之后，年级就将处理方式通报了他，他表示心悦诚服。在宣布年级处理意见的同时，他被告知，如有不完成作业的情况发生，他将被停课补作业，有三次类似的情况发生，家长将会把他领回家完成家庭作业。对王某某来说，和风细雨的时代结束了，暴风雨来了，他必须接受这暴风雨的洗礼。从王某某的角度看，他从天堂到了地狱，他不再被老师所关注，在班里也不再引人注目，他被迫沉寂下来。上课时，他未经老师许可，不能开口说话，“想发言，请举手”的告示贴在桌面上。在宣读完处理意见的第二天，他因为没有完成语文作业被轰出教室补作业，同时家长被告知，再有这种情况，他将被领回家补家庭作业。

“老师动真格的了”，这是王某某的真实想法，于是他也动真格的了，要彻底改变。一颗躁动的心终于平静了下来。其实老师们时时刻刻在关心着他，很快来自其他老师的评价反馈了过来：他最近表现不错，他在进步。面对王某某的进步，老师们没有满足，继续扩大战果的时机到了：再抻一抻他。一切仍如以往，王某某“风光不再”。

三、后记

其实，从王某某入学的每一次教育，老师都在动真格的，可是，老师和风细雨般的教育对于他的“恶习”犹如瘙痒一般，不能使他感觉到疼痛，因此，也就不能坚定他改掉毛病的决心。适当的教育时机、必要的严厉惩罚，能够帮助他冷静地思考问题，促使其痛下决心改正。王某某在一天天的改变，他必将有一个令人满意的进步。他的事例真实地告诫我们：教育不是万能的，惩罚是必要的辅助手段，面对独生子女身上的种种“陋习”，严厉的惩罚是不可或缺的。

四、思考

在我们以法治的视角审视“棍棒底下出孝子”的错误之时，许多家长对孩子的管理以“家庭民主”名义迅速走向了另一个极端：一切由着孩子。造成了孩子们从小就习惯“以自我为中心”思考问题和解决问题，他们不懂得尊重父母，不懂得亲善玩伴，不懂得珍惜一切劳动成果，一句“打坏了我赔就是了”成为他们为自己开脱的口头禅。面对如此这般的孩子，我们对孩子的管理应该是什么样的，教师应该如何去教育和管理这些“目无师长”的学生就成为我们不得不思考的问题。

虽然教育不是万能的，但是不教育也是不行的，我们必须通过教育使这些学生们学会尊重，学会珍惜，学会合作，学会爱。在教育的过程中很难避免与他们的恶劣习性相冲突，在这个时候需要我们坚守、需要我们严厉、需要我们持之以恒，只要我们尽心努力，方法得当，教育就一定会有效果。不是有一句名言吗，“没有教不好的孩子，只有不会教的老师”，单从教育的角度讲，理当如此吧！

永远用欣赏的眼光看学生，永远用宽容的心态面对学生。

以爱育爱，让爱浇灌出心灵的花朵

北京市航天中学 刘惠玲

“爱”在字典中的解释是“对人或事物有深挚的感情”。爱心是人类教育一个永恒的主题。爱是做人做事的基本准则，爱心教育则是学校开展德育活动的基础。爱的教育不是干巴巴的训话，也不是冷冰冰的说教，而应是充满情感的宣传。为孩子创造一个爱的环境，对孩子进行爱心教育，才能培养一个有爱心的孩子。

“双主体育人”里有一个主旋律叫以爱育爱。第一个爱是指教师的爱，它是教育的手段；第二个爱指的就是学生的爱，这时候，这个爱已经不再是教师教育的手段，已经变成教育者对学生施教当中的一个教育目标。育爱要育出谁的爱？育出学生的爱，也就是关注到学生对爱的理解，主动体验。刚开始对“以爱育爱”这四个字只是表面上的理解，在自己和学生共同经历了爱的教育之后才有了深层次的理解。

我是一名普通的中学教师，从 2005 年工作以来一直担任班主任工作。2009 年 9 月由于工作的需要接受了一个比较艰巨的工作，担任初二（4）班班主任，班级情况复杂以及半路接班对于缺少班主任经验的我来说困难颇多。那时我儿子刚刚满一岁，还没完成母亲角色转换的我又要马上转换到班主任的角色，因此上半学期就在不停地角色转换和忙忙碌碌的班主任工作中度过，没有时间对工作进行过多的思考。

在寒假中我对上半学期的工作进行总结和反思时发现，前面的班级工作我主要抓的是常规管理、行为习惯和学习习惯的养成教育，虽说不是颇见成效，班风上也有了很大的改善，班级工作已逐渐步入正轨。但我总觉得在班级中缺少些什么，同学之间、师生之间存在距离，班级的凝聚力不够强，那么这些就应是我下一阶段德育工作的重点。但是从哪儿入手呢？

这个问题困扰着我，一天儿子的一个动作提醒了我。

一天早饭后，一岁半的儿子在用笨拙的小手掏饼干吃，在一旁的我兴致勃勃地看着他。突然他掏出一块饼干往我的嘴里塞，并不停地重复着一个字“吃”，我顿时既惊讶又感动，抱着儿子亲了半天，我的儿子懂事了，可能他并不明白，但在他幼小的心灵中已经有了爱的萌芽。当我激动地向母亲描述时，母亲笑着对我说：“这是我教他的，这些天在宝宝吃东西的时候我总是对他说，好吃的要大家分享，不能宝宝自己吃，也要给妈妈吃、给爸爸吃、给姥姥吃。”听着母亲的话我不停思考着，这让我想到上学期发生的一件事。

那是一个冬天的中午，刚刚下了上午的最后一节课，我到传达室去取信件，看见校门口一位学生的妈妈正拎着保温桶站在寒风中等孩子。正在感慨这位家长用心良苦时，一个学生从教学楼跑了出来，接过保温桶看了看说：“怎么又是芹菜炒肉，就不能换点别的，天天吃都快吐了，还不如泡方便面呢，明天不用送了。”说完头也不回地跑进了教学楼。我目送着那位母亲的离开，心里是说不出的难过。我不断地问自己：我们的孩子都怎么了，这就是我们花大力气教育出的祖国的未来吗？难道我们每天尊老爱幼的道理说得不够多吗？为什么我们的教育没有达到我们想要的效果？

是的，现在的孩子大多是独生子女，因为家庭条件相对来说都比较优越，孩子自觉不自觉的，有很多东西他都觉得是理所当然的，他不会想到他所获得的这一切是怎么得来的，更多的是缺少对爱的主动付出，主动付出爱、主动体验爱是缺乏的。其实，不仅父母特别希望孩子懂得爱、发现爱，做一个好孩子。孩子也是无辜的，不是他们不想爱，而是他们不懂爱、没有学会爱，他们从小缺乏爱的教育、爱的体验。那么怎么样来发现呢？其实爱在点点滴滴，爱在日常生活当中，爱就在我们的周围，关键看我们能不能发现。我们要培养孩子一双能够发现爱的眼睛，有一颗灵敏的心来感受生活。这个时候就需要我们来点拨，让孩子想到在这些行为的背后，有一颗颗关爱的心，让他去体谅我们为什么这样做，让他懂得爱、珍惜爱、学会爱。我想一个有爱心的孩子，就是一个正直的人。

同时我也明白了能让班级凝聚在一起的应该是爱的力量，因此在班主任工作计划中我写道“下一阶段我德育工作的重点应该是爱的主题教育”。对于现在的独生子女的状态，我们将育出学生爱的情感行为、爱的能力作为教育的目标，这和过去相比，对爱来讲是升华的。

在后半学期的工作中，我从小事出发利用一切教育契机开展我的主题教育。首先第一个月以“爱心教育”为主线，以 3 月 5 日学雷锋日为契机，在班内大力表扬好人好事，张贴“雷锋榜”，把所有的好人好事记录下来，以便在家长会时汇报、表彰。树立榜样人物，每周进行明星评选，包括“纪律之星”“学习之星”“文明之星”“雷锋标兵”等。这个活动充分调动起了学生的积极性，班内好人好事不断涌现，互帮互助随处可见，为后面的工作奠定了基础。

第二个月以“爱的体验”为主线，以月考后的家长会为契机让学生充分感受爱、体验爱。在这个月我利用班会时间进行爱的宣传，通过一个个爱的哲理小故事引发学生的讨论，让学生用辩论、写读后感等多种形式去感受和体验。月考后的家长会，我更是精心设计，一改往常古板的形式用主题班会的形式召开，学生和家长共同参加，自始至终由学生做主角。在准备的过程中，学生兴高采烈、热情高涨。家长会上我们向家长汇报了一个月来我们取得的成果，在这一个月我们不但取得了骄人的成绩，更重要的是我们体验到了爱的快乐。在家长会的最后，全体同学结合着手语为自己的爸爸妈妈演唱了《感恩的心》。这个节目同学们用课余时间排练了整整两个星期，在场的所有家长顿时被感动，妈妈们泪流满面，爸爸们的眼角也带着泪花，所有人此时此刻都在享受着这份真情。

第三、四个月以“感恩教育”为主线，以母亲节、父亲节为契机，让学生学会感恩、知道回报，从中体验付出的快乐。在母亲节到来前夕，我到花卉市场订了35朵康乃馨，计划让每位同学亲手送给自己的母亲，并提前写好给妈妈的一封信，作为母亲节的礼物，并让妈妈给自己写回信，在自愿的情况下在班会上交流。当天我接到了很多家长的感谢电话，一位家长在电话里说：“刘老师，这么多年这是我第一次收到儿子的礼物，第一次收到儿子写给我的信，我真是没想到，平时因为学习总是和孩子发生争吵，孩子的逆反心理越来越强，沟通就越来越少，今天看到儿子在信中写到‘妈妈我爱您’，真是太高兴了，谢谢您!”其实，我也要感谢这些家长，他们也让我体验到了伟大的母爱，每读一篇母亲的回信我的内心都激动万分，心中感受到巨大的震撼，泪水不停地在眼里打转。父亲节时，我在班里开展了“给爸爸洗一次脚”活动，也取得了很好的教育效果。

学期的最后我让学生把本学期的爱的主题教育的感受以总结的形式写出来放在成长记录中。通过一学期的主题教育活动，我班已经形成一个和谐的班集体，班级凝聚力得到大大的加强，在学校的各项集体活动中我班都获得了优异的成绩，每位同学在道德成长中都前进了一大步。

反思这一学期的班主任工作，我真正明白了“以爱育爱”，作为一名教师首先要爱自己的学生。鲁迅先生曾说过这样一句名言：“教育是植根于爱的。”爱是教育的源泉，教师的爱心是成功教育的原动力，对学生的热爱、理解、尊重，是教育成功必不可少的条件。我想这一点我们每一位老师都知道，也都能做到，但我们的工作要求不仅我们要有爱，更重要的是用我们的爱来呼唤出学生的爱，用我们的爱让家长明白该如何去爱，我想这才是“以爱育爱”的精髓所在。

因此，在学期工作总结中我写道：爱是心灵最有效的调和剂，爱可以使心灵的蓓蕾绽放出最美丽的花朵，最耀眼的光芒。

爱是一种尊重，爱是一种鞭策，爱是一种激情，爱是一种能触及灵魂、动人心魄的教育过程。

顺畅沟通，传递爱的正能量

——记一次与家长的面谈交流

北京市航天中学　赖卫平

学校工作的顺利开展，是离不开家长的密切配合的，身为班主任，在日常工作中许多方面都需要和家长进行沟通，如学生的学习、纪律、品德、行为习惯等方面。沟通方式有多种，而面谈交流是一种常用的沟通方式，也是班主任与家长沟通的最直接、最便捷、最有效的方法。但是我们与家长谈话的前提往往是孩子出现了某些问题，如何营造和谐的谈话氛围，与家长进行顺畅沟通，将老师对学生的关爱传递给家长，的确是一个值得探究的问题。

一、沟通原因

A 是我们班里一个问题比较明显的学生，刚入校时他就给我留下了深刻的印象。还记得一次做广播体操，其他同学都很认真到位地做着，只有 A 胡乱比画，既不按照音乐节奏，动作也有气无力、做不到位。我走到他的身边进行提醒，但是他却把脖子一梗，做得更加懒散了。后来，我每次想要与他谈话，刚说了一句，他就立刻摆出一副不服气的样子，反应十分过激，真像是一只刺猬，浑身长满了刺儿，随时准备还击，每每谈话总是收效甚微。渐渐地各科老师也反映，他的身上有各种不良习惯，如顶撞老师、作业潦草、上课玩东西、接下茬等，他成了老师们眼里的“问题生”。

与家长联系了几次，也没有多少效果，A 依然是我行我素、与班级格格不入。几次的谈话中，我陆续了解到，A 的这种情况由来已久。早在小学期间，甚至幼儿园时，A 的逆反心理就已经非常明显，与老师的关系很不好，家长也早已成为学校的常客。于是我想对待 A 的问题先采取冷处理，尽量不与他产生正面冲突，不去激化他的情绪，观察一段再说。我与其他课任老师沟通，达成了一致。

一个学期下来，A 与各科老师之间的冲突渐渐减少，有时课间他也会走到我的跟前，和我聊几句，再与他谈话时，态度也比之前有了一定的好转，当然偶尔也会有反复。并且课上听讲习惯不好，作业完成的也不认真，成绩也有待提高。

一天，A 的作业没有完成，我在班里询问他没写作业的原因，不知道为什么他的情绪很激动，竟然大声回答："我就是不想写，怎么了?"态度极其嚣张。当时我也很生气，但又不想当着学生们的面发火，就把他请到了办公室，但是更可气的是，他可没有一点的不好意思，到了办公室还气哼哼地不停翻白眼，一脸的不服气。看见他这种态度，不教育是不行了，我让他自己站一会儿反思一下，班里有事我先回班去了，我想等他冷静下来再处理，现在说什么他也听不进去。不料，等我回来时，他还是态度不对，嘴里还发出不好听的声音。于是我决定请他的妈妈过来好好交流一下。

二、沟通过程

我让 A 先回去上课，然后就给他的妈妈打了电话，请她到学校来一趟。电话中 A 的妈妈的语气有些生硬，说现在很忙，想下了班再过来。我一听，好像有点不大高兴。放下电话，我暗自思忖，是我刚才的语气不够客气，还是听到孩子又出问题了心里不痛快？其实，仔细想想也是人之常情，一方面家长的工作也比较忙，另一方面很多家长其实不愿意因为自己的孩子表现不好来学校，他们觉得没面子。换作是我的孩子有问题被请家长，估计我的心情也好不到哪儿去。看来，放学后的交流得做些准备了。放学后，A 母赶到了学校。一见面，我就发现 A 母的表情好像有一点生硬，我微笑着打着招呼，请她坐下，又倒了一杯水递给她，感谢她对我工作的支持和配合，表明我今天请她过来是想和家长一起帮助 A 改掉身上不好的习惯，说着，她的脸色明显地缓和了一下，也对我歉意地笑了笑。接下来，我简单地叙述了一下今天发生事情的经过，但同时表示并不仅仅是因为他对老师态度不好我才请家长过来，而是真的想要和家长好好沟通，让家长多方面了解 A 在学校的情况，同时我也能更好地开展对 A 的教育工作。后来我也谈到了他的一些课上课下的表现。听着听着，A 母的表情严肃起来，眉头皱了起来，隐隐带着一丝怒意，我停了下来，没有继续说下去，我感觉得到，A 母已经有些情绪了，但还在忍着。说不说下去呢？我犹豫了一下，还是说完吧。话音刚落，A 母的话冲口而出："班里是不是就是他一个人这样？"我含糊了一下，还是点点头。"要是这样，那就别让他给这个班丢脸了，我让他转班吧！现在我就去找校长！"我一听，看来她误会了我的意思，一方面对孩子太失望了，同时自己也有些自暴自弃了。其实，在每一位家长的心目中，都认为自己的孩子是最可爱的，都希望自己的孩子是最优秀的，当听到班主任说出孩子有这么多的缺点时，有部分家长心理很脆弱，很敏感，有时不能接受事实。

气氛不好，谈话暂时无法进行下去了，我给她加了些水，静静地看着她，等她沉静下来。我问她："孩子的问题是转个班就能解决的吗？我请您来是想帮助孩子改变一下；否则我也可以不理睬他。再说，您希望孩子的问题伴随着他的一生吗？如果在初中能够改善，何必要延续到高中甚至大学呢？"听了我的话，一会儿，她安静了下来。我想她应该是感受到了我是出自于对她的孩子的一份关心和期待吧。后来她和我谈起了孩子小学时的情况。她说，小学时孩子就经常因为种种原因被请家长，有一次就是老师误会了孩子，结果她就去找校长，最后老师也很生气。听到这里，我暗想，看来 A 的妈妈有些溺爱孩子了，太容易轻易相信孩子，过多地维护孩子，这样也许会无形中助长孩子不良习惯的形成。试想，她这样闹到校长那里，哪个老师还会去管她的孩子呢？那这样孩子不就更自以为是、难以管理了吗？看来，孩子变成今天这样与家长的做法不无关系啊。怎样才能让家长明白这样做的危害呢？

我沉思了一下，和 A 母谈道："A 身上还是有很多优点的，这个孩子心地善良，有时也知道老师对他的好，懂得感恩的，对班集体也挺热爱的，多次为班级增光。"我举了一个 A 曾经让我很感动的事情，并列举了 A 在校时的一些好的表现，表示我对 A 并不会放弃，我还是很喜欢这个学生的，我希望孩子能变得更好。A 母听了，有些动容，表示了对老师的感谢，也对刚才的冲动表达了歉意。气氛缓和了下来，谈话也顺畅多了。A 母接着说到了家里的情况：A 的表哥是一个特别优秀的学生，在家里特别受重视，也因此冷落了 A，A 母心里一直就不好受；A 父也对 A 寄予了很高的期望，因此要求特别严格，但 A 做得并不好，也就常常被罚跪、挨打。A 母自己是个很要强的人，也不愿孩子这样。听了她的讲述，我不禁感慨。A 的家庭情况很特别，父亲的严酷、母亲的溺爱，让这个孩子的心灵发生了扭曲。我终于明白了，为什么 A 身上有好多不好的习惯得不到及时的纠正，一方面有学校教育的原因，更主要在于他的家庭教育有一定的问题。而且A的父母工作一直很忙，顾不过来A，夫妻间对孩子的教育也存在分歧。

接下来，我们又交流了许多。A母说在家时A也经常发生类似的情况，就是自己犯了错还意识不到，并对家长的教育有明显的抵触情绪，从表情上就是一种不服气。听到这里，我顺势说道："看来孩子的这种习惯要改变，不只是在学校，家里也要有一致的要求啊。咱们一起想想办法，好吗?" A母点点头，表示赞同。

谈话的气氛越来越好了，我们交流了许多，最后，我给A母提出了关于家庭教育上的一些建议：①希望回去以后和家人沟通一下关于孩子的教育问题，最好家人能达成一致不要袒护和溺爱孩子，毕竟是为了他好。②在发现问题以后，一定要当时就给A指出来，不要忽视孩子的缺点。③多看孩子身上的优点，及时肯定他的进步，让他建立自信。④做家长的调整好自己的心态，不能过于着急，因为对问题于事无补。

A母若有所思，并答应尽力做到，还特意补充了几句："老师，说实在的，今天我来学校是带着情绪的，老觉得老师对孩子是有看法的。刚才有些激动，实在是不好意思。一番谈话下来，我觉得我们对孩子的教育的确是有问题的，我很要强，以前从来也没有承认过自己有些溺爱孩子，今天和您谈完，我觉得我的确是有些溺爱孩子了。非常感谢老师，我会好好想想，一定配合老师管好孩子。"看着A母真诚的眼神，我也有些感动，原来她也是通情达理的啊！今天的谈话收到了效果。

最后，我把A请到了办公室，把刚才我和他妈妈的谈话简短地叙述了一下，并当着他妈妈的面肯定了他平时一些好的方面，同时刻意对他的妈妈说回家一定不能大声呵斥和打他，一定要好好的沟通。A的面色明显比之前缓和了许多，低下了头，但是还是不说话。我想，当着孩子的面谈问题，免得让他以为老师在告他的状，和老师产生抵触情绪。把A和他的母亲送到了学校门口，挥手再见。

三、案例分析

这一次与家长的沟通，基本上收到了预期的效果。家长理解了老师对孩子的关爱，对孩子成长的期望，后一阶段家长的态度有了转变，不时会与老师主动联系，后期的配合也很好；孩子呢，逆反的情绪也逐步改善。事后我反思这一次的沟通，深刻地意识到，班主任不仅要有与家长沟通的意识，更重要的是要具备与家长沟通的谈话艺术及谈话策略，这样才能营造出一种和谐的氛围，沟通才能更加有效，老师对学生的关爱才能顺畅地传递。

1. 做好准备、有的放矢

俗话说，“知己知彼，百战不殆”。在与家长谈话之前，首先要做一些功课。例如，从各个途径了解一些家庭情况和家长的情况，如家庭成员间的关系，家长的职业、性格、思想观念等。另外对谈话的内容也要做一个大致的准备，如设想好预期达到的目标、收集学生的表现及材料、预想好提出的建议等。准备得充分一些，谈话时也会从容几分，效果也就会明显一些。

2. 态度平和，真诚相待

教师和家长的地位是平等的，在与家长交往时，始终需态度平和、语气委婉、语言得体，尽量营造和谐的气氛。一般最好先肯定孩子的优点再指出存在的问题，先扬后抑，让家长能够接受，反映情况时也要客观，切忌加入个人的看法；另外，在谈话中一定要让家长感受到我们的真诚及对孩子的关爱。教师和家长原本是两个陌生人，要让家长与我们真诚交流，要想真正了解孩子，就要用心和家长沟通，把对孩子的关爱放在第一位。其实老师和家长应该是能够彼此理解的，因为目标是共同的，都是出自对孩子成长的关心与教育。真诚相对，以心换心，一定能够得到家长的支持与理解，家校关系也就越来越和谐。

3. 善于倾听，巧妙引导

在沟通的过程中，教师要善于倾听家长的叙述，倾听家长讲孩子在家里的表现，最好面带微笑、凝神注视，表示出极大的关注，不要随便打断、反驳家长的讲话。教师越表现出乐于倾听，与家长分享孩子的信息，家长就越愿意与之交流。当家长说完后，教师可以抓住其中的一些情况进行不同方式的引导。

4. 察言观色、随机应变

在交谈过程中，在向家长具体地反映孩子在学校的表现时，除了要充分考虑家长的心理承受能力，也要时时关注家长的态度与情绪的变化，如果遇到家长情绪激动的时候，可采用一些方法来调节缓和气氛，如倒上一杯水、微笑面对、眼神交流、平静等待等，切不可激化矛盾。从沟通学的角度说，与人交谈时，要善于体谅对方心情，说话得体适度。在对方面前，随着环境的不同，我们改变言谈的方式、语气、措辞，这种灵活的应变态度，就是为对方着想。如果我们和家长交谈，你的话能使家长心领神会而顿生感激，双方的关系也会日趋和谐。

5. 保持联系、巩固效果

一两次良好的沟通并不能解决所有的问题，一个孩子的行为习惯是长期养成的，需要老师和家长的长期的共同努力，当然孩子自己的努力也是至关重要的。所以后续还需要与家长保持长期的联系，使彼此的关系更加融洽。

身为班主任，与家长的谈话是经常的事情；希望每一次谈话都能有一个融洽、轻松的气氛，让家长时时感受到老师对学生的关爱之情，并将这份爱传递下去。希望我们每一位老师都能学习更多的沟通的艺术，多从对方的角度考虑，以真诚之心换来家长的真诚，充分发挥爱的正能量，让我们的教育更有成效。

参考文献

[1] 张晓辉，马艳君. 教师怎样与家长有效沟通［M］. 长春：东北师范大学出版社，2010.

[2] 李镇西. 爱心与教育［M］. 北京：文化艺术出版社，2011.

[3] 魏书生. 班主任工作漫谈［M］. 北京：文化艺术出版社，2008.

爱是一种信任。

用心履行责任，用爱传承希望

北京市航天中学　高立文

班级管理工作对于学生教育有着举足轻重的作用，良好全面的管理，会使班级像一台高质量的机器可靠而有序地运转；缺位片面的管理，则会使班级像一台年久失修的机器，时转时停，故障频出。班级管理要刚柔并济，宽严结合。如果班级管理光靠班主任“死看”，一刻不“放”，学生往往思维不够活跃、缺乏自律和责任感，一旦班主任因故不能到岗，学生便会出现很多意想不到的状况。

我去年接手的6班学生的综合素质不错，但缺乏个性阳光、成绩出类拔萃的“领头羊”。寻找和培养“有责任感、积极向上的阳光少年”，让他或她的行为辐射到周围学生，进而影响到全班的整体氛围，使班级的主旋律走在正确的轨道上；同时不能忽视对学困生的帮助，以及抓住重点事例深度分析，化不利为有利，便是我进行班级管理的基本思路。

班级基本情况简介：初二新接班，女生9人，男生16人。

分类人数		学生特点
女生	5（A）	心态积极向上，有自制力，能协助老师进行日常的教学工作
	2（B）	基础较差，但思想单纯，容易受他人影响
	1（C）	理科很差，处于青春萌动期，比较分心，但家长管理很严
	1（D）	无心学习，成绩很差，认识一些社会上的人，父母会为孩子错误找借口
男生	1（E）	成绩优秀，心态积极，但做事张扬，与同学关系紧张
	3（F）	各科均衡发展，能自律，但只求独善其身，缺乏集体意识
	2（G）	文理科不均衡，语文、英语均不及格，物理、数学成绩优异
	1（H）	父母关系紧张导致情绪低落，迷恋网络游戏，成绩下滑严重，心态灰暗

续表

分类人数		学生特点
男生	2（M）	学习自觉性较差，为人老实、善良，缺乏主见，容易从众
	1（N）	头脑聪明，自律性差，爱要小聪明，常欺负同学
	3（X）	处于青春期开始阶段，价值观混乱，想以武力立威，成为“大哥”
	2（Y）	基础很差，各科都不及格，但为人老实、善良
	1（Z）	基础很差，各科都不及格，单纯、调皮，每天处于各种事故中

一、树阳光典范，形成互助、和谐的班级氛围

【案例一】

E 同学头脑聪明，理科领悟力极强，成绩优异，态度积极，但做事张扬，与同学的关系有些紧张。例如，数学课，E 很快做完老师布置的反馈练习，这时班内其他同学还面面相觑、不得要领，E 会大声说：“老师，太容易了，能不能再出难点？”由于 E 同学“爱表现、爱炫耀”的种种行为，大部分同学对其很反感。当 E 偶有失误时，全班同学往往会情绪高昂，大有“落井下石”之意。

我与 E 单独交流，首先肯定 E 的优点，继而帮助他分析被孤立的原因——就是一个“骄”字。我先泼了他一盆冷水，“你真觉得自己那么优秀吗？敢不敢和实验班的同学比？”看到他低头不语，我又告诉他要想成为一个真正优秀的好学生要有“阳光的心态，谦虚的态度”，俗话说，谦受益，满招损。骄傲张扬会吃大亏的，现在正是虚心学习的年龄，掌握的知识面也仅仅是冰山一角，炫耀自己令大家反感，被大家孤立，你会过得愉快吗？指出了他的问题后，我又教给他如何改善这种局面：“老师授课要兼顾全体学生，希望你每次如果先做完习题，可以帮助老师辅导其他同学，通过帮助同学讲题，改善与同学的关系，帮助老师形成班级内互帮互助的学习氛围。”同时我也告诉他他将面临的多种可能性：“这个过程中尽管你全心帮助同学，依然会有人对你冷嘲热讽，说风凉话，这是对你耐力的考验。”他想了想以后，决定按照我教的办法做，表示即便遇到挫折也会坚持。

后来几次课上 E 帮同学讲完题，对方毫不领情。这时，我就笑着说：“咱们班某些同学翻脸比翻书还快！怎么能这样呢？你们看，如果你是 E，是否能做到这样心胸宽广？帮助完某人，即使某人针对他，下一次依然还能宽容地再次提供帮助？”因为事先“打了预防针”，所以 E 的积极性没有受到多大影响，而那些同学也觉得自己做得过分了，渐渐也对 E 有了

好感。

在这样的引导下，经历了 2 个多月，E 获得了全班同学的认可，成为班级的理科偶像，在他这个“领头羊”的带领下，全班同学的学习氛围有了很大改善，尤其是一些原来学习成绩差的同学也开始对理科有了兴趣。

N 自小随父母来京做生意，头脑聪明，自律性差，爱耍小聪明，常欺负同学。我问他：“你和 E 都是借读生，都很聪明，你觉得你们的差距在哪？”

“我和他根本不能比，他多聪明！”

“你和 E 在智力上没有差距，差在上进心和意志品质上。我希望你在数学和物理上和他比一下，既是朋友，又是对手，共同进步。”

期中考试，N 数学 90。N 在学业上取得成功，学习热情高涨。家长反映：N 回家就写作业，学习不用人操心了。

感悟：

领头羊效应是指羊群中有一只领头羊，当领头羊朝一个方向运动时，羊群就朝这个方向运动。培养一个品学兼优的阳光少年，他的行为会潜在地影响周围的同学，在他的带领下班级的风气会潜移默化地朝好的方向发展，对班级的管理有事半功倍的作用。

二、让学困生能拥有快乐的中学时光

【案例二】

Z 母亲残疾（无劳动能力），父亲是上门女婿，没有正式工作。Z 学习基础很差，各科都不及格，单纯、调皮，有些冲动，经常处于各种事故中，初一时几乎每周都要请家长。

初二接班刚两周，他就把 M 的眼镜打坏了，同时 M 的眼睛周围也有擦伤。他喜欢和同学逗，下手又没轻没重，我要借这件事改变他多动、冲动的毛病。

处理完眼镜赔偿和相关事情，我说：“你的惩罚还没完，你必须每个课间到我办公室静心，时间是一周。”

“老师，什么是静心？”

“就是到我办公室安安静静地待着。站着也行，坐着也行。”

Z 虽然淘气，但非常听话，他按我的要求来了一周，而且没有出现耍滑找借口不来的情况。

“你这一周每天都坚持来办公室，没有出现耍滑不来的情况，是个讲诚信的孩子，老师很高兴。咱们班也安静了不少，要不咱们再坚持一周怎么样?"

"求你了，老师，让我回班里吧!"

"为什么非回班里，和我在一起不好吗?"

"班里有朋友可以一起玩。"

"朋友或是有共同的爱好，或是喜欢对方身上的某些特质，而不是能说上话的就叫朋友。你来我办公室一周，有人特别想念你了吗?"

"没有!"他显得有些沮丧。

"你和同学相处的时候，有没有顾及对方的感受？你和同学闹，别人不想闹，你依然穷追不舍；有时拿起同学的水就喝，不问别人同意不同意；做值日的时候，你老讨价还价。如果换做你，你会喜欢这样的同学吗？你想有朋友，获得大家的认可，首先要赢得别人的好感。你看 E 通过给大家讲题从受排挤变成大家的偶像，你为什么不做些事让同学喜欢你呢?"

"我应该怎么做?"

"勤劳——你是男子汉，将来要凭双手养活自己，孝顺父母；同样，为班级卫生出力、不计较，也可以让你获得同学的好感，将来走上工作岗位，也会得到领导和同事的认可。我给你一个建议——坚持每天为班里拖地。老师不是说学习不好就得多劳动，而是说通过劳动为班级做贡献，体现自己在班级的价值，获得同学的好感。你看，老师是不是也经常给班里拖地？我不觉得是在劳动，我觉得是在锻炼身体。"

此后，Z 每天早晨和中午各为班里拖一次地。有时已经很干净了，他还坚持要拖，拦也拦不住。慢慢地，有的同学会帮他一起拖地，在一起劳动中，友谊也一点点建立起来。

感悟:

虽然提倡素质教育十多年，但中、高考的压力依然使我们以成绩论英雄。学困生由于基础或智力方面的因素，很难在学业上取得成功。怎样让他们拥有快乐、值得回忆的中学时光，是我在班主任工作中积极尝试和努力的方向。

(1) 了解学困生的家庭背景和性格特点，帮助他们养成好的学习习惯和生活习惯，全方位管理和督促，再结合学生特点，有的放矢地提出建议，帮助他们获得同学的认可。

(2) 用宽容和耐心培养学生成长。对于学生犯的错误，给予适度的宽容；对他们的教育要有耐心，一次不起作用就两次，两次不行就三次，只要有爱心终能感化他们，让他们认识到自己的错误，从而改正。

教育需要爱，有爱相伴，学生的成长是快乐的；教育需要尊重与信赖，每一个受教育者都渴望能和教育者平等地交流和沟通。

三、化不利为有利，通过个别同学的负面事件给全班同学种教育的“疫苗”

【案例三】

初二刚接班时的一天，接到教导处通知说 7 班一女生离家出走两周，家长已经报案，涉及我们班的 B、D 等三人，要求配合调查。尤其是 D 女生和出走女生的联系较多，但她们的回答都是不知道出走女生的情况，其实她们是知情的。

当晚，出走的女生想去 D 家留宿，D 家长怕担责任，并没有赶快通知对方家长，反而把这个出走女生支到超市，再通知对方家长到超市去找（出走女生家长之前已经到 D 家找过几次，D 的家长完全知情，怕人家说包庇，但却说不知道）。

第二天，D 的妈妈还找到学校讨说法，说：“派出所询问情况，把孩子吓坏了，回家就哭，出了事怎么办?”

很明显，D 家长的心态是明知那么做不妥，但又怕孩子被处分，所以当老师了解情况时采取帮助孩子隐瞒的态度。现在怕事情闹大了承担责任，又来个先发制人。

根据我了解的情况，我对 D 的妈妈说明：

（1）一方面警察调查情况的地点是在学校办公室，整个过程都有教导处老师和年级组长在场陪伴，当时询问了我班的三名学生，没有任何强硬的语言，这可以向我们班另外两名女生核实；另一方面作为公民大家都有协助调查的义务。

（2）在这件事中，家长应该教会孩子怎样正确地处理问题，怎样以正确的方式帮助朋友，而不是让朋友在犯错误时越陷越深。

（3）虽然我接班不到 1 个月，但根据我的观察，她跟不上班里的教学进度，上课听不懂，没有兴趣，所以心思分散，接触到一些社会上的不良人员。我建议您：①控制一下她上下学的时间，尽量避免她和社会上的人接触；②读一下卢勤写的关于家庭教育的书，了解青春期孩子的心态，一些事件的处理建议，以及怎样和孩子沟通；③发现她的兴趣点，培养业余爱好，帮助她分散注意力，远离原来的朋友圈，同时留心一下，为她选择适合的职业学校。咱们的目标是让她能平稳地完成初中学业，选一所自己喜欢的职业学校。

经过和D家长的沟通分析，D家长意识到自己的问题，承认了自己对这件事处理不当，表示回去会和孩子讲清楚。

这件事对于我们班和全年级来说都是大的事件，应该以最快的速度通报给全班学生，避免学生私底下猜测、议论，造成更大的负面影响。

当天最后一节自习课，我简明扼要、实事求是地陈述了事情的经过，叙述了D同学的所作所为，没有直接批评她，而是让大家各抒己见，如果你遇到这件事应该怎么办？是应该帮（留宿或者借给她钱住旅馆）还是不应该帮（拒绝留宿或不借给她钱去住旅馆）？

我让同学们自由讨论，基本上形成两种观点，一派说应该帮，理由是助人为乐；另一派说应该拒绝，理由是离家出走是错误的。但说应该留宿的同学超过了说拒绝的同学人数，大家争执不休，谁也说服不了对方。过了大约5分钟，我觉得火候差不多了，才开口说："我先问大家几个问题，如果这个女生住旅馆遇到坏人怎么办？如果她的家长因为找不到她急出病来怎么办？如果家长报案孩子失踪，警方开始调查怎么办？"……（停顿，让学生思考）底下的议论声渐渐小了，我继续说："如果她遇到坏人出了意外，你肯定后悔没有及时规劝她回家！如果她的家长急得生了病，她总有明白过来的那一天，她会后悔自己的行为，她那时会感激你还是会埋怨你？警察叔叔那么忙，有更多重要的事情需要他们管，他们是为社会服务的，你们觉得应该这样浪费我们宝贵的社会资源吗？所以，帮助别人不是简单地满足对方要求，而要首先区分对错，对的可以帮，错的不能帮，错的不帮才是真帮！另一方面，同学们现在处于青春期，情绪容易波动，简单地拒绝也不是好办法，而是要设法使她冷静下来，然后分析过激行动的危害，然后再劝她回家，不能让她一个人独自行动。同时还要及时悄悄地通知对方的家长，免得家长担心或报警。希望全班同学从这件事上获得教训，学会处理类似问题。"

根据班内女生的实际情况，我制订了如下后期工作原则。

（1）指方向，树主流。引导女生思考什么样的品质是大家喜欢的——文静、好学、孝顺父母、尊敬老师。A共5名女生，心态积极向上，有自制力，能协助老师做好班级管理工作，引导大家向她们学习。

（2）因人制宜，帮助引导边缘学生。让有自制力的A和C组成板报小组，通过一起出板报，增加接触，建立友谊，使C首先脱离旧朋友圈，进而再让A在学习上对C提供帮助。C通过为班级工作出力，同时学业比以前进步，获得班级同学的认同，与校外联系减少。C的家长非常高兴，反映说：她比初一稳当多了，回家能按时写作业、复习了。

对 B 的两人，我让她们每天中午到我办公室补课，通过补课，自然脱离了与 D 的频繁接触，防止她们因是非观不强误入歧途，同时我让 B 知道老师很关心她们，增进了师生感情。

对 D 的问题只与她私下交流，既给她留面子，又不对她放任自流。同时与她的家长加强交流，互通信息，不给她与社会上不良分子接触的机会，渐渐地 D 同学也有了正向的转变。

通过对这件事的妥善处理，将一件坏事变成了教育全班同学的实例，并且举一反三，使得同学们学会了注重结果的思维方式，后来再没有出现类似的事件。并通过暴露出的问题，制定了正确的治理措施，确保了班级主旋律的正确方向。

综上所述，管理一个班级，有时如同谱写一篇乐章，既要有“领头羊”作为班级的主旋律，为整个班级奠定一个积极阳光的氛围，同时也不能对其他“声部”忽视，如果不能照顾好学困生的心情，只是以成绩来衡量他们，不但会令他们自卑不快乐，也会使整个班级的气氛变得阴郁。一篇旋律动人的乐章，每一个部分都至关重要，而于一个班级来说，每一个学生都是平等的，让他们能够快乐健康的成长，令他们能有一个积极阳光的学习氛围，是我的努力目标。通过一年的努力，在具体事例中培养同学积极乐观的心态，乐于助人、互帮互助的品质，判断是非的能力，我们的班级终于走上了健康成长的道路。

最美的教育是做到“爱与责任”的水乳交融。

班主任教育案例

——换座位风波

北京市航天中学　王秋珍

班里学生的座位有一阵子没调换了。一天的班会课，我决定将学生的座位重新调换一下。

我在班里换座位一向没有固定的模式。此次和学生商量后决定采用抽签的方式来安排座位。对这种换座位的方式学生很兴奋。接下来，我做了签儿，在上面写好第几行第几列。然后按顺序抽取签码，再按顺序找到新的座位。学生们边调换座位边议论纷纷，都急着看自己的新邻居是谁。忽然，我听到了一阵刺耳的声音，是桌子椅子的金属腿碰击地面的声音。顺着声音看过去，我发现教室后面的一位女生皱着眉头噘着嘴又推桌子又踢椅子，显然是很不乐意。我知道她是不情愿坐到后面去，但这是她自己抽到的，她也不好不过去，于是就拿课桌椅发泄。看到这种情况后，我在班中提醒：一定把桌椅搬离地面，不要出声。果然，教室里声音渐渐小了，但她依然连踢带踹的。对于我刚才的话，她显然没重视。见此情景，我也按捺不住心中的怒气，当着全班同学大声地而且非常严厉地批评了她。

这时，放学的铃声响了，学生们整理好书包开始放学了，她也怒气冲冲地背起书包要离开教室。走到教室门口，我把她叫住了，我和她找了一个角落坐下。我问她：“课桌椅有招惹你吗？你这样对待它们？”她还是气哼哼地，反问我：“我怎么对待它们了？”见此情形，我也来气了，很严厉地说：“你说你怎么对待它们的？”她看见我此次态度和语气如此强烈，她的语气缓和了下来。

“我不想坐在后面。”

我问她：“为什么？”

“我想好好学习，想坐在前面位置。”

听她这样说，我就赶紧肯定她这个想法。但是紧接着我又回到了刚才的推踹桌椅的事情上。

“想学习是好事，这个想法老师得表扬你，可是你对刚才的事情怎么看？现在你静下心来想想这事你做得对吗？老师现在想听听你的意见。”

她见我又恢复了平时的状态，低着头轻轻地说：“老师，刚才是我错了，不应该拿桌椅撒气，还跟您顶嘴。不过我不是有意要让您生气的，只是控制不住我自己的情绪。”

她冷静下来了，我又跟她谈了今天这件事情其实很好解决。

“你应该先坐下，然后找老师说明你的想法，老师一定会特别高兴帮你解决这个问题的。如果有气就砸桌子摔板凳，不但问题解决不了，可能会激化矛盾，甚至还会让自己犯下更严重的错误。通过今天的事情，一定要学会冷静，遇到事情先别着急，学会控制情绪，这样有助于更好地解决问题。你的座位我会考虑，这两天你先坐那里。你看，只要你跟老师商量，其实很好解决，对吧？”这时她笑了，心情也舒畅了，又像平时一样美美地背着书包离开了教室。

这件事之后，她确实改变了很多，遇事不那么急躁了，也踏实了许多。

换座位风波引发我的思考：一个老师对待学生的态度不能是一成不变的。老师要和学生有平等心，当他们犯了错误要包容，但绝不能纵容。让学生慢慢明白哪些事情老师可以包容，哪些事情是不能包容的。学生犯了错误，也不能一味批评，教育之后必须告诉他们怎样做才不犯这样的错误。这样学生才会心服口服，也才会明白如何正确地处理问题。

欣赏孩子艺术作品前，你首先要欣赏孩子。

爱的教育——班主任工作

北京市航天中学　梁　超

班集体是培育学生成长的一方沃土。如何创建一个文明守纪、团结互助、勤学上进的班集体？我的体会是，班级建设是一项系统工程，要抓好班级工作中的每一个细微环节。

要建立一个优秀的班集体，首要的是制订好目标。班集体建设目标是班集体建设所要达到的理想效果，它在班集体建设中起着导向作用、激励作用、衡量作用，是班集体建设的第一要素。我经常通过个人目标的追求来推动集体目标的实现。

班主任是国家教育方针和学校工作计划的具体执行者，是一个班级学生的组织者和领导者。班主任的工作如何，班风如何，会直接影响到校风。学校中的班级是最基层的组织，它是向学生进行教育、教学活动的基本单位，学校管理目标的实现，学校工作计划的实施，在很大程度上都要依靠班主任去贯彻与落实。因此，班主任工作质量的提高，带来的将是教育质量和学生素质的全面提高。那么如何开展班主任的工作呢？我从以下几个方面谈谈自己的认识。

一、抓学习，促内化，注重理论建设

班集体建设工作以科学理论为导向，遵循边学习、边实践、边总结，再学习、再实践、再总结的原则，把科学理论、他人经验同自己的实践结合起来，用科学理论指导自己工作，取得一定成效。我的基本做法是学习理论，为了提高自身理论素质，我认真学习了《心理学》《教育学》《学校心理学》等有关书籍，认真吸取他人的宝贵经验，工作中及时总结，经常和别人交流，提高理论修养，为班主任工作找到理论依据。

二、对不同素质的学生，要一视同仁

一般说来，一个班的学生存在着很大的差别，是由生活经历、性格特征、心理素质和文化程度等各个方面的差异造成的。所以在与新生见面时，我就阐述了这个观点，开诚布公地说明：在我们班集体里没有一个十全十美的人，也没有一个不可救药的学生，每个学生都有自己的优势与闪光点，班主任对全班所有学生承担的责任和义务都是一样的，要力争成为每个同学的老师和朋友，并且宣布对同学们的过去不打算了解得那么详尽，也就是说以往的优点、成绩、错误都属于过去，班主任关心的是同学们现在的学习生活的情况。表明了这样的执教观，就与学生们的感情贴近了，使得他们获得了一种平等的感觉，从某个角度来说，使他们都得到了尊重。这样，学生对老师反馈出了更大的尊敬。很少有学生当面顶撞老师，也没有同学背地里怀有怨恨，因为老师为所有同学展示了一条新的起跑线。

三、对学生违纪行为的处罚立足于教育

学校建立了健全的规章制度，学生违反了，必须受到处罚，没有处罚就谈不上教育。但不能忘记，学校处罚的指导思想是为了教育学生，应该掌握这个出发点。例如，我们学校每周一进行卫生大扫除，划分了责任区；班级要天天打扫教室，也制定了轮流值日表。这些活动有的同学不喜欢参加，受到了大家的批评，有人提出要处以罚款。可那些同学说：一次卫生不做，不就是罚几角钱吗？我们可以将几年的钱一次交清。了解了这种情况，我告诫同学们，处罚是为了使违纪行为受到约束和纠正，具体到清洁工作来说，无正当理由不参加者，决不能用罚款了结，而是缺一次补两次，班主任也跟那些同学一起接受处罚。这使同学们认识到，进行这项劳动，主要是为了培养劳动意识，净化学习环境，增强集体观念。照这种办法实践几次后学生不积极参加卫生活动的现象很快杜绝了。又拿考试作弊来说，作弊的试卷当然作废，而采用罚款或类似的措施，就要仔细斟酌了。曾有一个20世纪50年代的学生说过，那个年代考试作弊简直不可思议，然而现在这种现象却较为普遍。究其原因，一时也难以说清，但作为学校，始终必须以教书育人为宗旨。班上各式各样的考试作弊现象我分别以不同方式处理：对平时学习不认真，考试想要“花样”的学生，就语重

心长地讲学习目的与时代要求，结合社会主义市场经济和社会现实发展趋势，讲形势，邀请家长到校配合教育，使同学们懂得必须靠真本领才能求职谋生；而对于考试中递条子的做法，就把“给条子”和“收条子”的人在平时的学习中组成“一对红”。以达到实实在在地促进学习的效果。并且举行专题班级演讲会，撰写议论文章，使考试作弊行为在同学们的口诛笔伐中，成为过街老鼠人人喊打，学习风气随之大为改善。

四、班主任在实际工作中要善于接纳学生

所谓接纳，是指在教育教学过程中，教育者根据受教育者在言语和行为中表现出来的独立性的举止给予的承认和接受。它不同于赞成，而是对受教育者的宽容、尊重、认可、真诚和爱心。接纳既是缩短教育者和受教育者心理距离的必要手段，也是最终使教育者的严格要求得以贯彻的良好基础。它是教师，尤其是班主任对学生进行成功教育所应掌握的一种教育艺术。

那么，班主任在实际工作中究竟如何运用接纳这一教育艺术呢？

我觉得这要求班主任应该静下心来认真调查研究分析，真正做到思想认识上接纳，然后根据不同的情况，采取不同的教育方法。

班主任教育学生的过程本身就是一个情感过程，教育目标常常是在教育者与被教育者情感的交流、融洽与升华中实现的，因此，教育过程充满和谐融洽的气氛就显得至关重要。而这种气氛的形成也只有班主任从情感上接纳学生的言行时才有可能。所以，班主任也只有在情感上接纳了学生之后，才能开始真正意义上的教育。

当然，我们并不夸大接纳在班主任工作中的作用，正如我们不过于夸大教育的作用一样，因为，无数事实证明，在班主任工作实践中以接纳态度对待学生，容易取得教育的成功，所以接纳在班主任教书育人中是一种行之有效的教育手段和艺术。在具体运用接纳这一教育艺术时，也要因人、因事、因时、因地、灵活掌握，要用得恰如其分，最大限度地追求教育的成功和发挥教育作用。

总之，我觉得班主任工作是一项平凡又值得探讨的工作，每位当过班主任的老师在班级管理中都经历过从不断探索到日臻娴熟的过程。这个过程是艰辛的也是不可避免的，需要班主任倾注大量的精力和心血。

教育的每一个细节都是影响学生终身的大事。

捡到一把汽车钥匙

——与一位学生过招

北京市航天中学　魏建仓

我们班的小 A 是这样一位学生：3 岁时父母离异，一只耳朵基本失聪，性格内向腼腆并且相当自卑，平时寡言少语，常常是天马行空、独往独来，常受同学欺负，也常上课捣乱、打架，平时母亲溺爱，一旦犯错误父亲就暴打。同时也了解到，他很聪明，玩电脑和拆装机械零件有绝活儿，家长反映他曾经偷拿家里的钱买电脑，老师们反映他曾经用偷梁换柱的方法用学校电脑的零件为自己电脑升级，这是一个生理和心理都有一定问题的学生。

一天，校园广告牌上一则寻物启事吸引了我。大意是：失主丢失了一把汽车钥匙，希望捡到者归还，留有联系电话等。我觉得这个寻物启事很新鲜，校园里经常有寻找丢失校服、书包、眼镜等物品的启事，寻找汽车钥匙还是第一次。

紧接着，初三的一名学生神秘地告诉我，同班的 A 可能有一把汽车钥匙，该同学举证说，他最近书包里经常有一本《汽车杂志》，上课时也低头玩东西，放学不着急回家并在停车场来回转悠，捡到汽车钥匙疑点多多。

不久，校园广告牌上的寻物启事又换了一张，不仅纸张大了些，而且内容也有变化，除了急切希望归还汽车钥匙，还多了这样的内容，失主愿以有偿交换的方式索回汽车钥匙。几天后，寻物启事又标明要重赏捡到汽车钥匙的人。看到这三张寻物启事，我好像读懂了失主的意思，失主很清楚汽车钥匙就丢在学校、就在某个学生手里。我感到了事情的严重性，决定干预此事。

第一次我用说大道理的方法，但对 A 没用。第二次我又用惯用的写检查、给处分的方法，对 A 还是没用。第三次我用感情投入的方法和 A 天南地北地聊了一通，竟然还是一无所获，A 拒不承认有此事，显然用传统教育方法已经不能奏效了。怎样才能有效地解决这个问题呢？我决定把曾经学的“科尔伯格道德认知发展理论和实施方法”应用于这次道德教育实践。

如何提高道德教育的效果，是多年来一直困扰学校道德教育的难题，解决这一难题的途径就是如何使道德教育走向科学化，而科学就是要求按照规律办事，学校道德教育科学性在于道德教育的目标、方法要符合学生道德认知发展的内在规律。

美国当代著名心理学家、教育家劳伦斯·科尔伯格的道德认知发展理论在遵循儿童道德认知规律方面做了有益的尝试。在科尔伯格看来，道德教育既不能直接讲授道德概念，也不能仅仅灌输行为规范和仅仅帮助个体澄清相对的价值观念，而应促进个体道德认知能力主要是道德判断能力的发展。他认为道德是可以训练的，学校经常要为学生设计道德体验、选择和价值澄清的机会，学生在选择中自我发展道德水平和形成稳固的价值观。

为提高儿童和青少年的道德认知发展水平，科尔伯格提出，教师可以引导学生经常讨论两难问题，引导学生在道德认知上发生冲突，激发学生积极进行道德思考以促进学生道德水平的提高。科尔伯格道德认知发展理论的基本方法之一是道德讨论法。

首先，把这个问题编成一个两难故事，小明捡了一把汽车钥匙，是还给失主还是不还，他处于两难。请同学们帮助解决这个问题。

整个道德讨论过程分三个阶段：

第一阶段，全班分三个小组进行讨论，三个小组中成员均有性格、家庭教育、是非判断能力和学习成绩的差异，这样可以有不同的讨论结果，用我们期望的价值观对他现有的价值观进行干预。三个小组讨论结果统计表明，认为“小明捡到汽车钥匙应该归还失主”的占全体学生的 74%，其中认为“小明捡到汽车钥匙应该无条件地归还失主”的占 23%，“小明捡到汽车钥匙还与不还没关系”的占全体学生的 16%，而认为“小明捡到汽车钥匙不应该还失主”的占全体学生的 10%。

第二阶段，在分小组讨论的基础上，将各小组意见集中、统计和公布，并有2~4名同学分别代表几种不同的意见、扮演不同的角色上台进行“还与不还”的辩论。经过这一轮辩论统计表明，“小明捡到汽车钥匙应该还给失主”的人数占到了全班人数的绝对优势。

第三阶段，针对“如果你丢了家门钥匙而进不了家门”“如果你丢了自行车钥匙而无法回家”“如果你丢了最心爱的东西会怎样”三个话题，引导全体同学写自己的感受，并将这些感受进行沟通和交流。

讨论会最后在大多数同学达成的“己所不欲，勿施于人”共识下结束。

过了几天，学校广告牌上又多一封表扬信。又过了几天，听别人议论，怎么现在的学生捡到别人汽车钥匙还要报酬，结果我一打听，所谓报酬是一个玩具汽车模型。

通过这件事，A同学的性格开朗了许多，主动帮班里打扫卫生，对老师也由原来的对立变得开始合作。当然，可能还有这样那样的问题，我相信只要我们利用好契机，采用多种的教育方法、手段，看到孩子们的闪光点，他们的明天一定会更好。

苏联教育家苏霍姆林斯基说过：没有爱便没有教育，爱学生主要体现在尊重学生、信任学生。尊重学生，就是把学生当“平等的人”，对于单亲家庭的孩子，我们应该给予他们更多的关注和关心，让他们在一个和谐、充满爱心和积极上进的班集体快乐成长。为帮助他们树立的正确的人生观和世界观奉献我们全部。

教育是心灵的艺术——它是心灵对心灵的感受，心灵对心灵的理解，心灵对心灵的耕耘，心灵对心灵的创造。

我的幸福一刻

——班主任工作手记

北京市航天中学　吴　苑

苏霍姆林斯基说："教师要像对待荷叶上的露珠一样，小心翼翼地保护孩子的心灵。晶莹透亮的露珠是美丽可爱的，却又是十分脆弱的，一不小心露珠滚落，就会破碎不复存在。"这种呵护就是无微不至的爱。走进孩子的心灵，与孩子平等地对话，真诚地交流彼此的经验、感受和情感体验，产生共鸣、共识、共享。

记得在初一的第二学期刚开学不久，我们班来了一位插班生。他个头不高，胖乎乎的，小小的眼睛透着狡黠的目光，一副久经世面的样子。他叫小A，从北京十一学校转来。他怎么能从一个令人向往的学校转到我们学校呢？经过调查，才知道他是行为习惯方面的问题一直得不到有效纠正，才转来我们学校。俗话说"人挪活，树挪死"，他是想换个环境，重新开始。但是想改变早已形成的不良习惯谈何容易！开始他还拘着，没几天就开始露出原形了。我确实发现了很多问题，如不会听课、不会自己学习，还不遵守课堂纪律等。但是我也发现了他的优点，为人热情，与同学相处很好，独立性强，热心班级的活动，参与意识强，不计较个人得失，很大度，知识面也很广。挺好的一个孩子怎么会养成这么一个不良的学习习惯呢？经过了解才知道，这个孩子的父母离异，而且他们又分别再婚了，孩子长期生活在寄宿制学校，父母对他疏于管理，所以才养成了这么个习惯。了解这一情况后，我觉得要纠正他长期以来形成的习惯，还是要从细微处着手。于是我采取了一些措施。首先，每天安排同学专门检查他的作业，并与任课老师及时沟通，发现有没交和不合格的现象及时要求他补齐或重新写。因为平时的作业是保证成绩的关键，是学生的家务事，如果不做或不认真会严重影响成绩，这个不好的习惯必须通过细致的检查和督促来改正。通过与课任老师的配合，每天不断的检查，他的作业能保证每天交了，逐渐养成了回家完成当天任务的习惯。其次，观察他平时上课时的表现，及时与他交流。因为以前的习惯，他上课时经常走神，这时需要老师及时发现，并及时提醒，让他注意自己的言行。经不断的提醒、规范他的言行举止，他渐渐也学会怎么样听讲了。另外，我还经常与他谈心，了解他的学习进展和思想状态。得知他不会总结知识，不会自学，于是又一点一点教他如何建改错本，如何把知识系统化，如何背单词等，不厌其烦地讲解这些细节。功夫不负有心人，经过长时间的教化，他也懂得怎么自己来掌握知识，后来经常询问老师一些题，成绩有了提高。初三第二学期他又要转回北京十一学校了，临走前，家长对我说："感谢您这一年半来对孩子的教育，使我和孩子都看到了前行的希望。"小 A 深深地对我鞠了一个躬："老师谢谢您!"那一刻，我眼睛湿润了。

作为班主任，多年的工作让我深深体会到，教师应该不吝啬对学生的爱，就像春天不吝啬她的雨，不吝啬她的风。我们应该用爱扬起孩子们理想的帆，让他们去实现自己的理想。

许多教训告诉我：做老师要做得顺，做得好，不是你要站得多么的高，而是你要站得足够的低。因为你面对的是孩子。你站得太高了，你的视线跟孩子不在一个水平线上，你就看不明白孩子能看到的一切，你就不理解孩子的世界，就会做出错误的判断，发出错误的指令，让孩子难受，也让自己难受。

培育一方有温度的土壤

北京市航天中学　张海虹

从教 20 年来，常常想起的一句话是“捧着一颗心来，不带半根草去”。记忆深刻的一个故事是“四块糖果”。揣摩着陶行知先生的教育思想，一路探寻着、实践着教育的真谛，我深深地感受到：教育需要做许许多多有温度的事。

“不是每一个孩子都在爱的怀抱里长大，不是每一朵花都能灿烂开放”，这是我来到北京担任班主任后深刻的体会。

正如同事告诫我的那样，在我所接的新班里同样有着“个色”人物。有不听课、不学习，打死都不写作业的；有刚开学不久，就能联合外班同学搞一场轰轰烈烈的聚众事件，让校领导记住名字的；有很快就被全班同学排斥奚落的；有不和班里任何同学来往，时时刻刻带着一颗小心翼翼的心的……不同以往的是，我并没有被这些“严重”的问题震惊或苦恼，而是更加关注这些“冒犯”者背后的故事。

不是每一个独生子女都沐浴着爱的阳光长大，这些孩子就不是！当我知道这些聚在一起“闹事”的男孩女孩们都来自单亲家庭时，我的感觉不是恼怒而是心酸；当我了解拒不写作业的小男孩父母因生活的重压过着粗糙应对没有追求甚至是对孩子不抱任何希望的生活时，我感到的不是厌恶而是惋惜；当我得知那个太容易被同学奚落排斥的孩子，因父母离异爷爷奶奶家两头跑，又被两头厌弃当作出气筒时，我的反应是心痛。这些孩子小小年纪在承受着成年人都不堪承受之痛。面对此情此景，是厌恶反感？

是班规“高压”？可是他们缺失的是爱。那么，我就来做那个“捡拾起碎了一地自尊”的人吧。我要为他们培植一方有温度的土壤。

一、他是我们的孩子

我的工作从那个最可怜的孩子做起。因为实在地说，是他的善良感动了我。在这班孩子中间，他是干活最不惜力气的那个；他是会给老师搬一把椅子、擦干净桌子的那个；他是将自己的好书全部贡献出来给同学看的那个。尽管这个孩子时时处处显示出不懂得自尊的事（可是他的自尊是被别人毁掉的），当他遭到同学群起哄笑时，我义正词严地对全班同学说“他是我的孩子，只有我有批评他的权利。因为他的善良，老师们都爱他，他在所有老师的眼里是好孩子”。后来这个孩子的变化，全班学生的变化，让我由衷地写下这样的话：“用爱给他们的自尊做保证，这是最好的教育！”感谢李靖老师，罗军老师，生物周老师，其实教我们 8 班的每一位老师都在配合我做着这样一件有温度的事。李靖老师每次会第一个给这个孩子判题讲题，会在班里不时地表扬他是最爱劳动、最善良的孩子，放大他的优点。李老师还将参与“聚众”的女孩儿作为自己的课代表，在李老师的眼里口里，她的课代表是最有组织能力、最乖巧的女孩。事实上，女孩正朝着我们期待的方向发展，当我一次一次在她的练笔本上写下“好孩子”三个字时，第二天我会看到她小鸟一样轻快的脚步，看到她灿烂的笑脸，她不知道的是此时我的心底里也笑靥如花。罗军老师会不厌其烦地当面看着不写作业的小男孩写单词，背英语，表扬他字写得好，鼓励他做别人的小老师，实践着陶行知先生“四块糖果的故事”。

地理贾老师同意我将那个最不敢说话、不敢和老师同学接近的男孩儿选为地理课代表，容忍他一次次“失职”，一点点教给他做事。看到他大部分时间都坐在座位上画画，我以惊奇的语气赞扬他画得好，并招呼全班同学都来欣赏他的画。如今，他能像其他学生一样从容地来、从容地去，从容地做着他的课代表工作，地理小测验他以 92 分送给贾老师一份欣慰的礼物。

教育是需要深入人心的工作，既然人心是柔软的，那么爱、宽容、肯定，这些有温度的举动才是打开孩子心扉的钥匙，特别是曾经受伤的心灵。

二、请对你的同学说出你的赞美

常常听到周围的人在抱怨，抱怨待遇不高，领导不公，社会瑕疵，听得多了我们不知不觉也加入了这“怨民”大军。耳朵受到了污染，久而久之满眼皆是“不干净”。负面的情绪很容易使人失去方向，弱化人本该有的爱的能力。所以，在班级这样一个对孩子心灵产生影响的环境中，如何避免“批评训斥”“排斥挑剔”“互相诋毁”这样的冷情绪影响，除了我和任课老师尽量避免在全班面前直言批评同学以外，激发学生欣赏的眼光，培养他们爱的正能量，创设一个相互鼓励、相互羡慕、大声赞美别人的温馨环境异常重要。利用每周班会时间，我们开展活动，由班长主持说说自己看到了谁的什么优点，从哪位同学身上学到了什么。开始时，需要老师点名完成任务，到后来大家抢着说。赞美是最动听的歌。孩子们由原来的不懂欣赏，吝啬赞美，到诚心实意地向别人学习，这是一个学会爱的质的飞跃。展开一面面能照出美的镜子，少树或不树立反面教材，是培养积极上进、具有凝聚力班集体的妙招。用有温度的语言，培养充满爱的沃土，才能奏出最和谐的乐章。现在我们又利用飞信让家长参与其中，每次班会，我会将家长的夸赞希望截屏展示给学生。我发现，孩子们变得乖巧温顺了许多，在初二这样一个很容易叛逆的关键期，他们的叛逆变得柔软。原来，所有美丽的初衷，都在证明着爱的力量的伟大和优美。这就是正能量。

三、让这个教室充满温度

日本学校教育最有影响力的“付诸行动”的研究者佐藤学认为，“学校改革的中心在于课堂，真正意义上的教育革命是从一间间教室里萌生出来的。最大限度地挖掘‘班级’‘教室’的教育意义，让他们在天天学习生活的教室里与老师一起享受幸福完整的教育生活”。在我们班，北边的黑板是男生的田园，他们共同的宣言：生龙活虎，宽容大度，是男子汉的胸襟。南边的黑板是女孩们的天地，她们的口号：温文尔雅，谦逊上进，是女孩子的美德。黑板上挂着每一个学生的“成长足迹”，这里记着我们周班会大家要在上面写上的对同学的赞美，自己的总结和目标，老师和家长的温馨小语，记录着他们每一次值得自己骄傲的成绩。窗台的两面，一面是写有“它们需要关爱”的生命园区（四盆花，一缸鱼）与孩子们一同成长。一面是写有“让书香飘荡”的书架区，成长离不开好书的陪伴。本来是利用拉花遮挡黑色的电线，我们也让学生制作了心形的小卡片，写上自己的心语心愿，对班级的愿望，对自己的愿望。环境是无声的语言，环境产生陶冶心灵的作用，这里的每一处都是散发着温度。

“在我的教育里，小孩和青年是最大，比什么伟人还大”，陶行知先生就是这样尊重学生的。作为教师，对学生的爱首先要尊重学生，尊重学生的人格和个性。师生在人格上是平等的，教师不能凭个人好恶而好恶之而褒贬之，教师没有爱就不能教育学生。热爱学生，喜欢学生，以温存慈祥的态度、和蔼的话语对待他们，才能使他们与自己越来越贴近。特别是班主任，就是要给孩子们培植一方爱与宽容，充满教育智慧的土壤，教育的行动有温度，得到的回报才会有温度。

知识技能和道德情操犹如一对翅膀，只有一双健全的翅膀，才能带着心灵去飞翔。既传授知识又培养品德，才是真正完善的、优质的教育。优质教育滋润下的孩子，不管是长成参天大树，还是小草小花，都会展露出健康的绿色，充满盎然的生机。

走进学生内心世界，塑造孩子美好心灵①

——班主任谈心艺术新思维、新方法

北京市航天中学　王丽京

作为教师，我们应该牢记这句话："教师是人类知识的传播者，教师是人类灵魂的工程师。"我们要教给学生们知识，更要关注他们的思想和心灵。我们既要传授给他们知识和技能，又要培养他们的道德和情操。因为知识技能和道德情操犹如一对翅膀，只有一双健全的翅膀，才能带着心灵去飞翔。这才是真正完善的、优质的教育，只有优质的教育，才能给人渊博的学识，高超的智慧，宽广的胸怀，通达的性情，善良的心地和高贵的教养。优质教育滋润下的孩子，不管是长成参天大树，还是小草小花，都展露健康的绿色，充满盎然的生机。

让学生写周记、写日记，往往是班主任及时把握学生的思想动向，了解学生的各方面情况，分析学生现状，以便更好、更有效地教育引导学生的一种传统的、常用的方法。但有些学生有时难免为应付交差，或抄袭或随意写几笔，反映不出真实的思想。但是书面形式又是能够及时地、随时地在同一时间与更多的学生沟通思想、实施教育的很有效的方法，如果利用得当，还能收到面对面交谈所达不到的效果。那么，怎样才能让这些文字真正架起师生间思想沟通的桥梁呢？我认为，作为班主任，我们应该首先更新自己的思想观念——"每个人的良好品质应该是反映在对自己身处的所有事情都有一个正确的认识和端正的态度，所以学生所反映的无论是

① 中国教育学会"现代教育与实践论坛"全国征文评比大赛一等奖。

学习、生活、家庭、社会等所有的经历都是引导教育他们的有价值的材料。”因此，解除对学生们的一切条条框框的要求，让学生打破一切思想束缚，鼓励他们随心所欲地写他们想写的，才有价值，才能不流于形式和表面文章。于是，我在布置这项任务时对同学们说：“我有写日记和写信的习惯，我很爱写，因为我发现它可以释放我所有的心声，特别是有时在我和朋友们交流与沟通时，有许多说不出来的话可以通过写来表达。所以，我很想与大家一起以写的方式来经常聊聊天，交流思想和感受。我们写一周以来最有感触的事情，内容不限，或写几句真心话。有就写，没有就不写，想写就写，不想写就不写。可多写也可少写，哪怕只有一句话，但确实是你最想说的就好。”为了激发学生写的兴趣，我还发动全班同学为我们的周记本起一个大家喜欢的名字，学生们都表现出极大的热情，积极献计献策。最后同学们给它起了一个非常动人的名字叫“心语彩虹”。我又让同学们用自己最喜欢的颜色，画上自己最喜欢的图画，装点自己的本子，通过做这些事情，孩子们对周记本建立起了喜爱之情，为以后能珍惜它，在上面写下真心的话奠定了感情基础。

刚开始几周，本交不齐，我并没说什么，对上交的本每本认真阅读，写回复时，我想起孙晓云老师的话：“当你与孩子成为伙伴，与孩子平等对话时，你的教育也许更有效。教师以平等的身份与孩子交流，这样才有利于了解他们的真实想法，进行有效的沟通。”

因此，无论孩子们写什么，我都站在他们的伙伴和知己的立场，以真心回馈他们，对每个同学我都根据他们反映的情况，写下大段的真诚的、热情洋溢的回语。当本返回到同学们手中，当他们打开本看到我写给他们的话时，我读出了他们写在脸上的心情，是惊喜，是欢畅，是感动，是喜悦。没有交本的同学，看到别的同学本子上的大片红光，又好奇又羡慕。于是，上交的本子悄然地多起来。小小的周记本就好像孩子们的心灵之窗，一扇扇地打开了。

学生们在周记中与我无话不谈，有学习方法探讨，有理想畅谈，有心中的烦恼，有“早恋”的困扰，甚至还有家庭矛盾等诸多方面的内容，使我得以更好地了解每一位学生在各方面的思想状况和特点，更及时、更切合实际地引导和教育他们。

一、以自己的体会与学生探讨学习方法，以亲身经历激发学生们的上进心

有的学生在周记中与我交流学习方法，王旭写道：老师，学好语文怎么那么难呀，您快给我支一招，您在像我们这么大时有什么好的学习经验能给我讲讲吗？我便针对现在的孩子在学语文方面的弱点，如没有养成背诵的习惯，毫无保留地给他讲我中学时学好语文的经验。我告诉他我学好语文的经验之一是我喜欢背东西，我把别人认为枯燥的背功当作对自己的一个挑战。每背下一个较长的片断，我就有一种战胜自己的胜利的快感。脑子里记下的东西越多，就越有灵感和对语言的悟性。

之后我又写道：今天我还要衷心的感谢你，因为你的要求把我带回到了我的中学时代，让我重温了一次中学时代的美好，可是当我回头，我才发现当学生时是那么幸福，学习知识是那么快乐，当然也有因为贪玩和偷懒而留下的遗憾。我忽然希望时光能够倒流，如果能再回到过去，我一定会比当时学得更好，考上更好的大学，从事我最理想的职业。可那是不可能的了，所以，我衷心地希望你们好好珍惜时间，千万不要像我这样在回首时心存遗憾。

不久这孩子在周记中告诉我：王老师，先告诉您一个好消息，我这单元的语文检测成绩比以前有进步了。谢谢您教给我学习方法，还鼓励我，您那么忙还给我写了那么多，您的话我都记在心里了，您看着吧，我一定不让您失望。

二、以爱与梦想激发理想，以追求理想促进学习

有时学生们和我畅谈理想。文静怡同学的理想是要当一名医生，因为她妈妈从 30 多岁起就得了一种叫“骨石症”的病，是现代医学上还无法治愈的疾病，她的妈妈忍受着病痛却非常乐观，她被妈妈的精神深深地感动了，她写道：我爱我妈妈，就冲这我也要努力实现这个从小就没改变过的理想，我一定要治好妈妈的病，还要告诉人们，病魔并不可怕，只要你勇敢地面对它就能战胜它。

我给她写道：你的理想既美好又高尚，我也被你妈妈的精神和你对妈妈的爱深深地感动了。好好努力吧，我支持你，相信你一定能够实现理想。不过我想你应该知道学医的人都是各门功课都非常优秀的人，你还需要下一番苦功的，觉得苦的时候就想想妈妈吧，爱的力量是无穷的，有你对妈妈的爱，我相信你什么苦都能吃，直到最终实现你的理想，我会一直等着你的好消息。

之后据我的观察，文静怡在学习上一直很努力，学习成绩也逐步提高，卫生委员的工作也积极主动，做得很出色。

三、当孩子们的贴心人，真诚表达对他们的关心，理解和支持

有时学生们对我诉说他们的烦恼。赵子谦同学写道：我很怀念上小学

的时候，那时同学们常聚在一起，好开心，十分轻松，一点压力也没有。上中学以后，说实话，我已经好久没有发自内心地、开心地笑了。现在的每一天我都感觉充满了压力和烦躁，觉得很不开心很累。小学时，快乐一直陪伴我，现在快乐似乎消失了。

我给她写道：我非常理解你此时的心情。你们现在学习任务繁重，的确很辛苦，压力很大，儿时的那种快乐的确少了很多。说实话，老师也是看在眼里，疼在心里。有谁不希望自己总是很快乐呢？然而你知道吗，不同精神境界的人对快乐的理解和追求不同，有人认为轻松就是快乐；有人认为随心所欲是快乐；有人认为无拘无束是快乐；有人认为省心省力是快乐；有人认为吃了很多苦，受了很多磨难之后的成功才是人生最大的快乐。你想追求哪个境界中的快乐？做哪个境界中的人呢？

以后她又在周记中写道：老师，我当然想成为境界高的人！我现在明白应该追求什么样的快乐了。我们已经长大了，不能还是停留在小学生的水平上。

班长李众欣是个正直肯干，对工作非常认真负责的好学生。可有一次她在周记中写道：有一名女生对我说，你知道有人叫你“死班长”吗？因为你平时总是管我们不喜欢你管的事，所以我们都恨死你了，我看你是费力不讨好，就讨老师的好。听了这些话，真是给我当头一击，难道我大半年的付出换来的竟是这样的结果，我的心如刀割，苦不堪言……看过之后，我马上在班里进行了一个民意测验，让大家选出一位你认为对工作最负责任、威信最高、你最佩服的班干部。测验的结果还是班长的得票率最高。带着这样的测验结果，我给她写道：你看到了，大多数同学是肯定你的，当然还有我在内。其实个别同学的个别表现也正说明了你工作得很到位。人不就是这样吗，他叫唤，正说明你触到了他的痛处。人犯错误时也一样，他其实心里知道错，不舒服，说出来的话就跟痛得叫唤是一样的，一定不会是好听的声音。别难过，其实从你的苦不堪言中，我反而看到的是你的出色，你坚持原则，大胆管理，这是一名优秀干部的素质之一。那些同学的表现，也正好给你提供了锻炼坚强意志、提高承受力的宝贵机会，所以你不但不要生他们的气，还应该好好感谢他们呢。之后我还根据班长提供的信息，找那部分同学谈了话，及时对他们进行了教育。经过了这件事以后，小班长似乎成熟了许多，工作更认真，更主动了。

还有一位同学在周记中，含含糊糊地诉说好像她很喜欢某个男生，一个很优秀的男生，但那个男生却不爱理她。她沉浸在不得不放弃的无奈和烦恼中不知所措又不能自拔，精神状态很不好。这时，我并没有简单地把它当作是“中学生早恋”加以否定，把痛苦中的她推向反面，而是顺着她的思想耐心地开导她。我给她写道：选择放弃这种想法是对的。我希望你的放弃不是一种单纯的、表面的自我安慰，而是真正懂得了在你这个年龄对你最有意义、最有价值的追求是什么。好好学习吧，好好学本领吧，有本领的人什么都能抓得住，永远扮演的是去选择，而不是被选择的角色，从来不用在失败和无奈中自我安慰。我觉得你是一个很有实力的女孩儿，从现在开始改变自己，充实自己，我的直觉告诉我，未来的你一定是个令人刮目相看的出色女子。

她在看过我的话后，有一天找到我，对我说：“老师，我原来还有点后悔告诉您这些，我怕您会说我不学好，会狠狠批评我，没想到您给我讲了那么多道理，您没有否定我，反而还鼓励我，我以后一定会按您说的去做。老师，您真的没认为我学坏了吗?”我说：“不，其实你的一些想法的出现是正常的，你不是学坏了，而是长大了，长大怎么能是坏事呢？只有处理不好才会变成坏事，我相信你不会的。”从这以后，她很快有了变化，快乐的笑容又浮现在脸上，学习成绩也提高了。

四、架起孩子与父母之间理解的桥梁，培养孩子的感恩之心

孩子们有时甚至跟我谈与家人的矛盾，反映出他们因对父母的不理解而产生的烦恼，抱怨或畏惧，形成了一些思想压力。他们非常需要引导，帮助他们理解父母，学会感恩父母，从而学会理解他人，感恩他人乃至社会。

张章同学告诉我：我很苦恼，我爸爸现在怎么变得跟以前那么不一样了。小学时总是他带着我玩，现在他对我连笑脸都没了，天天逼我好好学习，如果哪次考试没上 85 分，他就大声训斥我，说我没出息，将来喝西北风之类的话。我妈就不是这样，她总是鼓励我说，没关系，这次没考好，争取下次考好。每天晚上我写作业中间出来，也总是我妈关心我，叫我写完作业早点睡。说真的，我现在就觉得我妈好，我爸像后爸一样。我这样告诉他：首先我也认为你爸爸对你的态度的确有点问题，但我能理解他。你知道吗？爸爸妈妈也是从像你这么大经历了风风雨雨走到今天，面对今天的生活和工作，我想你爸爸一定感受到小时学习的局限给今天带来的压力，他是不希望你重蹈他的覆辙呀。妈妈更不容易，她可能跟爸爸有同样的感触，但她不忍心再给你压力，她是把给你的那份压力放在了自己的肩上，默默地承受了更多。同样作为母亲，我敢保证，无论他们是怎样对你，他们都是为你好。多理解爸爸，多心疼妈妈吧！之后我又及时跟他爸爸通了电话，跟他谈了孩子的苦恼，劝他反思和改变一下自己的态度。他欣然接受。后来张章又写道：经过老师的开导，我能理解我爸爸了，奇怪的是，当我开始觉得理解了我爸，好像我爸对我的态度也改变了。看来还是我不好，如果我能懂事点，早点理解我爸就好了。我现在每天都帮我妈干点家务事，如吃饭前拿碗、饭后洗碗什么的，看上去我妈很高兴，说我懂事了，我知道这都要感谢您。

刘丽娜同学给我讲，有一次爸爸妈妈为了让她多点时间学习，不让她做家务事，而夫妻俩又互相推脱，结果两人吵得很凶，把她都吓哭了。爸爸生气想收拾东西到单位去住，妈妈也不拦着。过了一会儿，妈妈对女儿说了一句："下午你该怎么去上课呢？路远，又没人送你了。"听了妈妈的话，爸爸停下了收拾东西的手说："我送。"事情就这样平息了。但她一想起爸爸妈妈的那场架，心里还是很难过。我给她写道：不要难过，父母们有时是会这样，他们有时会因为对孩子的爱，什么矛盾都可能发生，也因为对孩子的爱，什么都能够化解，他们都是因为爱你呀！多好的爸爸妈妈啊！好好地去爱他们吧！

有时也有一些学生随便抄来一篇应付的，我也充分利用它来作为思想教育的材料。韩旭同学抄了一篇题为"秋天"的文章，描写秋天的景象，非常美丽，我于是就启发他：你的文章太美了，感谢你让我陶醉在这美丽的秋色中。想让自己的人生也像秋天一样美吗？那就要在春天时好好播种施肥，在夏天时努力耕耘。而你们现在正处在人生的春天，少时好好学习，青壮年时努力奉献，到晚年时就能享受到秋天般的人生美景。

小小"心语彩虹"本，打开了一扇扇心灵之窗。每一位学生真实地展现眼前，施教育德更加有的放矢。我利用"心语彩虹"成功地走进了孩子们的内心世界，成了他们的知心朋友，真情沟通，真诚表达关怀，理解和支持；帮助学生端正思想，激发进取心。"亲其师，而信其道"。感情力量是无穷的，在我所带的数届班级中"心语彩虹"就像一曲流淌的动听旋律，我在其中拨动着每个学生独特的心弦，不断地校准音调，共同奏响和谐欢乐的音符，给孩子们成长进步增添动力，也带给了我更多智慧，力量和信心，去塑造孩子们的美好心灵，产生强大的内心驱动力，促使他们不断进步。

从孩子们纯真的笑脸上，从各科老师欣喜满意的赞美声中，我看到了孩子们在洒满阳光的道路上前进着，成长着，改变着。

一些看过我们的"心语彩虹"的家长也禁不住向我诉说他们的感动之情。通过这些真情的沟通，我们的心贴得更近了，我们的感情更加深厚了，陈西同学这样写道：敬爱的王老师，看了您写的话，我非常感动，眼泪禁不住流了下来，我要对您说，我爱您，敬您……文静怡同学在母亲节那天写道：今天是母亲节，我要祝您母亲节快乐，因为您也是我们的妈妈。

曾经写周记是学生们很头疼的一件事，而我们的“彩虹本”却是孩子们最爱写、最珍惜的本，成了每一届学生最珍贵的中学生活的纪念和珍藏品。

愿我们用真情绘出的“心语彩虹”永远那么美丽，我更愿孩子们的心灵永远像彩虹一样美丽。

做最好的自己。

让真爱温暖学生

——平凡的岗位，不平凡的经历

北京市航天中学　张　青

宗教教义大都强调“博爱”，如基督教的教义说普天下弟兄姊妹皆归于天父，佛教则更强调遍及六道众生的博爱。而谁都知道，教育是爱的事业，需要从教者对教育者有宗教般的爱，这种爱近乎虔诚。它是一种对所有学生的带着慈悲、平等和尊重的爱。如果我们的老师也能行走在这样的爱的路上，我们的学生就不会被划分成三六九等，就不会有所谓的“差生”歧视，有家庭背景的特别优待了。我本人作为一名普通的从教者，对此深有领悟。

一、用教师的人格魅力去感染每位学生

美国著名教育家保罗·韦地花了40年时间，收集了9万多名学生的信，从中概括出一个好教师人格魅力的12个方面：友善的态度，尊重每一个学生，有耐性，兴趣广泛，坦率，宽容，有方法等。作为教师，有这样的人格魅力，必定会在学生心目中真正提高自己的威信，而且这样的人格魅力对学生有极大的影响力和感召力。它不仅对学生在校时的健康成长有直接的影响，而且对学生今后的人生之路也有着不可低估的长远影响。所以教师应该努力增强自己的人格魅力，在学生心目中提高威信。

1. 友善的态度，尊重每一位学生，有耐性

我所任教的班级是一所普通中学的普通班。记得刚上初一时，我到学生家家访，发现有两名学生和班里其他学生不太一样。他们两个说话时总

是先想一会儿，然后才说出来。我当时就觉得他们不太像这个年龄的孩子。经过了解得知他们的家庭情况，一个是父亲吸毒致死，一个是父亲进了监狱。从小就饱受别人的冷落和歧视，产生了极强的自卑感，不爱与别人交流，喜欢把自己封闭起来。另外，两人的智商也比别人低（经过测定），这就更加导致他们远离群体，郁郁寡欢。我不断提醒自己他们是多么需要爱和关注，应尽可能多地给他们微笑和谅解。其他科目的教师不太了解他们的情况，总是抱怨。我就给他们做耐心的工作，希望他们能理解这两名学生。

2. 搭建舞台，帮助学生找回自信

在平时教学中，我发现一名男生上课总是趴着，让人觉得他就是懒懒散散，对自己没什么要求的一种人。我就在自己的英语课上频繁地提问他。开始他还有些抵触，后来他看到我每次都没批评他，还鼓励他时，渐渐地他能接受读单词，发音不错，我又叫他读句子。一段时间下来，他的英语水平有了很大进步。我又及时地在全班面前表扬了他。我看到他脸上的笑容多了起来，也能和一些同学沟通了。这种方法让另一名女生的语文成绩也有了很大的提高，还超过了许多同学，连她的家长都不敢相信。

3. 持之以恒，永不放弃

我们知道一般学生在中学阶段都会出现反复，更何况特殊学生呢？不过我想作为成年人的我们都会经常犯错误，而他们也难免出现这样或那样的问题。记得那是上初二，我班的一名男生死活不写作业，怎么说也说不通。我当时真想把他轰回家去，但冷静之后又想，这又有什么用呢？想解决问题，不能意气用事。我和家长、学生达成共识，利用课堂记笔记，然后再给课代表背诵要落实的内容。总而言之，变换方式，不让一名学生掉队。

二、创造和谐的氛围，体会集体的温暖

英国教育家斯宾塞说过："教育的目的在于性格的培养。"也有人说：集体的力量是无穷的。有什么样的集体，就有什么样的学生。如果老师在教育学生时注重发挥班集体的力量，那将会有意想不到的效果。

1. 树立正确的人生观价值观

我们的学生正值青春期，人生观和价值观形成期。如果没有正确的人生观和价值观，学习再好也不会有什么出息。其实，教会孩子做一名有益于社会的人，也就是有品德，有爱心，懂得尊老爱幼，关心他人，这才是教育的根本。我通过班会、墙报、活动让学生们体会什么是正确的人生观

和价值观，从而善待每一名同学，使他们感觉自己就是大家庭中的一员。

2. 互助互爱，齐心协力

我们还经常开展“我能行”“一帮一，一对红”“我为集体添光彩”等小组活动。同学们通过手工制作的精美礼品被展示，各种比赛的奖状贴满了墙壁，其中有不少是我班那两名特殊学生获得的。同学们知道班集体的进步是离不开这两名同学努力的，我们应该感谢他们。

3. 以人为本，个性发展

我们的祖先在两千多年前就有“因材施教”的说法，也就是说每个人都有不同的长项，不必求全责备。因为每个人有自己的人生之路，有不同的人生轨迹。“三百六十行，行行出状元”，现在他们学习不是强项，并不代表他们以后样样不行，说不定他们会有大出息的。

总之，做教师难，难就难在不同的学生要不同对待。尤其是有这样那样生理心理障碍的学生，他们更需要我们教师的关爱。因为只有爱，才能打开他们封闭的心灵窗户，才能让阳光照进他们的生活，这也是我作为教师最大的快乐和享受。

永远用欣赏的眼光看学生，永远用宽容的心态面对学生。

孩子，你一定能飞得更高

北京市航天中学　李会霞

“老师，您快来我家吧！我和他们打起来了，我在家里无法活了！”

“孩子，你先别哭，快说说怎么回事。”

“电话里我跟您说不清，您就快来吧！我去车站接您。”

“好吧，老师这就坐车过去，但是老师不用你接，我直接去。”晚上将近八点的时候，我突然接到了我班女生高某哭着打来的电话。

本来天色已晚，还上小学的女儿自己一人在家也不放心，去学生家还需要将近一个小时的时间，但是听到学生这样的哭诉，实在是放心不下，匆忙安顿一下，就急匆匆赶到了高某家。

还未进家门，高某的爷爷奶奶已经在家门口等着了。一进客厅，奶奶就迫不及待地向我诉苦：“这孩子简直就是没法说了，说什么不听什么，偏拧着来。跟我吵起来没完没了，总说我嫌她不好，我就不信，我的五个儿子小时候都管得了，现在就管不了这个小丫头片子了！”

“你就看我不顺眼，看我哪都不行！我怎么了？”高某毫不示弱地冲着奶奶大嚷。

战争又要开始。我赶紧笑着叫住高某：“孩子，别着急，我不是来了吗，你先跟我说说是怎么回事。”

我让爷爷奶奶在客厅先冷静一下。然后把高某带进另一个房间。我见她情绪仍然很激动，就一边握住她的手，一边为她擦去泪低声说：

“孩子，慢慢跟我说说是怎么回事。”

“他们不相信我！”

“没关系，老师相信你，慢慢跟我讲，我相信你一定会向我说实话的。”我注视着她的泪眼恳切地说。

于是她断断续续地向我诉说了原委。

其实事情很简单。晚上吃过饭后，高某没有立即去写作业，玩了一会儿。这时奶奶从外面进来催促她赶快写作业，随口就说“放学后就不赶紧写，现在还不写”。高某随即反驳：“谁没写呀，放学后我就把作业写得差不多了，快写完了，凭什么说我没有写！”于是乎祖孙二人你一言我一语，陈芝麻烂谷子的事全抖搂出来了。越说奶奶越来气，越觉得这孩子不听话，一门心思就是玩，根本就不在乎学习怎么样，最可气的就是不懂事，自己一手拉扯大的孩子现在是屡屡犯错，屡屡顶撞自己，简直是无可救药。越吵高某越生气，越觉得奶奶对自己有偏见，总是看自己不顺眼，老是跟自己过不去，不相信自己，自己明明已经学习了，还说自己没有学，总说自己不懂事，满肚子的委屈、不满与怨恨。

要说这孩子也很值得同情。出生刚几个月，父母就离了婚，各自组织了新的家庭。她是爷爷奶奶一手带大的，从小就没有享受过父母的爱。平时与爷爷奶奶也缺少沟通，性格比较内向。近一段时间上课经常走神，还偷着照镜子，笔记记不全，作业完成的也不好，上学不穿校服，涂眼影、安假睫毛、佩戴耳钉、涂指甲，成绩直线下滑，家长很着急，为此没少和高某吵，效果甚微。此时我望着这个孩子，没有说别的，只是耐心地静静听她诉说心中的“苦水”。

我知道这时候一切教训的语言都可能会引起的高某的强烈反应，最好的办法就是抱着尊重她的心态，让她排解掉心中的不快。把我当作知心朋友，说出心里话，我才能对症下药，有效地解决问题。

果然在她倾诉完之后，情绪逐渐平静下来了。我给她分析了今天出现此情况的原因和责任。首先肯定她出现问题找老师解决是对的，听到奶奶的话不高兴也是情有可原的。但是也要考虑自身的存在的问题，让她站在奶奶的角度考虑一下，奶奶的做法有没有值得她参考并且接受的。

在我的引导下，她认识到了自身的问题，也理解了爷爷奶奶的做法，并且也心甘情愿向爷爷奶奶道歉。

此时她还天真地问我：

“老师，我还是好学生吗？”

“怎么不是？能自觉地认识到自己身上的问题，本身不就是一个很好的证明吗？”我肯定地回答。

“那您还喜欢我吗？”

“当然，你如此懂事我哪能不喜欢呢！放心吧，我相信你一定会改掉身上的问题，重新展翅高飞的。”

“还高飞呢，我的翅膀都没了。”

“胡说，你的翅膀不仅有而且还很好，老师相信你，你不但能飞而且一定能飞得更高！”

“好吧，老师，我听您的！看我今后的表现吧！”

她很轻松地走到客厅向爷爷奶奶道歉并且表示以后一定好好做，改掉身上的毛病。

一场家庭“战争”得到了圆满的解决。

事后高某的改变确实很大。每当问题出现反复时，我都是以平和的心态、宽容的做法对待他，让她认识到老师对她没有丝毫的偏见，从而自觉地改变自己。

记得她在日记中写道：我非常感谢老师，她总是那么尊重我，不伤害我的自尊心，给我面子。那次上操时我偷偷带了耳环，老师悄悄走到我跟前示意我摘下，没有让其他人看见，这要是换了别的老师早就跟我嚷了，那样多没面子呀。我决定不再戴了，不能再让老师为我劳神了。

苏霍姆林斯基说过：“每个人都有一颗成为好人的心。”确实，每个孩子都有一颗向上的心和强烈的自尊心。孩子虽小，但其自尊心却比成年人更敏感、更脆弱。在其受到“语言伤害”时，除了记恨对方以外，还很可能把这种情绪转移到学习上，甚至会用某种社会不容的方式去解决。他们太想获得尊重，只是不知道如何才能获得尊重；他们并不想记恨对方，只是不懂得宽容的意义和价值。作为教师，对他们适时地进行正确的引导是十分必要的。

从学生高某的身上，我深刻地体会到教师应该尊重孩子，信任孩子，逐步消除他们疑虑的自卑心理，保护他们的自尊心，使他们从心灵深处真正认识到：尊重是相互的，你在尊重别人的同时才会获得别人对你的尊重。在这一点上，教师要以身作则。试想如果我不是出于对学生尊重就不会放下家中的孩子去学生家解决家庭矛盾和学生问题；学生也不会倾心向我哭诉自己心中的“苦水”；学生也不会轻易改变自己的学习状态。俗话说身教身于言教，学生高某正是从老师身上看到了老师对于她的尊重与信任，她才得以从自卑、放任的状态中调整出来，认识到应该尊重家长、尊重他人。

我觉得理解、宽容和相互的尊重是孩子健康成长的土壤，怨恨、指责和鄙俗是扼杀孩子健康成长的刽子手。学生肯定会出现这样那样的问题，我们教师遇到这些问题绝对不能一味地埋怨，要以尊重赏识的态度去看待学生。几种方法提供参考。

一、善待学生错误，注意批评方式

学生出现一些缺点和错误，是很正常的。遇到学生犯错时，教师的心态要平和，要以博大胸怀和宽厚仁爱征服学生，切记高声吼叫，甚至暴跳如雷。批评时要注意场合、态度、方式方法，学生自尊心极强，尤其是学生处在青春期，在异性面前，他们往往把老师对他们的批评当作是丢面子的事，一旦处理不好他们的逆反心理会特别强，教师如果不注意批评的场合、态度、语气语调，都有可能引起反面效应。

二、捕捉学生亮点，赏识鼓励学生

心理学家指出，当一个人得到赏识时，他心里就有了一种成就感，就会对未来充满信心，就会积极地工作和学习。一些学生的外表往往是一副傲慢骄横的样子，内心却很自卑，甚至自暴自弃。外表是一副对犯错误满不在乎、玩世不恭的样子，内心却蕴藏着要求进步的“火种”。教师就是要透过外表的污垢捕捉其内在的亮点并把它发掘出来，找到连学生自己都未曾发现的亮点才能给予肯定、赏识、鼓励，他将会创造出几乎连他自己都估量不到的成绩来。

陶行知先生说过：“你的教鞭下有瓦特，你的冷眼下有牛顿，你的讥笑中有爱迪生。”教师要善于为学生创造得到表扬的机会：课堂上能够举手发言就加以鼓励；学习上有所进步就给予赞许；品德上做点好事就进行表扬，让他们品尝到受赞许、表扬的欢乐，而千万别让他们成为被冷落、被“遗忘”的对象，认为“老师只看到我的缺点和短处，看不到我的优点和进步”。我相信在老师的不断赏识鼓励下，他们一定会继续保持自己的优点，逐渐改掉那些缺点。

周宏所指出的一条赏识教育原则——缺点不说逐渐少，优点不说不得了，也说明学生是多么需要肯定、鼓励和赏识。

三、更新教育观念，消除学生逆反

应该承认，这一代的学生绝不是那种把老师看成神圣不可侵犯的、把老师的话当成圣旨、你说什么他听什么、一两句话就可以打发、让他服你的学生了。教师必须更新观念，摆正自己的位置，把学生放在与你平等的位置上，不要在头脑中总留有“你必须绝对服从我”的想法，否则在实际的工作中，一旦遇到学生逆反，就会产生一种不平衡，影响你正确处理问题。消除学生的逆反心理，前提是教师要尊重学生。可以采用常见的“冷却另辟蹊径”法、“谈话去本”法、“理解勉励”法等。

总之，教育成功的秘诀在于爱学生、尊重学生，教师要有大爱，在你们爱好学生的同时，切记不要让爱的天平倾斜，那些你眼中的“坏孩子”更需要你的爱。我相信，只要我们教师做到这一点，无论是怎样的学生，他们都能会展翅高飞的。

学会不轻易生气，并且宽容地对待孩子们“可爱的缺点”。

爱的教育案例

北京市航天中学　许荔燕

初一下学期何兆同学来到我们班，这位男孩子有优点，聪明、思维敏捷，遇事好琢磨，学习热情高，好面子、自尊心强。但在他身上又有许多毛病，极好动，上课坐不住，随便接下茬，经常做和说一些伤害集体和同学的行为和话语，如损坏班里的多媒体、拉学校的电闸，经常打同学的头，和同学打打闹闹，把同学摔在地上，骂同学。常常不写作业，就算写了作业也很潦草，经常交一张纸代替作业本，老师们很头疼。

要想转变这个孩子，我觉着单靠老师的力量是不够的，因此我首先依靠家长的协助。我找家长谈，指出孩子的优点，是可塑之才。要先给孩子立规矩：一要练习坐住，二要练习写字，把最基本的两个习惯培养好。孩子的父亲是军人、母亲是医生，他们非常配合，每天在家帮助孩子练习半小时，这期间坐着不动，并且练习写字。

我给孩子提了几点具体的要求：①上课尊重老师，坐稳坐好，不随意打断老师的讲课；②爱护公物；③不做和不说伤害同学的行为和话语；④按时交作业。每次孩子犯错我都及时纠正，告诉他应该怎么做。一段时间后，孩子能注意改正，但还在时时反复，我不厌其烦，耐心地一次次提醒他、感化他，发现进步给予表扬，多鼓励他，让同学们学习他身上的优点，让同学们接受他。

另外我还依靠集体和同学的力量来教育他，周围有班长还有其他同学帮助他，孩子自尊心强，要面子，多少次和同学发生冲突，把同学都骂哭了，可是同学们一次次地原谅他，时间长了他也很受感动。我告诉他对同学要宽容，看看同学们怎么对你的，同学间的友谊是相互的。利用孩子好交朋友的特点，让班里的同学教育感化他，我觉着同学的力量是最强大的，时间长了，他也会关心帮助他人了。

一年过去了，何兆同学进步很大，现在上课基本上能坐得住了，随意接话茬的习惯也改了很多，和同学间的关系也好了，现在还担任物理课代表，帮班里收空瓶子去卖，为班里增加收入。虽然他有时还会反复犯一些小错误，但是很快自己就意识到了，马上注意。绝大多数时间能完成作业，字迹也工整了许多。

现在每当孩子有点管不住自己的时候，我就提醒他背出要做到的事情，孩子马上就会意识到应该怎么做，而且孩子越来越懂事，对老师的教育虚心接受。

给学生一片蓝天，蓝天会繁星点点；给学生一片绿地，绿地将春色满园。

以爱育人，润物无声

北京市航天中学　杜　金

渴望得到关爱是每一个人内心深处的需求，青少年更是如此。苏联教育家苏霍姆林斯基曾说过：“自尊心是青少年最敏感的角落，是学生前进的潜在力量，是前进的动力，是向上的能源，它是高尚纯洁的心理品质。”我们以学生为研究主体，通过教师和家长教育的两个方面的外在影响，用“关爱教育”把学生的学习环境和生活环境相统一，形成一个完整的德育教育，从而得到 $5+2>7$ 的效应。“用关爱教育激励学生成长”。在这个理念的引领下，如何使我们的教育充满真爱，如何尊重学生的个性发展和独立人格，将是我们需要解决的问题。

一、学生行为的现状

小丽是初中的学生，她身材修长，脸庞白净，目光闪烁，惹人喜爱。但是，她上课东张西望，不是不完成作业，就是错误连篇；学习成绩每况愈下，课上用书丢失约半年之久，一点儿没有着急的意思；做值日，魂不守舍，一看就是应付差事；放学后，到处乱串，很晚才回家。别人拿她当小丑，自己还挺美。

一个偶然的机会，老师办公室没人，她溜进去偷了一个手机。据她说，这是她生平第一次偷东西。

小丽的行为存在严重的问题。

首先她不懂得自尊，自尊是作为一个人最起码的素养，这对于女孩子更为重要。小丽沾染了很多不良习惯，经常扮演小丑的角色，被人耻笑，自己却不以为然。她和班里的同学贱招、厮打在一起，轻浮的举动，易使社会上的杂友乘虚而入，小丽的杂友往往是背着小丽的家人和她暗中联系。一天，学校召集当事人共同处理了偷手机事件，中午她和她的母亲一起离开了学校，之后，她以去找回老师的手机卡为名，就再没有回家。晚上九点，她电话告知她的姥爷，说自己在同学家过生日。夜未归宿，她的母亲哭着来到学校，告诉了政教处，政教处立刻设法给予力所能及的帮助。小丽不是彻底没有自尊，她偷手机的事被老师知道后，面对老师的时候，却低着头用双手捂住了脸（老师常表扬她字写得非常漂亮，她上老师的课，每一节的笔记都记得很工整、规范）。

其次不懂得感恩他人。如果能够感谢老师，出于感恩也不能偷老师的手机；如果感恩家长，出于朴素的感恩心理，也不能让家长这样为自己操碎了心。如果感恩班主任，也不会无视班主任对她的多次批评教育。

二、小丽对现状的内心思考

（1）为什么上课经常走神，在想什么？为什么那样想？

小丽：没兴趣，老师老找我茬，不如到外面玩有意思。

（2）为什么举止轻浮，常和男生嬉闹？怎样想的？为什么？

小丽：闹着玩，有意思。他们打我，我就打他们。

（3）为什么偷老师的手机？原因？思想过程？行为性质？后果？

小丽：没什么想法，朋友对我好，怎么好，我也说不上来，他让我帮他整一个手机，我就帮他了。

三、导致现状的背景和过程

据小丽的母亲叙述，她小学很受老师、校长的宠爱，很多老师都夸她聪明，写字漂亮。从小学五、六年级开始变化，到了初中，变化更大了。

1. 家庭背景

因小丽的姥爷、姥姥对其父母的婚姻不满意，所以父母婚后多年分居。其家庭收入拮据，母亲精神不太好，为了照顾孩子，放弃了工作。小丽姥姥早已病逝，小丽母亲带着两个孩子和老父亲同住，日常生活靠老父亲的退休工资和丈夫每月提供的600元生活费维持。小丽的母亲不仅没有收入来源，料理家务的能力也很有限，自己不擅长做饭，做的饭，孩子们不爱吃，有时孩子的大姨到家里帮助做饭，收拾家务，甚至帮助教育孩子。

2. 社会背景

小丽上小学五、六年级时，开始结交社会上的一些朋友，如自由市场卖菜人的孩子、本校及外校跨年级或同年级的孩子等。小丽认为，他们对她好，温暖，给她吃的东西，借给她衣服穿，如羊毛衫、牛仔裤，和她一起玩等。

3. 学校背景

小丽升入初中后，因为不良习惯多，受到了班主任的多次批评教育，也因恶习常被班里同学唾弃。

4. 在上述背景下，思想、心理发展的过程

在上述背景下，小丽思想、心理逐渐发生变化。她陆续结交的杂友，弥补了她精神的空虚，他们给她吃东西，借给她衣服穿，陪她滑冰等，甚至在他们那里借宿，为她认的“哥哥”“整”手机，她认为他们对自己好，为他冒险值得。

上初中后，她没有得到在小学那样的宠爱。学习差了，老师批评；和同学贱招，同学也不饶自己；放学回家，吃不上可口的饭菜；穿衣服，没有自己喜欢的……缺陷的母爱，得不到的父爱，没有温馨感的家，让人头疼的读书……她积怨，心烦，不喜欢自己的家庭，以至打骂自己的母亲，痛恨自己的老师，亲近那些“好”朋友。

偷手机的事件处理完了，小丽并没有真正认识到错误的严重性，据老师观察，小丽的逆反心理很严重，她把老师树为对立面，骂老师“听不懂人话”。傍晚班里还没放学，她又找机会溜出了教室，赶到校门口张望。老师发现后，批评了她，她的第一反应是担心老师不再去她家家访（也许老师在她心目中有一点点儿位置）。

四、分析

1. 条件、背景——思想感情——行为方式

学校政教处是小丽经常受“训”的场所。从思想感情上，她错误地认为，批评她的人，都是在找她的茬，没安好心。小丽的认识明显是错误的，因此在行为方式上，小丽变得越来越不在乎，甚至给人以蒸不熟、煮不烂的感觉。她认为停课处理问题还挺好，可以逃脱上课的烦恼。她上课不听讲，低头玩头发，不背书。作业不会做，还理直气壮地说，去政教处解决问题没上课，不会做。贱招、打闹，和男生逗贫，动手动脚等很多违反学生守则和校规的不良行为，屡犯不止。

2. 突出关键点

（1）当前现状的最初形成是什么背景

当前现状的最初形成是小丽放松对自己的要求，离老师、同学越来越远，错误地感觉谁都在找她的茬，体会不到老师、班级等方方面面给予她的温暖。

（2）在这样的背景下，她选择了结交社会上的杂友，而且和他们的关系越来越近。

（3）从结交社会上的杂友，发展到为杂友偷手机。

（4）现状是，杂友的亲和力大于正义的亲和力，她很难走出感觉的误区，所以几周后的今天，小丽和小丽的家长从内心也未必真正认识到偷手机的行为发展下去的严重性，逐渐强化形成的定式思维是“小题大做”。小丽认为，只是帮朋友一个忙，没有帮成而已。小丽母亲认为，照价赔偿了，以后不再犯了，应该就算没事了。

（5）对现在的这种定势，小丽并没有正确地认识，认为朋友对她好，她才帮了朋友这个忙。

对于小丽不同的行为方式以及改变这种思维需要的外界条件，老师是这样认识的：植物有趋光性，人也是如此，哪里温暖就往哪里凑，在情感上，自我感觉，谁对我好，和谁就比较亲近。

首先，应该借助家庭、亲友、学校、社会等多方力量，给予她更多的关爱。形成强大的情感攻势，设法通过情感迁移，帮她跳出情感的误区，逐渐疏远和杂友的交往。

其次，强行转移注意力，帮她树立自尊。一位名人说过，自尊心是一个人品德的基础。若失去了自尊心，一个人的品德就会瓦解。如果鼓励她为班级、为学校、为社区等多做一些好事，在一定范围内进行表彰，有助于帮她找回自尊，恢复品德的基础。

最后，在纪律处分的同时，采用多种途径，帮助她充分认识问题的严重性。

“冰冻三尺非一日之寒”。不能指望教师用心血把爱的种子播入学生的心田，就一定有收获，但是，如果你不播种，就一定没有收获，而且这种播种是长期的及其艰苦的细致的工作，其付出和工作效果很难成正比例。

在教育工作中，“关爱教育” 在德育中的作用是不容忽视和不可替代的，教师从真爱中赢得学生的信任，从生活上关爱学生，从生活习惯上成为学生的领路人。“落实全员德育的教育思想”。做到，学校无小事，事事有人管，最大限度地发挥“关爱教育” 在德育中的积极作用。

有经验的教师相信学生，缺乏经验的教师相信自己；有经验的教师学会“偷懒”，缺经验的教师学会“替代”；有经验的教师追求越教越少，缺经验的教师追求越教越多。

用爱走进学生的心灵

北京市航天中学　刘小红

高尔基说过：“谁爱孩子，孩子就爱谁。只有爱孩子的人，他才可能教育学生。”爱能创造奇迹，我一直相信这句话。我作为班主任在生活上对学生给予关心和爱护，在精神上给予鼓励和支持，在学习上给予帮助和扶持。我擅于捕捉、挖掘学生身上的闪光点，以优点为突破口，用激励的语言引导他们找到自信。

教师要关爱学生，对学生严慈相济，做学生的良师益友，体现的就是教师对学生的爱。“慈”是爱，“严”也是爱，爱心融入教育教学的全过程。

一、问题的发现

刚下早读，学习委员就向我汇报今天的作业上交情况。从初一开始，为了规范和了解学生的作业完成情况，我给学习委员安排了每天统计作业上交情况并按时向我进行汇报的任务。此次又是我班的谷某某没有交齐作业，忘带了某项作业等。从开学到现在已经有一段时间了，他的作业每天都有交不齐的现象。

通过这一段时间的观察，我发现他上课自我约束力比较差，课堂上思想经常开小差，有着较严重的注意力不集中问题；另外他做事无持续性且拖拉，作业拖沓，不及时完成作业或少写的现象非常严重；特别值得关注的是他非常爱啃咬指甲，他的十个手指甲都啃秃了，深深地嵌入肉中。

二、问题的症结

我请来他的家长了解情况，发现他在家的表现，比在学校有过之而无不及。一是写作业时，家长要在旁边监督并不断催促，他才能够写，别人10分钟就能写完的作业，他要写上一个小时；二是每天晚上完成作业后自己不整理书包，早晨起床要家长反复催促，帮着整理书包，天天如此，有时候就会忘记带作业等学习用具，再让家长送一趟；三是父母教育子女的方式方法存在一定问题，父亲母亲教育方式很大差异，父亲脾气较暴躁，看到孩子作业出错、学习不理想，便经常发火，大声训斥，常打孩子，致使孩子丧失了学习兴趣，作业出现拖沓现象。而母亲过分溺爱孩子，常帮孩子说话，即使孩子做错事也是极力袒护。

了解了谷某某的情况后，我又参阅了有关书籍，我对他的问题进行了归因分析：首先是依赖成习惯，家长尤其是母亲包办代替太多；其次是因依赖而缺少训练，能力欠缺，该做的事也成为负担；另外是父母的教育不统一，导致了孩子钻空子，拖沓偷懒。

三、问题的解决

对于谷某某已经长期养成不能专心的习惯，要他很快改正实在是不容易。一个不良行为，很难预防于事先，防微杜渐，往往是等到不良行为已经出现多次，达到家长、老师都不能容忍时才引起足够的重视。这些长期塑造而成的行为是相当牢固的，冰冻三尺非一日之寒。作为老师我知道这不是急于求成的事，需要小火慢功，循序渐进地进行，要采取不同的方法从多种角度去攻破他的心理防线，一步步改善他的不良行为，并且要持之以恒。

第一步是与家长取得共识，协调一致，齐抓共管，形成教育合力。首先我与谷某某的父母一起分析了他写作业拖沓的原因。首先肯定了他的优点，给家长以信心。接着指出了他的问题并说明如果不改的后果，让家长产生危机感。通过与家长的多次沟通，双方达成一致。定期与父母联系，交换教育孩子方法，及时反馈孩子在校情况，指导教育孩子的方法，以配合老师完成对孩子的转化工作。同时针对孩子注意力不集中的问题，与家长一齐商量对策，通过正常的途径，采用心理辅导与治疗等有效的手法积极予以治疗，以辅助孩子身心健康的成长，使家长建立教育孩子的正确理念和方法。

第二步是找到他的优点发掘，激励他进步。为了更好地帮助谷某某，我想首先应该更多地了解他，走近他。我通过认真观察发现谷同学很爱劳动也很关心集体，担任本小组擦黑板的值日工作认真负责，而且他擦的黑板比任何一个同学都快速并且干净。这不正是他身上的闪光的地方吗！于是我就在班会上表扬了他，说他爱劳动，干活有方法并且认真、速度快，大家应该向他学习等，同时也指出既然能又快又好地擦黑板，也可以又快又好地完成作业，老师相信他一定能做到。然后我为了进一步对他进行激励，让他担任了小组长负责一个小组的日常工作，如收作业、监督值日等，进一步对他进行激励和督促，培养良好的学习习惯。通过持续不断地关注孩子，持续不断地对孩子进行表扬、鼓励，他完成作业的次数在增多，上课听讲也认真多了。

第三步是走进他的世界，了解孩子的想法。考虑到要想教育好他，就要了解他，我试着与他谈心，开始他不肯跟我讲，只是我在说，但是我不甘心，多次与他谈心，慢慢地他能够与我对话了。他告诉我他的父亲要求很严格，完成学校作业后还要留一些补充的作业。完成得越快，补充的作业越多，根本没有自己的时间，每天都是在不停地做啊做，因此他就逐渐养成了拖沓的毛病，甚至是不完成应该完成的学校作业，久而久之，就形成了坏习惯，父母拿他也没有办法。

第四步是坚持有效的训练，使他亲身体验到按时、自主做事的好处。在此基础上再进一步引导他体会到家长、老师、同学对他的关爱，在关爱和赏识的环境中巩固获得的良好行为体验，逐渐养成珍惜时间，讲究效率的好习惯。

四、问题的反思

这个案例，使我得到了许许多多的启示。我们在平时的教学中一定要对问题学生有更多的关爱、呵护，不能训斥、指责，一棒子打死；孩子在初中阶段，培养他们好的学习习惯、学习兴趣，树立他们的自信心、责任心比传授知识更重要；表扬、鼓励是使孩子健康、全面成长的法宝，我们在表扬、鼓励孩子方面决不能吝啬；在教育孩子的同时，我们时刻不能忘记对家长的指导、帮助，特别是针对那些自身素质不高的家长。表扬和鼓励不但对孩子全面、和谐的发展非常重要，对家长依然关系重大。针对多数家长片面追求分数、只注重孩子眼前发展的现象，我们应该大力宣传素质教育的重要性，使家长们走出误区，着眼于孩子未来、终身发展的教育，使每个孩子的身心都能健康的发展，使素质教育真正落到实处。

师爱，是开启学生智慧的钥匙，净化学生心灵的泉水，激发学生向上的动力。教师应以真实的人格去濡染学生的人格，以自身做人的尊严去激励学生的尊严，以平等的态势参与到青少年的世界之中，用饱满的教育热情，高超的教育智慧，执守教育的本真，彰显人类文明和民族文化的基本精神。

回味是灵魂提升的转角处

北京市航天中学　车英红

岁月如飞刀，刀刀催人老。作为一名年近不惑的教师，我经常陷入茫然和苦恼之中。平时工作，激情消退，盲目滋生，甚是迷惘。茨威格曾经说："一个人生命中最大的幸运莫过于在他的人生途中及在他年富力强的时候，发现了自己的使命。"我的使命是什么？我为什么体会不到从教的幸福？作为教师我的价值在哪里？在与许多同事的交流中我发现，我已迷失了方向。于是我又做了反思：教育是为了人的生活，为了给人值得过的生活。值得过的生活，就应该值得回味。我们教师所做的事情，应该是提升灵魂的事情。而且，能够从看似无魂的事情中发现、提炼和表达出这些回味来。

我做班主任工作已有十年，于是有一个设想：写下班主任生涯中的若干件很有意义的事情，然后自我反思并点评。我想我的叙写以及我的点评，如果能够使教育之魂得以呈现，能够对很多班主任有所启发，我便达到了目的。在这些故事中，你也许觉得没有什么了不起的。然而平平淡淡才是真，真水无香，我选择他们，就是在说明和强调：值得过的生活往往就是由这些看似平淡无奇的事情组成的，而其价值还需要我们仔细品味，才能较好地实现。

行有不得，反求诸己

那一年，我接手了新初二的一个乱班。刚接手这个班，同学们就不断向我抱怨任课教师怎么怎么不好，总是批评他们，留很多作业，经常说一些他们不爱听的话，等等。教师上完课就走，就像躲瘟神一样。班里的班委也和教师对着干。班里经常打架、骂人，人人就像生活在地狱之中。班里同学的学习成绩普遍较差。针对这些情况，我在班里开了一次班会，让大家各抒己见，最后大家一致认为还是自己做得不好。班里的卫生、纪律、人品都让老师感到很头疼，老师怎么能够很好地上课呢！最后，我在黑板上写了一行大字："行有不得，反求诸己。"这是圣人的话，是《弟子规》中告诉我们的一条至理名言。这时，学生们服气地点点头，露出了灿烂的笑容。正气在我们班渐渐地抬头了。

[反思]

一言可以兴邦，一言可以丧邦。形成正确的舆论导向十分重要。教师不能做奉送真理的人，但是要做学生人生道路的引路人。当道德认知、道德理解、道德实践成为学生的自主活动时，德育就达到了一种至高的境界，这种境界是一种自我学习的境界、自我反思的境界。

万恶淫为首

我重新接手了一个初二的班级，这个集体很混乱。有一天我刚进办公室，同组的一位老师便对我说："你们班有三个男生，在厕所里一边小便一边唱'小鸟飞飞'"，而且告诉我，是班里的那"三大金刚"唱的。我知道他们是在炫耀自己的生殖器，这让我很气愤。我知道这个班的同学没有把精力用在学习上，而是把聪明劲儿都用在了吃喝玩乐上。在班会上我对全班进行了性教育，效果很好。

[反思]

我告诉学生，不能拿自己的生殖器开玩笑。学生在学校追求的应该是文化和精神生活。如果把本能当作乐趣，就如同动物。不但使人堕落，而且还会染上疾病。我告诉他们医院的艾滋病患者有多么得痛苦。从那以后，这样的事情没有再发生。让学生明白一件事情的来龙去脉，并明白会产生的后果，以理服人，能够达到了很好的教育效果。

看谁能最快找到自己的书

新班组建，为了让学生养成良好的随时收拾书包和座位的习惯，开展了小组比赛。每个小组选派一人，站在本小组的最前面，蒙上双眼，按照比赛规则，由一人说出拿出哪本书和练习册，看谁最先拿出自己书包里要求拿出的书或本。

[反思]

用趣味性的竞赛，引导学生，自我建构学习生活的条理性。从某种意义上说，班主任工作就是引领学生，用竞优争先的方式，潜移默化地养成学生良好的学习习惯。

不能让自私者占上风

现在的家庭基本都是独生子女，都是以自我为中心。一次，全校到电影院去看演出，同学们安序坐好后，我班有一位男生，不肯坐在女生的旁边，要和一位平时常受人欺负的男生换座位。当时，我和年级组长没有同意他的要求。年级组长说："凭什么别人一定要和你换座位?"这位同学，哭闹着，双手抱着椅子脚儿，蹲在地上，一直到电影散场，就连校长劝都不行。他看没有达到目的，哭着说："不上学了，我要回家种地去。"简直是现了大眼。回来后，我开了个班会，对全班进行了教育，效果很好。

[反思]

这次事件使我想到，对于班主任工作，我们可以用三个比喻来形容：第一，是学生的一只援手；第二，是学生道德生活中的一块打火石，即教育是一种催化。第三，是学生的引路人。在班会上，同学们交流过后，我用毛泽东的一句诗词结束了这次班会："待到山花烂漫时，她在丛中笑。"并告诫同学们，看到别人好，为别人高兴，是一种至高境界。而自私自利只为自己，不能做英雄，只能是狗熊，被别人所耻笑。

爱别人即爱自己

一次，我们班开班级总结会，大家畅所欲言，班委先评说，同学们再补充。从同学们的口里，我知道了谁在为同学讲题，谁在大家都不在的情况下默默地为集体打扫教室，谁帮助老师多做工作。大量的好人好事在我班涌现。大家的脸上都洋溢着幸福的微笑。

[反思]

从某种意义上说，班主任工作就是引领学生在人生坐标中找准并建立自己正确的人生价值观，我告诉他们“爱别人就是爱自己，爱使集体步入天堂”。当我表达出这层意思的时候，同学们都微笑着频频点头。

做人要用减法，学习要用加法

小王同学，很有上进心，很聪明，精力旺盛，也很有能力。但是好胜心太强，经常以自我为中心，唯我独尊。为了改掉他这个毛病，我任命他当副班长，促使他尽快改掉身上的坏习气。在做班委的工作中，磨炼他的心性。很多同事及家人都告诉我，这样的人最好别用，用了反而给自己找麻烦。一次，在我和正班长都不在的情况下，他到前面来管理课堂秩序，由于别人没有听他的话，他就把别人的书摔在了地上，在争执中，还把别人的书给扯了，以此显示他做班长的威严。而平时在学习上，他错了字，却不多写多练，只是一味地要小聪明。

[反思]

这件事使我认识到，一定要告诉学生，要学会低调做人，做人要用减法。管理别人，并不是为了抬高自己，而是为了帮助别人，为了班集体的利益。同学不听话，说明自己在有些方面一定还不能令人信服，耍横并不是“刚强”的表现，反而让人觉得很粗野，无论遇到多大的困难，都要坚持正确的，这样做才是“刚”，才能得到大家的信服。并且平时在学业上要严格要求自己，勤奋学习，肯于吃苦，学习要用加法。后来这个同学在任班委的过程中，快速改掉自己的陋习，发挥了他的能力，使他懂得了只有聪明和能力是不够的。而为了他人、为了集体去做事、去拼搏，才能够实现自身的价值，受到同学们的尊重。

这六组镜头只是我值得回味的教育生活的一小部分，我还会继续回味下去的。是的，每个人的生活中都拥有无数个动人的瞬间，只要做教师的真诚、真实、真切，不虚伪、不矫情并有意识地把它们定格下来，并连续开发出自己精彩的教育生活和教育事件，那么，我想教师的工作一定会变成一种教育艺术的演绎，变成一幅幅精彩纷呈、让人目不暇接的美丽风景，变成灵魂提升的转角处。

参考文献

[1] 王枬，王彦．教育叙事：在实践中体悟生命［J］．教育研究，2005

(2).
[2] 王彦，王枏．教育叙事：从文学世界到教育世界［J］．全球教育展望，2005（4）．
[3] 张晓乐．框架理论视野下的道德叙事［J］．全球教育展望，2005（4）．
[4] 黎加厚．信息时代的教育叙事与教师主体意识的觉醒［J］．中国电化教育，2004（10）．
[5] 丁钢．教育与日常实践［J］．教育研究，2004（2）．
[6] 丁钢．我们如何做教育叙事：写给教师们［N］．中国教育报，2004-10-21．
[7] 丁钢．教育叙事：接近日常教育"真相"［N］．中国教育报，2004-02-19．
[8] 丁钢．日常教育实践的意义［A］//中国教育：研究与评论．北京：教育科学出版社，2004．
[9] 冯卫东．今天怎样做教科研：写给中小学教师［M］．北京：教育科学出版社，2013．

提高学生的信息素养，培养学生的创新精神，立足学生的人生发展是我们教育、教学的出发点和落脚点。在我的教学工作和电教工作中肩上扛的是责任，手中拿的是认真。我最欣赏的一句话是："行胜于言。"

做一名智慧型班主任

北京市航天中学　侯　斌

教育是用一个灵魂唤醒另一个灵魂，用一颗心感染另一颗心的事业，是智慧与智慧的对话。苏霍姆林斯基曾说："教师是太阳底下最光荣的职业。"曾有这样一句话："选择了军人就选择了牺牲；选择了教师，就选择了奉献。"而班主任工作需要奉献更多的爱。

两年前学校领导找到我，让我接任初一四班的班主任。上任第一天早晨，上操时我发现后面有四个大个男生做操极不认真，总比别人慢半拍，懒洋洋的，可以说在那儿瞎比画。我走过去纠正他们的动作，可过了一会儿，还是照旧。下了操，我分别找他们谈了话。这四个同学是小帅、小明、元元和乐乐，号称班里"四大金刚"，平常散漫惯了，一下子怎么改得了。我想这"四大金刚"在班里能量不小，必须想点办法。经过观察，我发现小帅虽然有点淘气，但人很实在，愿意帮助别人。我找到他，让他当班里的体委，开始他有点怀疑自己的能力，经过我的鼓励，他接受了这一任务。当再做操时，小帅站到了前面，下面的"四大金刚"剩下了三个，显得有些势单力薄。小帅认真地做着操，可是动作并不规范，他自己也觉得有点不好意思。放学时，我走过一处僻静处发现有人在做操，是小帅请了两名班里做操做得最好的同学在帮助他规范动作。我没有打扰他们，只是会心地笑了。经过一段时间，小帅的做操动作已经非常规范了，我便让他辅导其他三位同学。真是有出奇的功效，那三位同学进步很快。

人是可以转变的，当他得到别人，特别是老师的尊重和关爱时，他就会产生巨大的力量。一代师表霍懋征曾说"没有爱就没有教育"，爱是教育的前提和基础；爱，意味着尊重、理解、宽容、关怀和期待。用真诚的师爱唤醒、感化、转化那些自卑、怯懦、离群、被众人抛弃、合作能力欠缺的学生，使他得到别人的尊重。用心和每一位学生交朋友，像春风化雨般地对症下药，他们就一定能转变。

不久，班里又发生了一件奇怪的事，一位同学带了手机。上操前还在，上操时把装手机的衣服和手机都放在了教室里，上完操回到教室发现手机不见了。看着这位同学很着急的样子，我的心里一紧，很多思绪在脑里转。这手机到底是怎么丢的？我意识到这是考验教师智慧的时候。我发动同学找线索，据同学叵忆上操时最后离开教室的有三位同学，我找到这三位同学问明情况，三位同学承认是最后离开教室的，但他们说离开时把门撞上了。这可就奇怪了，门锁了，手机怎么会丢呢？我又重新梳理了一遍头绪。三位同学中，一位是小明，另外两名是比较老实的同学，还是小明嫌疑较大。我找到其他两位同学，让他们再次回忆事情的经过，看看有什么疑点。他们想起来了，下楼的时候小明说要上厕所，他们两人就先下楼了。看来是小明最后一个离开的。我又找到小明，小明承认是最后一个离开的，但他说看到一个其他班级的学生在教室门口，趴在后门向里张望。我说门不是都锁了吗，可是他又说后门不能确定是否锁了。我说你还能认识那个人吗，他说没有看清，只看到一个背影。再问问全班同学，谁也不能确定上操时后门是否锁了，这下，问题似乎陷入了死胡同。我又陷入了深深的思索。门不能确定是否锁了，趴后门的人也不能确定，可这些情况都是小明一个人提供的。我又一次找到小明，讲了问题的严重性，“手机丢了，丢手机的同学一定很着急，因为这是家长送给她的生日礼物。拿人手机的人其实得意只是暂时的，过后一定会受到良心的谴责，我想这可能是拿人家手机的人没有想到的吧，也许这个人只是想开个玩笑或其他什么原因”。小明想了一下说：“可能是吧。”我接着说：“这手机拿回家，家长也不会答应的。”小明马上说：“也许，手机根本没拿回家，藏在学校什么地方了。”是啊,也许藏在什么地方了，我从这话里似乎听出了什么，能藏在什么地方呢？晚上，我久久不能入睡，我把班里能藏东西的地方都想了个遍。第二天，上早自习时，我在班里的每个角落里寻找，当我把手伸到讲台桌下的电脑主机后面时，我碰到了一个东西，拿出一看，正是一部手机。这时全班同学都惊讶地睁大了双眼，有的同学张得嘴都合不拢了，这时班里爆发出一阵掌声，是同学们由衷的敬佩和感激。有人喊道“福尔摩斯”，从此我便落下一个“福尔摩斯”的雅称。可我一点也高兴不起来，我心里清楚这事一定与小明有关，因为全班只有一个人头低下了，这就是小明。下了课，小明找到了我，承认了手机是自己拿的。那天上操，他把后门虚掩上，但没锁，没人注意。他和另外两名同学把前门撞上，下楼上操，中途他谎称自己上厕所，回班拿了同学手机。当我把家长请到学校时，家长怎么也不能相信这是他只有十三岁的孩子干的。这件事我只把它当作孩子开玩笑，让他在班里做了检查，因为孩子还小，应该给他一个改正的机会。

孩子就是孩子，也许我们小时候也做过这样或那样的错事，小树苗需要园丁的呵护，也需要为他除草剪枝。苏霍姆林斯基说："真正的教育智慧在于教师不伤害学生的自尊心，而是经常激发他做一个好学生的愿望。"教育是爱、是情感、是艺术、是智慧，需要我们用真诚善良的心，像春雨般去滋润感化每一位学生，爱才能让学生"亲其师，信其道"。

从这之后，班里的四大金刚安稳了许多，但不久又发生了一件事。期中考试之后我给家长发了一封开家长会的家长信，同时附上了期中考试的成绩，元元在这次期中考试中考得不好，当我把家长信发到他手里时，他紧皱眉头。第二天，有同学跟我说元元将成绩改了，到外面又复印了一张，交给家长。这件事虽然不大，但关系到学生的诚信和孩子的成长。开家长会时我特意将所发的家长会通知给家长展示了一下，并提醒家长注意纸张的质地。第三天，元元找到我，向我承认了错误，表示以后再也不会犯同样的错误了。

班主任除了要有父亲般的严厉，也要有母亲般的爱心，更要有朋友般的真诚，用爱去打动每一个学生。学生有各种类型，有的学生天真，有的学生聪明，也有的学生淘气，正因为学生发展的多样性才构成了学校教育一幅幅美丽的图画，这要求我们采用多种形式的智慧教育。正因为学生有复杂多变的可塑性，要求我们走进学生、贴近学生，去感受学生的心灵世界和丰富的情感变化。

学校艺术节活动要求各班出一个节目，我了解到我们班里学管乐的同学不少，其中有萨克斯管、长号、小号、打击乐，"四大金刚"之一的乐乐萨克斯管吹得不错。苏霍姆林斯基曾说："世界上没有才能的人是没有的，问题在于教育者要去发现每一位学生的禀赋、兴趣、爱好和特长，为他们的表现提供充分的条件和正确引导。"我想这次一定要利用好机会，为那些有特长的同学提供一个展示自我的舞台。我组织了一个小乐队，让乐乐来任这个乐队的队长，我让他找来了《拉德斯基进行曲》乐谱，亲自带领大家一起排练，还请来专业老师进行辅导。一个月后，演奏得像模像样了，其他同学看了，既羡慕又振奋。为了使节目体现集体精神，让大多数同学都参与，我设计了一个队列表演和乐队的演奏结合起来，形成一个完整的节目。从队形到动作，我一次次编排、修改，每一个人的动作挨个儿指导和纠正。又花了一个月，队列表演终于成型，但乐队和队列表演要配合默契，节奏不能快也不能慢，要有一个统一的指挥，这个角色恐怕只有我来担当了。我背起大鼓和同学们一样行进在队列中，这时候，没有老师和学生的区别，只有一个班级的整体，大家谁也不能出错，大家只有一个信念，就是为班争光。一次次训练，老师和学生的汗水交织在了一起，师生的感情也凝聚在一起，全班形成一个团结向上的局面。艺术节我们班夺得了全校一等奖，并代表学校参加了本地区艺术节表演。

当然，班里有时也有不和谐的声音。班里有一个女生 W，人很胖，长得不好看，最大的特点是人很直，说话不招人待见，尤其是“四大金刚”，大家都不爱理她，躲得老远，谁也不爱和她同桌，连她拿过的东西都没人爱要。这对这位女生的刺激很大，她回家后经常落泪。家长给我写了一封信，表达了对孩子的关切，希望老师能干预此事。某天早自习这位同学迟到了，趁她没有到的时候，我在班里讲了此事，希望大家能够相互包容。每个人都有自己的优点和缺点。我举了“肥肥”的例子，人胖不是缺点，“肥肥”大家不是很喜欢吗？可是在这之后起色不大。我想，得从这位女生身上下功夫。我找到 W 和她长谈了一次，发现了她的许多优点，鼓励她振作起来，树立信心，最重要的是注意自己的言行，和同学打成一片，多关心和帮助同学，赢得同学的喜欢。卢勤曾经写过一本书《告诉世界，我能行》，她说：“面对歧视，有胸怀才有出息。我是女孩，我能行。”在这之后她真的这样做了，平时班里有事有活她都抢着干，渐渐的，同学们不怎么讨厌她了，彻底让同学们改变对她看法的，是有一次小帅同学在上课时吐了一地，同学们都不知所措，这时站起来一个人，就是 W，她奔向墩布，二话没说便把地上的污物清理干净了。这件事我在班里进行了大张旗鼓的表扬，同学们也都深受教育和感动，至此，W 同学真的是融入了班集体。

老师不只自己要有爱心，更应该将爱心传递给所有的学生，让学生有相互的爱和尊重，保护每一个人的自尊心，在一个班集体中就像一个大家庭。苏霍姆林斯基说：“在影响学生的内心世界时，不应挫伤他们心灵中最敏感的角落——人的自尊心。”

开运动会，大家积极性很高。比赛分成两部分：第一部分是队列比赛，第二部分才是运动比赛。队列比赛我们班有些失误，大家的情绪有些低落，有的女生甚至开始掉眼泪。我急忙安慰大家，不要着急，后面我们还有机会。果然，好消息不断传来，一百米男女生第一，二百米男女生第一，跳高男生第一。全班一下情绪高涨，最后一个接力大家都憋着一股劲儿。可是刚一上来，我们班就开始落后了，一个、二个、三个到了第三个跟其他班已经差了一大截儿，大家的心又提了起来，这时我们班的“四大金刚”上场了，这四辆坦克一上阵，立马改变了局势，他们一路追赶，并最终超越了所有班，夺得年级第一。运动会结束时，小帅领回了总成绩第一的大奖状，同学们别提多自豪了。

一分付出，一分收获。汗水播撒希望，爱心铸就师魂。著名教育家陶行知说得好，“在实践中去尊重学生，让每个学生都抬起头来走路”。

活动不少，但同学们的学习并没有因此受到影响，初一年级的四次考试中，每次的年级第一都在我们班，最后一次考试，年级前十名中我们班就占了七名，取得了空前的好成绩。德国教育家第斯多惠曾经说，“教学的艺术不仅在于传授本领，而更重要的是善于激励、唤醒和鼓舞”。

现在我已经不带这个班了，但我很想念这个班的每一名同学，同学们也很想念我。他们在网上的贴吧里写道：“亲爱的老师，我们舍不得您走，是您带领我们取得辉煌的成绩，是您在我们困难时鼓励我们、帮助我们，老师，我们都很稀饭（喜欢）您。

我们仅仅在一起了一个学年度，
但我们之间的感情却那么的深刻。
喜欢您仁慈的笑脸，
喜欢您的话语，
只喜欢您对我们的唠叨，
只习惯看您的身影出现在我们班里。
喜欢您对我们的宽容，
喜欢您对我们严格的要求，
喜欢您的一切。
您，是我们最好的老师，
您，是我们最欣赏的老师，
您，是我们最可爱的老师，
您，是我们最不舍的老师，
您，是我们最爱的老师，
我们会狠狠地记住您！

老师啊！大家真的很舍不得您！我们都很珍惜这一年，真的很感谢您！老师您不要走！虽然我们知道这是无法改变的事实，但只想说：‘谢谢老师！’您让我们懂得了许多为人处世的道理，请您不要忘了我们！我们曾经的‘初一四’！各方面都第一的‘初一四’！”

多么可爱的孩子，多么可爱的班级。魏书生老师曾经说：“世界也许很小很小，心的领域确实很大很大。班主任就是在这广阔的心灵世界中播种耕耘的事业，这一职业应该是神圣的。愿我们以神圣的态度，在这神圣的岗位上，把属于我们的那片园地，管理得天清日朗，以使我们无愧于自己的学生，以使我们的学生无愧于生命长河中的那段天真年华。”

修己以育人。

距　离

北京市航天中学　王永红

距离是长度。自古以来，老师与学生之间应长度几何，很难拿捏。那究竟如何掌握距离呢？这实在不好把握。笔者倒是认为老师与学生之间的距离可以把握，并且还可以顺其自然，不必刻意为之。

一、亲密无间，还是保持距离

总是有人说，要和学生亲近，像父母那样关心学生，这样，学生就会“亲其师而信其道”。可是，一种隐忧往往伴随而来，那就是担心与学生关系太近了，老师在学生面前就没有威力，反而给管理班级带来了困难。这时候就需要班主任眼光要看得远，不能只看到我眼前所做的事情，我们要做的是打开眼前的遮蔽，在日常事务之外，要看到教室里几十个活泼的年轻生命。

我们不得不承认，世界上的每个人都是独特的那一个，而且，这些独特的心灵之间是有距离的，承认这种固有的距离，是一种对生命个体的尊重。心与心之间唯其有了距离，才有了人们交往上的神秘感，才让心灵与心灵的靠近显得那么弥足珍贵。有距离，就需要沟通，而老师就是沟通心灵的那种人。既然沟通，那我们为什么还要保持距离呢？笔者认为这还要梳理清楚和学生之间要保持的距离是什么。

二、真诚坦率而非高高在上

故弄玄虚的高高在上肯定不行，如果老师为了和学生保持距离而弄得很神秘，会让人匪夷所思，有点装神弄鬼的感觉，学生很难亲近和信任，何谈对学生进行引导呢？这只能造成更多的疏离，因为学生弄不清老师的路数，要本能地保持距离保护自己。

好的老师应该是亲切的，在平和的外表之下有着一种积极向上的人生观；好的老师也应珍视自己的道德标准，在学问上有追求。所以笔者说：距离是学问上的高地，距离是道德上的山峰。说白了，老师和学生之间的距离应等于老师在学问和道德两个方面的高度的总和，这个高度足以使学生在和老师轻松交流的时候不至于流于随便和放任。学生可以觉得老师是一个很好打交道的人，但是学生也应该觉得在学问和道德方面有一种仰视老师的感觉，这就是老师所要和学生保持的距离。

浅薄的人肯定不能做学生的导师，红尘世界中的人，难免一个俗字，这绝对不是庸俗的俗，老师不能让自己随波逐流，不能让自己成为莫不为名、莫不为利的蠕蠕蠢蠢的人群中的一员，至少在做人和学问上要有所追求。在这两个维度上做不懈地努力，至少应该让学生感受到他们的老师在道德上是有持守和担荷的，因为我们的价值观和世界观直接影响学生，事关重大。

三、距离就在那里不来不去

基于上面的一些认识，笔者认为距离的问题很好解决。你善于和学生建立怎样的和谐关系都不是问题，你认为怎样好就怎样做。你接下来要做的是提高自己，不断丰富自己的内心就可以了。在学问和道德两方面不断提升自己，那么，距离感就会在学生心中产生，更绝妙的是，产生了距离，学生反而对老师倍加钦佩而努力亲近，亲近了，还是觉得有距离感，有一种距离就在那里不来不去的感觉。这时候，老师还要担心学生不“亲其师，信其道”吗？还要担心学生不好管理吗？那具体做法怎样呢？笔者认为，可以从以下方面着手。

1. 当好角色，追逐道德上的制高点

毫无疑问，作为老师当然要有仁心，从此出发是对学生进行教育的基础。在爱的基础上要管教，有时候往往过火，因为老师把自己和家长混同起来，这是越位的爱，这是因为老师往往忘记自己并非家长，角色上的混乱往往让老师们误入歧途，其结果做了工作反而达不到应有的效果，造成老师和学生之间产生不可弥合的裂隙。分清责任，不越俎代庖。分清源流的问题，想好到底要培养什么样的学生。

老师要时刻提醒自己学生犯错，对于他的成长来说，本身就付出了代价，值得我们抱有一颗同情之心，如果没有这样的恻隐之心，就是违背了教育的初衷。不要把学生当作自己的附属品，要始终记得他是一个独立的个体，而不是权威的服从者。我们从事班主任工作，绝对不是要训练出一些听话的机器，而是要把他们培养成会思考的人，老师应该有这个度量来容纳孩子成长的过程。

老师有爱心，学生才能更加爱老师，而受到学生爱戴，这肯定不是我们的最终目的。追本溯源，爱心是一种基于儒家文化的仁爱之心，是发自内心的一种崇高感情，儒家认为无论谁看到孺子将入于井就要有不忍之心，这是自然而然地发自内心的情感。如果一个人内心冷酷，靠后天的伪装恐怕也难以真诚。有了道德上的高度，学生自然能够感受对老师敬重有加，教师则不必担心难以管理学生。

2. 推己及人，树立正确的学生观

笔者认为应该把学生看作一个独立的个体，虽然在年龄上看来，他们还不是一个独立的成年人，但是从人格上来说，他们有自己的独立性，应该得到所在群体的认可。他可以有自己对问题的看法，有时候我们往往忽视尊重他作为人的基本权利，从大的方面看，忽视了这个权利就等于无视学生作为个体的人格。

有共同的价值观，才能相互理解。他人是自己的一面镜子，看到他人就能反观自己的班主任，肯定是聪明的人。有共同的价值观，可以使人与人之间容易相互理解，这是达成共识的基础。班主任在班级管理中要渗透正确的价值观，使得这个集体达成共识，那么学生自然按规则约束自己，教师管理要简单得多。如果老师粗暴管理，只一味地让学生服从自己或权威，不仅让学生感到老师的浅薄和粗糙，而且老师在学生心目中的威信自然就下降了，更重要的是培养不出合格的人，毕竟学生是成长中的人，心智还不健全，在培养人的过程中不应急于求成。老师要做好文化浸润工作，还可以通过你自己的丰富感情来感染学生。

3. 学而不厌，学识上与学生形成距离

经常教导学生要学而不厌，也经常听说，学习是终生的，在这方面，作为老师更要做个榜样。专业方面的学习在平时的教学实践中有很多提高的机会，就不在这里赘述了。笔者想说的是在专业之外，也要用知识来武装自己，腹有诗书气自华，发自内在的知识慢慢渗透在平时的言行中，对学生是一种自然的濡染。学生对老师的敬佩就会油然而生，心中当然能分清老师与自己在学识上的差距，这种差距越大越好，老师知识越渊博，学生越会认可。

总之，班主任不必刻意与学生保持距离，而是要在自身的道德和学识上大大地与学生拉开距离。这样老师和学生的关系就比较好处。可以尽最大可能与学生保持良好的关系而不必担心学生不好管理，也不必让学生产生老师喜怒无常、不好揣摩的想法。班主任工作做好了是一份既快乐自己又快乐他人的工作，做好这份快乐的工作有时候真的很简单，那就是放弃短浅的目光，当我们对师生之间的距离有了这样一番思考之后，就会忽然觉得对这个问题的理解，变得陌生了，这时候这个问题就再也不是以前旧观念下的东西了。

爱是对学生个性与现实的尊重，是对学生学习与生活的关心，是对学生品德与学识的要求，是对学生成长和发展的奉献。

让单亲孩子在关爱中成长

北京市航天中学　曹万仓

“爱的教育”，一是对教育事业的爱，二是对学生的爱。多年的班主任工作，碰到的学生不计其数，只要我们心中充满了爱，工作就会充满激情、充满力量。

我担任班主任的初一（4）班有一个学生叫×××，入学报到第一天就被校长点名批评，在学校报告厅召开入学教育时，被政教副校长叫到了外面。在8月份入学军训时又和其他班同学打架，从下午五点到晚上十点半，我才将他的问题处理完毕。在9月份开学后两个星期，就被几位老师叫到办公室批评，甚至被两个老师叫到了年级组长处批评。他上课随便说话、顶撞老师，用手机上网聊天等，问题非常多。老师上课提醒他，他反而问老师：“我怎么了？”态度很蛮横。平时这个孩子没有一点儿规矩，对别人也没有礼貌。通过他的小学同学我了解到，这个学生小学表现极差，曾和老师对打对骂。

他是离异家庭，两岁时父母就离婚了，他随父亲生活。由于父亲脾气暴躁，他平时跟着奶奶一起生活。由于家庭教育方法单一，隔代教育往往存在祖辈“隔代亲”带来的溺爱，老年人教育观念陈旧，孩子缺少父母爱而导致心理不平衡。这样的家庭环境下，孩子常常会感到自卑、忧郁，容易产生怨恨心理。他的思想比较偏激，有些叛逆。情绪不稳定，思考问题好走极端，做事也好冲动，缺乏人生知识和社会经验，对周围的事物难以全面、客观、冷静地认识、分析、看待，从而对没有满足自身心愿的事产生反感，以至于反其道而行之。他的心理特点非常清楚，初入青春期，自尊心极强，对尊重的需要异常强烈，对老师特别是对班级与同伴的尊重尤其关注。

我想，对于毛病很多的孩子，不能抛弃，更不能放弃。要改变这个孩子的毛病，首先要和家长沟通，让孩子感觉到父亲对他的爱是从来没有改变的，他们还是像以前那样关心他。为了共同教育这个孩子，开学两周后，我把他的父亲请到了学校。到校后，家长第一句话就是："我们家是吃低保的，孩子我没有时间管，也不会教育，我中学就没有毕业，他平时住奶奶家。"我先是表扬了家长，说："您是个很有礼貌的人，说话直爽，通情达理，跟您第一次见面很愉快，我希望和您在教育孩子方面合作愉快。"家长高兴地说"没有问题"。我说："您的孩子其实有很多优点，很热情，喜欢见义勇为，但是也有很多缺点。"等我说了他孩子身上的缺点后，家长说："这些缺点小学就有，他就这样了，小学老师都不管他。"我说："其实这些问题我也可以少管，犯了错，学校有校纪校规，该处分给处分，但是我不希望看到您孩子这样下去，我希望，他能够在这三年中有一个大的变化，起码在做人这方面，我们把他教育好，否则将来也会给您惹不少事。"家长点点头，说："您该怎么教育就怎么教育，我会全力配合。"我说："那就好，以后我们多联系。"通过这次交流，赢得了家长的信任，让家长知道了老师对孩子的关心和帮助，是出于对孩子的爱，家长很感动。

其次，单亲孩子一般都喜欢封闭自己的情感，所以要经常与他谈心，帮助他进行有效的心理调节，慢慢地打开他心灵的枷锁，让他感受到老师对他的关心，从心底真正接受老师的教育，不对老师的教育有抵触情绪。

过了几天，×××又因为上课说话被老师点名，放学后，我把他留了下来。因为这个孩子平时缺少爱，所以我想应该从对他的关爱入手，打开他的心扉。我没有上来就批评他，我问他："你现在见过你妈妈吗？你爸平时照顾你多吗？谁给你洗衣服？"他的眼睛红了，眼泪不停地流，不说一句话。我说："你其实是个外表坚强、内心脆弱的人，你渴望得到别人的关心，渴望得到应有的爱，上次和你爸聊天，你爸其实心里很疼爱你，嘴里不说，但是心里是这样想的，我觉得你应该自强自立起来，要有自信心，如果你做好了，你爸会更喜欢你的，你爸希望将来你能有出息，所以你现在要做的就是如何报答你爸对你的爱，就是要处处严格要求自己，不断在学习纪律上进步，你父亲会为你高兴，为你骄傲，老师们也会为你高兴的，你能做到吗？"他点点头。我说："你有优点老师会及时表扬你，但是有缺点也要批评你，希望你能够每天进步一点点，慢慢你就会成为老师和同学之间受欢迎的人。”然后我对他提了几点要求，他看到我没有对他发脾气，而是以聊家常的形式说话，感到很吃惊，然后他也说了他心中的一些话，我说：“你以后可以有什么话都跟我说，我相信你会变好的。”

再次，严格要求单亲家庭学生，绝不姑息他的错误。当他犯错误时，不能因为他是单亲家庭孩子就特殊对待。无原则的谅解，是一种姑息，对他的成长没有一点儿好处。×××每次犯错误，我都是先肯定进步再指出错误。批评时态度要心平气和，语言要富有人情味，不能因为学生犯错误就气得说出一些伤害他的话。只有付出真诚的教育，才能让他觉得老师的批评是督促他更好地上进，是发自内心的关爱，而不是挖苦打击。但是，有一次，×××满不在乎地说：“老师我就这样了。”我非常生气，说：“再犯错误我就按照校规校纪处理你，我对你从抱有希望变成失望，甚至绝望，我干脆不管你了。”说完我就走了。第二天早上他来到学校就到办公室找到我说：“老师，我昨天的表现非常不好，我错了，其实在小学时老师不管我，我都习惯了。”我一听给气乐了，便说：“老师说不管你是气话，我把你当成自己的孩子管你。”他点点头，说：“老师，我以后一定会改。”

最后，鼓励夸奖他。他特别需要老师的关怀和帮助，我尽可能地为他多创造机会，让他展示自己，多鼓励表扬他，帮助他克服自卑心理，树立自信。一旦他体会到老师真诚的爱，就会慢慢地敞开心扉，乐于接受老师的帮助，进步也就会越来越大，信心也会越来越足。慢慢地，他有了一些变化，也有一点儿进步，我就在班里表扬他，运动会上，他得了两项第一名，我在班里特别表扬了他。去年11月，他在班里捡到了四十几元钱交到了办公室，老师们都很惊讶地说×××把钱送到你这里，多么好的孩子啊。家长会上我在全体家长面前表扬了×××拾金不昧的精神，还有他为班里买塑料盆、主动拖地等事情，他父亲听了特别高兴。家长会之后，他爸找到我说：“我的孩子身上有很多缺点，您怎么批评他，我作为家长会全力支持。我的孩子上中学后比以前懂事多了，衣服也开始自己洗了。”我听到后感到很欣慰。

通过近一年的沟通和交流，他现在变化很大。原来动不动就和别人发脾气，骂人，而且说话很蛮横，从来不承认自己的错误，强词夺理，现在他能够耐心地听从老师的批评，而且积极地为班里做好事。这学期刚开学，我说班里的地面怎么拖都拖不干净啊，我说者无心，他听者有意，第二天他就拿来了一大袋洗衣粉，说是给班里买来的。过了两天，他又给班里买来了香皂，而且主动管理班里的电脑。

没有热爱，就没有教育。他们需要的不是呵斥、苛责，而是抚慰、关爱。总之，只要我们心中有爱，尊重这些学生，爱护这些学生，就能让他们走出孤僻、自卑、叛逆怨恨的不健康的心理围城，让这些饱受父母离异之苦的学生像其他学生一样沐浴着灿烂的阳光，享受着关爱的温暖。

师道在爱，师道在勤，师道在新。教育就等于希望，教师用诚挚的爱心让每个孩子感受尊重、学得愉悦、获得幸福！

用情感架起心灵的桥梁

北京市航天中学　江旭晨

班主任工作是一门艺术。教师诚挚的爱心，是学生情感的钥匙、心灵的明镜。教师用真诚的爱去理解、宽容、尊重和关心每一个学生。在日常生活中善于观察学生的心理，用合适的方法去开启学生心灵，用情感架设心灵的桥梁。

一、提出问题

班里有一个女孩，叫潘某。表面很文静，平时也看不出什么与众不同。可刚进入初中，就“小有名气”，人称初一年级“大姐大”。

随着年龄的增长，到了初二，出现了很多问题。首先，学习成绩急剧下降，上课状态很不佳，作业很拖拉，和老师之间的关系也很紧张。其次，迷恋上高年级的一个男生，几乎达到狂热的地步，课间、中午总要相见；上学、放学总是卿卿我我、依依不舍。其担任的班级工作总是拖后，甚至完成不了，质量也很差。在家里也很少和父母交流，家里的座机也成为她的专线电话。

作为班主任，我必须为学生负责，想方设法帮助她走出迷茫，重新找到学习的乐趣和生活的价值。

二、解决问题

苏霍姆林斯基曾说：“一个好教师应该善于把握学生心理特点，同孩子交朋友，关心孩子的快乐和悲伤，了解孩子的心灵。”教师只有对学生倾注深沉的爱，才能感化学生。

真诚的疏导是开启心灵窗户的桥梁。和她聊天，已没有固定的时间。只要有一点话题，只要有合适的机会，就会和她探讨有关学习、人生、价值观等方面的问题。首先，必须要把握谈心不要让她反感。作为老师，必须时刻告诫自己对她保持一种朋友的身份，而不是家长的身份。也许她就会和你走得很近，就会把心里话告诉你。另外，要彻底让她明白，现在的感情仅仅是青春期的一种萌动，不要为了眼前的一个大树，而耽误了前面的一大片森林。在送她回家的路上、在校园里、在办公室，和她探讨很敏感的话题，社会价值取向，这样最能触动其心灵，使之产生共鸣。

借家长之力是解决问题的有效方法。单方面的力量毕竟很薄弱。为了彻底帮她走出迷茫，我想方设法寻求家长的支持。其父亲的态度从说理逐渐走向粗暴，甚至是大打出手，开始放弃。青春期的孩子，尤其是女孩，打是万万不可的。可是父亲的心情又特别能理解。做其父亲的工作无形又给我增加了一份不安和沉重。在其父亲面前总是寻找孩子的闪光点，哪怕一点点进步，和其探讨青春期父母应注意的问题，让他们只要有时间就主动带孩子走进大自然，领略大自然的风光，感受生活的美好，陶冶孩子高雅的生活情趣。在无数次交流和探讨后，其父母的态度彻底变了，对孩子也有了很大的信心。

寻求各任课老师的帮助也是解决问题的必备手段。班主任协同各任课老师可以发挥更大的作用。只要有机会，我就主动和各任课老师沟通，了解孩子在课堂上及学习方面的表现，并及时反馈给孩子。

合理地转移注意力是消除其负面情绪的有效方法。其实潘某的字写得很工整，老师安排的工作也很积极，也乐于帮助别人。针对这些，我主动征求她的意见，让她担任班里的宣传委员，负责班级板报和其他宣传工作。虽然有段时间工作做得的确很差，但作为班主任，背后付出的东西无形就多了，我帮她出点子，找其他同学帮助她一起工作。从来不让她掉队，否则再拉她起来就难了。责任心就这样在一点点地进步和督促中慢慢地建立起来，鼓励、信任远胜过单纯的责备和批评。

三、后续

“没有爱，就没有教育。”这是教育的真谛。

没有足够的乌云，总会幻化出绚烂的晚霞。“功夫不负有心人”，经过众多爱心的汇集，她变了，终于，我又看到了一张可爱的笑脸。每当我听到其他老师跟我说，“这孩子真变了，一点都不像以前了，懂事了，也知道学习了”“潘某数学考试能及格了”“她知道自己琢磨物理了，是个明白的孩子……”

由于工作的关系，我离开了这个班，看到孩子们一天天进步，真的舍不得。当我最后一次跟他们说完话，离开教室的时候，大部分孩子都呆呆地坐在座位上。她跑了出来，轻轻地跟我说：“江老师，谢谢您！”我知道，她肯定有很多话想说。我继续鼓励她：“丫头，好好学习，以后绝对有很大出息！”

在以后的日子里，只要有一点点儿进步，班里的孩子们，当然也包括潘某第一时间便会和我分享他们的喜悦。

四、引发的思考

1. 首先，教师诚挚的爱心，是学生情感的钥匙、心灵的明镜

我努力以一个教师真诚的爱去理解、宽容、尊重和关心每一个学生。我始终把“关心学生”当成自己班主任工作的一部分，让关心体现在每一个细小的行为中。对学习有困难的学生多加指导，对生活有困难的学生多加照顾，对思想有疙瘩的学生多加开导，对那些存在问题、迫切需要帮助的学生，更为明显。这种情感，不是一时的冲动，而是真正对学生有一种无私的爱。

2. 想方设法为学生创造较好的学习和生活环境

徐特立先生说：“教师要了解情况，了解学生个人的情况、家庭的情况。”对孩子的教育，不是班主任老师一个人的力量能及的，他需要运用多方面的力量。老师作为主导，需要用一种合理的方法，借助合适的机会，将家长的作用、学生的作用同时结合起来，效果更好。

3. 善于发现问题，解决问题

作为一名教育工作者，尤其是班主任老师，要运用所学知识，善于发现学生的问题，并能够找到解决问题的合理方法。只有这样，才能真正体现教育无小事。

4. 耐心与爱心并举，拉近你与学生的距离

班主任工作仅靠时间和汗水是不够的，还需要科学与艺术，需要我们在实践中不断积淀育人的智慧。因为更多的时候，教育并不像童话那样美好，并不是每一次付出都有回报，并不是每一个故事都有一个圆满的结局。作为班主任，我们需要将耐心“加长”，需要以更真诚、宽容的态度去走近学生、教育学生。

5. 理解和引导学生更能让走进学生的内心

作为班主任，要从学生的角度去理解学生。让学生感受到与老师心灵

相通，让他们在教师的微笑中心悦诚服地改正自己的不足。尤其是初二年级的学生，学生正处于身心发育的特殊时期，会表现出做事随意、学习不积极主动等问题。如果班主任不能理解学生，而是简单地训斥、挖苦学生，势必造成学生的对立情绪。

6. 宽容和激励学生会起到意想不到的效果

宽容每个孩子，尤其是那些暂时有问题的学生的确很难。让学生在宽容的环境中学会自爱，这是我做班主任工作的准则。只有宽容学生，才能耐心地去倾听他们各自的心语，才能成为他们的朋友。班主任应多给学生一些宽容，善待学生的“黑点”并加以正确地引导。孔子云：“过也，人皆见之；更也，人皆仰之。”宽容是人的情感之一，它能产生强大的凝聚力和感染力。

每个学生都是鲜活、灵动的个体，都是活生生的有感情的人，心灵的桥梁要用情感去架设，月尊重、信任、体贴、关怀去充实。只有理解到这一点，我们才能去尊重和热爱你的学生，而你的尊重和热爱会如一缕缕阳光温暖学生稚嫩的心灵。只要一缕阳光，他们就会灿烂。

从家长的角度做班主任，首先就是要爱学生，只有真心地爱学生，你才能够从内心深处激发出教育热情。

用智慧谱写爱的旋律

北京市航天中学　冯晓杰

世界很大，心灵的空间更大。每一颗心灵都渴望博大的爱。班主任行走在学生心灵的空间，注定要付出全部的爱。

当前，时代在发展，学生的状况也在发生着微妙的变化，作为一名班主任，我在工作中遇到了不少新问题，但我凭着对孩子们的爱，凭着不断思考、学习与探索，解决了一些问题。我深切地感受到，要做好班主任工作，仅仅用无私的爱来呵护每一棵幼苗是不够的，更需要用智慧来点亮每一颗心灵，才能使班主任工作顺应时代的需要。

一、班主任的智慧在于抓住时机，建设良好班风，形成班级凝聚力

当今孩子思想活跃，自我意识强。我想要做好学生思想工作，只有通过鲜活而具体的事例才能达到良好的教育效果。

1. 根据班里发生的事件及时组织班级活动，对学生进行教育，让学生明辨是非、互相谅解、互相尊重，形成良好班风

一天放学时，孩子们照旧和我一一再见，这时青背着书包对我说：“冯老师，我妈给我新买的杯子找不着了！”生活委员琦悄悄地告诉我三角柜里有个保温杯。我很惊讶，拿出外壳瘪一块鼓一块的杯子，看着青难以形容的表情，我说：“青，你这杯子从哪儿买的？这样，你先回家，明天不用带杯子，这事不必让妈妈知道，知道后她会伤心的。明天会有一个一模一样的杯子送给你！”晚上，我边考虑这事边从十二店买了一个相同的杯子。第二天，为了不让青再次受到伤害，晨检时，我让青去办公室帮我

做事情。她走后，我在班里怀着沉重的心情对学生们说："昨天，冯老师从三角柜里捡到了一个保温杯，外壳鼓一块瘪一块，我心里很不是滋味。难道杯子长了腿跑到了三角柜里？再怎样不经意地掉到地上也不可能是这样子……"停了一会，我接着说："每个人都会有错误，只要努力去改正，就是好样的。有什么矛盾非要采取这种方式解决吗？虽然我们从四面八方来到初一（1）班时间不长，但是，你们有没有想过偌大的世界我们能有幸坐在一起同窗共读，这缘分还不够深吗？如果换位思考，你遇到这样的事情，会不会伤心难过呢？所以，我特别想知道这事是谁做的？"教室里沉默了片刻，凯、超、溍、圆四人陆续地站了起来，他们承认了错误，也说了作为班干部的青平时让他们写稿时老是凶巴巴的，他们想报复报复她。我肯定了他们勇于承认错误的态度，同时指出青平时的确不注意工作方法，但是我们采取这种做法是太不应该了。之后，我问他们如何弥补对青造成的伤害？他们有的提出给青当面道歉，有的提出给她写封道歉信，还有的提出要凑钱给青买同样的杯子。我同意了最后一种，我说："道歉也罢，写信也罢，都会让她知道是我们做的，她的心里会更不舒服，不如凑钱给她买一个，昨晚我看了这种保温杯是 45. 8 元，平均每个人 11. 65 元。凯，你负责把钱收齐后，给我，我替你们买完后再送给她。"我一再要求他们都要保守这个秘密。

事后，我常常和青聊天，帮助指导她如何开展工作。她和同学们的关系也越来越好了。那几名男生也都心甘情愿地支持她的工作了。新学期，在兰的假期日记中写道："那天，我去了青家，她哭着说了好多好多，她说，如果不是您冯老师，她也许会中途退学，她很感激冯老师！"

在班级建设过程中，会遇到许多突发事件，我要求自己及时应对这些事件，用爱感染学生。正如苏霍姆林斯基所说：教育者最宝贵的品质之一就是人性，对孩子深沉的爱兼有父母的亲昵、温存和睿智、严厉与严格要求相结合的那种爱。班主任只有用爱解决每一个孩子的问题，才能让一个班集体充满爱，充满宽容与理解，营建和谐的班集体，这就是一个班主任的管理智慧。

2. 充分利用学校组织的各项活动对学生进行教育，树立学生的自信心和责任感

学生素质的提高，绝不仅靠课堂上的学习，还要靠学校开展的丰富多彩的活动，因为这是培养学生能力、提高学生素质的重要手段。

学校组织学生去清华校园参观，在和大学生谈话的活动中，孩子们受益匪浅。琪在参观感受中写道：一心向往的最高学府今天终于见到了，她

的一草一木、一池一凳都这样吸引我，还有不到一年的时间，我会用实际行动来实现我的理想。孩子是这样说的，也是这样做的，在二模考试中她取得了年级第一名。

这次与清华园的近距离接触，触动的不仅仅是琪一人，参观回来后，孩子们的学习劲头更足了，我抓住这个机会，不断地鼓励学生，帮他们树立信心，更注重学习方法的指导，在中考中，我们班孩子取得了不错的成绩，得到了学校与家长的肯定。

“航天杯”篮球比赛活动开始的消息让孩子们兴奋不已。我在全班开了动员会，会后甄、婷用自己的零用钱为运动员买来了白色毛巾，生活委员彤统计了每名运动员最喜欢喝的饮料名单，我利用午休时间按照名单为孩子们购买回来以备下午比赛用。比赛开始了，孩子们士气高昂，我看到天只要拿到球就投，不能与其他队员做配合，没过多久，得分与对手差距越来越大，啦啦队员一个个眉头紧皱。我大声喊道：“天，配合，看好再投！”天不耐烦地大声回应：“知道啦！”我调整好自己的情绪叫了暂停。运动员们边擦汗边喝饮料，我很镇静地说：“冯老师不懂篮球，但是连我都看出了我们的弱点：不盯人、合作差！咱们个个都是好样的，但是如果你离篮球筐很远，投准的概率就肯定没有离篮球筐近的同学得分的概率大！所以要珍惜投球机会！只要这两点注意了，肯定没问题！”啦啦队咱不喊一（2）班加油，我们就喊一（2）班不慌！一（2）班稳住！时间一分一秒地过去了，我们班取得了这场比赛的胜利。回到班里后，我高兴地提出倡议：全班同学用掌声感谢为班争光的运动员们！随后，我说：“虽然这场比赛咱们班以胜利告终，但是通过此场比赛我也看出了一些同学的处事风格。你看南、文不管比分高低都能一步一个脚印地稳扎稳打，而有些同学在失分的情况下，就慌了神了，该盯人也不盯了，只要拿到球，离着八丈远，也不管能不能进就投，在老师、同学大声提醒下，还不耐烦，以为咱们一（2）班离了他就不行了！今天冯老师告诉你，如果后面几场你还这样，那咱就立马下场换人！因为你只顾自己的性子而没有顾全大局！”

这之后的几场比赛中，再没出现类似的事情，我们班最终夺得了这次比赛的第一名。虽然比赛结束了，但是这次比赛中形成的团结协作、奋力拼搏的精神却没有结束。同学们之间互相帮助学习、取长补短的场景经常出现在教室中。

六天的军训生活结束后，回到学校，由于比告知家长接孩子的时间提前了一个多小时，所以，我召集孩子们坐在操场上及时进行表彰总结，除在学校受到表扬的学生外，我又在班内设置了两种奖项，鼓励没有得到学校表扬的孩子，看到他们双手接过班内的奖状，轻轻地说“谢谢老师”，顿时沮丧的脸庞绽开了笑容，我的心里高兴极啦！聊了一会儿天，我又和孩子们说了一个较为沉重的话题：“今天，你们排队把行李放到路边时看到冯老师了吗?”孩子们异口同声地说：“没有!”“知道我去哪儿了吗?”孩子们摇摇头。我说：“男生宿舍有教官，冯老师不好意思进，女生宿舍，冯老师天天都要光顾，今天收拾行李，还没去女生宿舍看看呢，很是留恋。因此，趁着毕营式还没开，我悄悄地进入了女生宿舍，一进门，我差点儿晕倒。”说到这，男生们瞪大眼睛看着我，我接着说：“赵教官这么关心我们，体贴我们，站军姿站好了带我们去小卖部买好吃的，会演受到了表扬，还用自己的钱给我们每个女生买了冰棍儿，而我们呢，还要留下一片狼藉让赵教官给我们收拾，难道这就是我们对教官的感谢吗?”女生中有的脸红了，有的惭愧地低下了头。看着不好意思的女生们，我说：“你们放心，我不会给赵教官留下这样的回忆的。虽然我很生气，但我还是拿起扫把撅着屁股给扫干净了。我边扫边想：难道这就是我们的好孩子吗?还好，这是我们人生中的第一次军训，冯老师希望大家能从中明白一些道理。以后，我们再军训知道应该怎么做，知道了吗?”孩子们点点头。“男孩子们这次有教官带我们扫，以后如果教官不和我们同住宿舍，军训结束离开宿舍，我们也知道应该怎样做了。”

最后，我语重心长地对学生们说：“捡起一张废纸，可能是一件微不足道的小事情，但并不是每一个人都能做到的，因为这是一种素质的表现，而这种素质并不是每一个人都具备的，我真心希望我们班的每一名同学都能从这样的小事做起，提高自己的素质，当你弯下腰的一瞬间，就是对别人、对社会的尊重，能做到这一点，你必将得到他人的尊重。”

活动就是最好的载体，在活动中，学生们有了展示的舞台，有了实践的体验，有了合作的快乐，有了成功的喜悦，也有了情感的交流。丰富多彩的活动使学生们的身心得到健康发展。班主任充分利用该活动对学生进行教育，往往能取得意想不到的效果。班主任的智慧也在于此。

二、班主任的智慧在于争取家长的支持，共同创造有利于孩子成长的良好环境

家庭社会对孩子的影响是巨大的，单凭学校对孩子进行教育是远远不够的。我在实践中，感到转变家长的观念确实有一定难度。班主任要充分利用自己的智慧争取家长的理解和支持。

超是初三第一学期调入我班的，他聪明健谈，有爱心，自尊心极强，犯了错就是不承认，也曾带头和老师顶撞。我了解到他是父母离异的孩子，平日寄宿在奶奶家，周六日回姥姥家。妈妈上班忙时舅舅负责他学习。

记得有一次，因为作业未完成，我要与舅舅联系，他很不满意地瞪着我。我和他舅舅通了电话，舅舅来到学校，气愤地说："冯老师，我昨天刚和他谈完，该说的都和他说了，没有任何进展，您让他收拾书包，我们不上了！"

当时场面有些僵持，为了不让家长为难，当超回教室收拾书包时，我问明了昨天晚上的简单经过，于是获知，孩子的生父买了台电脑，孩子上网成瘾了！我说："没关系，既然这样说了，就不要反悔。孩子是个好孩子，可能在实验班里受约束，憋不住了。这很正常，您不必大动干戈，回家千万别打孩子。和他分析上网的利弊，争取明天来上课。关于电脑还是要想办法，上网线必须拔掉。"没等说完，超来了，我对他说："超，你很聪明也很会学习，从普通班学习了两年，最后一年考入实验班，多幸运呀！当然，这与你的付出分不开。冯老师和许多老师都看到了你的进步，可能是太憋闷了，这几次作业出现了问题，今天和舅舅回家好好反省，是不是自己思想上出了一些问题。环境好了成绩糟糕了，会让普通班的同窗笑话你的！明天，冯老师希望见到你整齐的作业和饱满的精神状态！"这以后，怕孩子作业记不清楚，我找别的同学帮助他检查；孩子进步了，我在全班及时地表扬；上课出现问题了，我通过短信告诉家长如何与我配合；第一学期期末孩子进步非常大。为了巩固住，我和他母亲提到最后一个学期希望她能克服一切困难陪伴孩子，因为毕竟70多岁的奶奶照顾不了孩子的学习。当时，他母亲就说难度挺大，其实，他母亲不晓得，通过和孩子的聊天，我知道超所叫的舅舅正是他未来的爸爸。第二学期超上学虽然变得很远了，但是各科都有了很大的进步，特别是在一模考试中数学从原来的69分上升到95分，二模考试中语文基础知识上了"优秀"。

一位哲人说过：人类是用爱来交换爱，用信任来交换信任。在班主任工作中我尽量使自己具备学生的心灵，站在学生的角度，用学生的心态和思维方式来看待各种问题。

我习惯用信件和孩子们沟通。一次，芝在信中写道：冯老师，和您说实话，我好怕好怕这次期末考完试就分班，因为，我在咱们班成绩很差，所以我怕我分出一班，我真不知道如果我要离开一班，我会成什么样子，我想我会崩溃的。我爸妈对我压力很大，而我爸总是不给我信心，有时和我爸说点儿事，他就说肯定办不成，我相信要是您一定不会这样，我喜欢您，就是因为您特别理解我们，您知道我们什么时候该放松，什么时候该抓紧，什么时候该休息。有时，我想过要是做您的孩子一定很幸福，因为有您这样一个好妈妈……

看完这话我心里很不是滋味。上课时，遇到容易回答的问题我总会多多提问她，给她创造机会在全班展示自己；在课间进教室巡视时，我总要多看她几眼，多和她聊几句，及时捕捉她的闪光点，给予朋友式的赞赏和师长式的夸奖；每日的家长联系本上我都会把孩子今天的出色表现认认真真地写下来，告诉她父母，他父亲总是回上一句：听老师的话，努力吧！一天晚上，我拨通了他家的电话，正好是她父亲接的，得知孩子和她妈妈刚出去理发，这才与他聊起天来："芝进步很大，对待英语课代表工作，别提有多认真啦！……"这时，他父亲感谢了我，并夸了孩子多么懂事，多么仁义。我说："听孩子说您对她的要求很严格，因此她压力很大。其实，孩子一天一天地长大，身心都慢慢独立了，自信心对于芝的成长很重要。千万不要因为一两次没考好，而对孩子做出消极的批评，她很需要您的关爱与鼓励，所以，每次考完试您要抓住和她一起分析试卷的机会，对卷子中得分高的题目，好好夸夸，对于错误的题目让她分析失分的原因，问他您如何帮助她改正这个错误？让她明白，虽然您文化水平不高，但您是她学习上的好伙伴。"经过多次沟通，芝有了宽松的环境，成绩也提高了不少，班级期末表彰会上她露出了灿烂的笑容，还获得了校级优秀班干部的荣誉。

智慧出成果。我用自己的智慧化解了孩子和家庭的矛盾，得到了家长们的大力支持。我用自己的真诚感动了家长，他们主动参与班级建设，无论是学校还是班级组织的活动，都不仅仅体现着学生的风貌，还蕴含了家长对班级建设的爱和支持。

我热爱班主任工作，深知教书育人是自己的神圣职责，自己要走的路还很长，"路漫漫其修远兮，吾将上下而求索"，我会用智慧继续爱的旋律，让每一名学生在爱的阳光下健康成长。

第二编　美的教学

一方山水天地，可以陶冶我们的身心；一卷古今诗书，可以涵养我们的性灵。语文的学习应是引领我们走向智者和仁者的途径。在教授和学习的过程中，我们牵手走过人生的这一段。你学到的具体知识也许很重要，但更重要的是你学习新事物和解决新问题的能力。这就是：当你忘记一切所学到的东西之后所剩下的东西。这也许就是教育的真谛。

中国古代诗歌鉴赏课堂教学实效性的实施与反思

北京市航天中学　赵俊雷

2001年6月，教育部颁布《基础教育课程改革纲要（试行）》，这代表着课程改革的全面展开。2001年7月新课标和2002年8月新纲要的出台，掀起了新一轮课程改革的浪潮。新一轮课程改革在北京已如火如荼地进行了两年。在课程改革这一背景下，课堂教学的实效性显得十分重要，《基础教育课程改革纲要（试行）》中就明确提出要进行课程分层管理，注重课堂教学的实效性。本校积极研讨课堂教学的实效性问题。基于此，笔者结合本年级学生的实际情况，并结合课改的精神，力争从实践的层面对中国古代诗歌鉴赏课堂教学注重实效性的价值、实践与反思等几个方面进行阐释。

一、中国古代诗歌鉴赏课堂教学注重实效性的价值思考

由于新课程改革，语文课程的基本理念有了新的变化，根据新时期高中语文教育的任务和学生的需求，从“知识和能力”“过程和方法”“情感态度和价值观”三个方面出发设计了课程目标。同时为了适应高中教育发展的趋势，适应社会对人才的多样化需求和学生对语文教育的不同期待，高中语文课程必须体现时代性、基础性和选择性，既要在义务教育的基础上使学生的语文素养普遍提高，同时也要为具有不同需求的学生提供

更大的发展空间。为此，高中语文课程包括必修课和选修课两部分，这是属于“国家课程”的范畴。此外校本课程是对“国家课程”的补充和完善，它更多地体现学校层面上的课程构想和设置。凡是能够提高本校学生综合素养尤其是个性特长的课程，又属本校老师自主开发，均为校本课程。无论必修、选修或者是校本课程，都有很大的比重教授学习中国古代诗歌，这是新课改培养学生语文素养，传承传统优秀文化的必然要求，也是中国古代诗歌鉴赏课堂教学注重实效性的价值所在。

中国古代诗歌鉴赏的学习具有普遍性和广泛性，无论必修、选修或是校本课，我们都会从不同的广度和深度去探讨和学习，这就决定了我们要追求课堂教学的实效性。毋庸置疑，语文课堂教学成功的历史和不可否认的优越性，使它在现在和未来很长一段时间内仍然是教学的主要形式。要求学生掌握比较系统的语文知识，离不开课堂教学；要求学生具有一定的听、说、读、写语文能力，也离不开课堂教学的示范和引路。但是它也有着不可忽视的局限性。高中语文课本中的课文和有限的语文知识，是每个中学生应该认真学习并掌握的，但这些对处在信息社会的高中学生显然是不够的。另外，由于受课堂时空的限制，学生无法满足更多的需要，如果课堂学习不注重实效性而去要求学生有较高的语文素养，显然是难以实现的。相对于课堂教学的这些局限，我们必修课注重课堂教学的实效性，提高课堂教学的效率，弥补课堂教学的局限。笔者查阅并统计了必修 1 ~ 5 册所选古代诗歌，具体如下：

必修 2 选《诗经》两首《氓》《采薇》，屈原《离骚》，长篇叙事诗《孔雀东南飞》，古诗十九首之《涉江采芙蓉》《短歌行》《归园田居（其一)》，共 7 首古代诗歌。

必修 3 选李白《蜀道难》，杜甫诗三首之《秋兴八首（其一)》《咏怀古迹（其三)》《登高》，白居易《琵琶行 并序》，李商隐诗两首《锦瑟》《马嵬（其二)》，共 7 首古代诗歌。

必修 4 选柳永词两首《望海潮》（东南形胜）《雨霖铃》（寒蝉凄切），苏轼词两首《念奴娇 · 赤壁怀古》《定风波》（莫听穿林打叶声），辛弃疾词两首《水龙吟 · 登建康赏心亭》，《永遇乐 · 京口北固亭怀古》，李清照词两首《醉花阴》（薄雾浓云愁永昼）《声声慢》（寻寻觅觅），共 8 首词。

对于浩如烟海的中国古代诗歌，区区 22 首诗词对高中学生来说真是杯水车薪，何谈提高语文素养。即便加上选修课《中国古代诗歌散文欣赏》中所选诗词也只有 47 首，何况选修课更侧重于专题式的研修，这在一定程度上达不到高中学生对光辉灿烂的古代诗歌学习的需求，而且目前高中学生学习和生活的状态与古代诗歌教育的要求还有很大的差距。因此，在中国古代诗歌鉴赏课程中扩大阅读面和提高课堂教学实效性就是不可或缺的。

首先，中国古代诗歌鉴赏课程为学生语文素养的培养提供了丰富的实践材料。课堂教学的实效性应体现为以学生学习为主，教师引导、启发为辅。学生在课堂学习中不应感到学习的强制性，而应是独立的和创造性的学习活动，如欣赏诗歌时学生可以尽可能自由地进行联想和想象，将自己所感受到的诗词的意境用自己的语言表达出来。同时，课堂教学应追求内容的丰富多彩、形式的灵活多样，收放自如，在追求实效性的同时体现趣味性，这也有利于培养学生学习语文的兴趣。讲究课堂教学实效性能够冲破课堂的限制，使学生有更多的实践和应用语言的机会，从而培养和锻炼学生综合运用语文知识的能力，体现注重“以学生为本”的思想。

其次，中国古代诗歌鉴赏课堂教学注重实效性为因材施教提供了更多的余地。在课堂教学中，语文教师要想尽办法千方百计地因材施教，让大多数学生找到适合自己的语文活动，有特长的学生也可以在课堂教学中充分发挥才能，每个学生都能找到自己的位置和目标，得到发展。只要学生对中国古代诗歌有着浓厚的兴趣和求知的欲望，我们就能够发挥学生的才能和潜质，提高他们古典诗歌鉴赏水平，从而提高语文素养。

最后，中国古代诗歌鉴赏课注重实效性会使学生在语文课堂上总是保持积极和活跃，这样会激发学生学习的潜能，提高学生语文学习的兴趣，培养语文能力。

中国古代诗歌鉴赏课堂教学注重实效性还源于古代诗歌鉴赏是各类大型考试包括高考的重要内容，与之相关联的对联之类的试题也屡屡出现。如前所述，目前语文课本选取的古代诗歌少而散，学生很难在有限的篇幅和时间里达到对古代诗歌较为全面和系统的认识，而且在具体的教学过程中，教师局限于课本，很难把握古代诗歌发展的脉络和规律，大多处于就诗论诗的层面。所以注重课堂教学实效性，采用各种形式扩大学习范围，注重对规律和方法的探究和总结，很好贴近学生的实际需求，能更好地解决学生在古代诗歌鉴赏方面遇到的问题。

二、中国古代诗歌鉴赏课堂教学注重实效性的实施

笔者从三个层面谈对中国古代诗歌课堂教学注重实效性的实施。

(一) 从古代诗歌发展史的层面勾勒出中国古代诗歌发展的概貌

借鉴选修课《中国古代诗歌发展概述》，重点强调以下内容。

诗歌发展的两大源头——现实主义和浪漫主义。

诗歌的表现方法，包括以下几个方面：

表达方式：记叙、议论（直接议论、通过用典间接议论）、描写、抒情（直接抒情、融情于景的间接抒情）。

写作手法：衬托（正衬、反衬）、虚实结合、侧面描写、欲扬先抑等。

修辞手法：比喻、拟人、借代、夸张、对偶、对比、互文等。

诗歌体裁的变化：古体诗、近体诗（律诗、绝句）。

本层面侧重于面上对诗歌知识的了解和识记。

（二）对诗歌发展史中重量级的作家或作品，单拿出来进行介绍和赏析

唐代伟大的现实主义诗人、具有“诗圣”之称的杜甫，我们对其人其诗研讨得比较深。对杜甫生平的总结：

杜甫（712—770），字子美，生于河南巩县（今河南省巩义市），是著名诗人杜审言的孙子。因曾居长安城南少陵，故自称少陵野老，世称杜少陵。三十五岁以前读书与游历，天宝年间到长安，仕进无门，困顿了十年，才获得右卫率府胄曹参军的小职。安史之乱开始，他流亡颠沛，竟为叛军所俘；脱险后，授官左拾遗。乾元二年（759年），他弃官西行，经历了一系列仕途打击，其“致君尧舜上，再使风俗淳”的理想彻底落空。诗人流落蜀地，寄人篱下，困厄穷途，家事、国事均忧心忡忡，苦闷彷徨。其间，曾一度在剑南节度使严武幕中任检校工部员外郎，故又有杜工部之称。晚年举家东迁，途中留滞夔州两年，出峡。漂泊鄂、湘一带，贫病而卒。

杜甫的经历和诗歌创作可以分为四个时期：

第一时期：读书和漫游时期（35岁以前）

所谓“放荡齐赵间，裘马颇清狂”。开元十九年（时20岁）始漫游吴越，5年之后归洛阳应举，不第。再漫游齐赵。以后在洛阳遇李白，二人结下深厚友谊，继而又遇高适，三人同游梁、宋（今开封、商丘）。后来李杜又到齐州，分手后又遇于东鲁，再次分别，就没有机会再见面了。

第二时期：困居长安时期（35～44岁）

这一时期，杜甫先在长安应试，落第。后来向皇帝献赋，向贵人投赠，过着“朝扣富儿门，暮随肥马尘，残杯与冷炙，到处潜悲辛”的生活，最后才得到右卫率府胄曹参军（主要是看守兵甲仗器、库府锁匙）的小官。这期间他写了《兵车行》《丽人行》等批评时政、讽刺权贵的诗篇，而以《自京赴奉先县咏怀五百字》尤为著名，标志着他经历十年长安困苦生活后对朝廷政治、社会现实的认识达到了新的高度。

第三时期：陷贼和为官时期（45～48岁）

安史之乱爆发，潼关失守，杜甫把家安置在鄜州，独自去投肃宗，中途为安史叛军俘获，押到长安。他面对混乱的长安，听到官军一再败退的消息后，写成《月夜》《春望》《哀江头》《悲陈陶》等。后来他潜逃到凤翔行在，做左拾遗。由于忠言直谏，上疏为宰相房琯事被贬华州司功参军（房琯善慷慨陈词，为典型的知识分子，但不切实际，与叛军战，采用春秋阵法，结果大败，肃宗问罪。杜甫始为左拾遗，上疏言房琯无罪，肃宗怒，欲问罪，幸得脱）。其后，他用诗的形式把他的见闻真实地记录下来，成为他不朽的作品，即“三吏”“三别”。“三吏”为《石壕吏》《新安吏》《潼关吏》；“三别”为《新婚别》《无家别》《垂老别》。

第四时期：西南漂泊时期（48～58岁）

随着九节度官军在相州大败和关辅饥荒，杜甫弃官，携家随百姓逃难，经秦州、同谷等地，到了成都，过了一段比较安定的生活。严武入朝，蜀中军阀作乱，他漂泊到梓州、阆州。后严武为剑南节度使摄成都，杜甫往投，严武死，他再度漂泊，在夔州住两年，继又漂泊到湖北、湖南一带，病死在湘江上。这时期，其作品有《水槛遣心》《春夜喜雨》《茅屋为秋风所破歌》《病橘》《登楼》《蜀相》《闻官军收河南河北》《又呈吴郎》《登高》《秋兴》《三绝句》《岁晏行》等。

这四个时期贯穿了杜甫大量的诗作，各个时期的代表作，结合必修和选修，择其一二进行赏析。

本层面侧重于从点上对重要诗人和诗作进行全面评述和赏析，使学生感受伟大诗人的情怀，历练学生，陶冶情操，帮助学生获得较为全面的语文素养。

（三）重点鉴赏诗歌的意境和诗眼

1. 对诗眼的鉴赏

（1）山青花欲燃。诗眼“燃”，不仅突出了山花火红的颜色，而且赋予了一种动态美。——动词

（2）大漠孤烟直，长河落日圆。诗眼“直”“圆”，给人一种坚毅挺拔之美、浑厚之美。——形容词

（3）前村深雪里，昨夜一枝开。诗眼“一”，说明梅花之少，暗中突出一个“早”字。——数量词

（4）不知何处吹芦管，一夜征人尽望乡。诗眼“尽”，写出了戍边将士无一例外的思乡之情。——虚词

（5）流光容易把人抛，红了樱桃，绿了芭蕉。诗眼“红”“绿”“红”

“绿”在句中是形容词，活用为动词，道出了作者感叹时光匆匆，春光易逝。抓住了这些词，就抓住了诗的关键。——词类活用

2. 诗眼鉴赏题型总结

（1）提问方式

①这一联中最生动传神的字是哪一个？为什么？

②某个字词是全诗的诗眼，为什么？

③此诗某联某句中的哪个字有的版本作某字，你觉得这两个字哪一个更好？为什么？

（2）答题步骤

①解释这个字。

②解释这句话。将关键字放入原句中展开联想或想象，并结合全诗的意境情感分析字句、描摹图景，以品味炼字的精妙。

③答手法。如果有技法，必须答出用了什么手法。

④答思想感情。结合主旨谈这句诗表达作者怎样的思想感情。

本层面侧重于考试训练，这样贴近学生的实际需求，答题规范，也有助于鉴赏能力的提高。

三、对中国古代诗歌鉴赏课堂教学注重实效性的反思

中国古代诗歌鉴赏课堂教学注重实效性，为师生提供了自我完善和发展的空间。但中国古代诗歌鉴赏课堂教学注重实效性是一个复杂的教学实施过程，仅仅处于研究和探讨的起步阶段。实施中国古代诗歌鉴赏课堂教学注重实效性的过程中，有以下几点反思。

（一）中国古代诗歌鉴赏课堂教学注重实效性需要理论指导

教材是由专家、学者研究和编制的，而教学过程既不是学者专家，也不是学校领导干部决定，而是由教师决定。《基础教育课程改革纲要》明确指出：教师是开发和实施课程的主人。教师由原来单一的课程执行者向课程建设者、实施者、评价者的多元角色转变，教师的职业价值在开发和实施课程中得到充分体现。但是作为开发课程的主体——教师不能过分独立，不能迷信自己，这就需要教师在开发课程中要有理论依据和理论指导，减少随意性。所以，在中国古代诗歌鉴赏课堂教学注重实效性的实施过程中需要相关的理论指导。

（二）中国古代诗歌鉴赏课堂教学本身就需要注重实效

中国古代诗歌鉴赏课堂教学注重实效性是以促进学生个性和健康成长为宗旨，它的目的是更好地满足学生的实际需要。因此，课堂教学过程中

注重实效性的实施必须注重实际效果。从课堂教学的内容上讲，既要考虑面向全体又要考虑个体差异，使学生能够感受到在课堂学习中的拓展提高；在课堂教学的过程中，必须做到时时有反思、常常有改进，最终形成受学生欢迎的注重实效性的中国古代诗歌鉴赏课。

（三）中国古代诗歌鉴赏课堂教学注重实效性需要长期坚持

中国古代诗歌鉴赏课堂教学注重实效性，要充分利用前人的研究成果，充分吸取别人在教学过程中独特的教学思路与教学手法，加以提炼和整合，应用到课堂教学注重实效性中。长期坚持，不断改进，使之成为尽善尽美深受学生欢迎的语文课。

参考文献

[1] 中华人民共和国教育部. 普通高中语文课程标准（实验）[M]. 北京：人民教育出版社，2003.

[2] 李玉华. 古代诗歌鉴赏方法与训练 [M]. 北京：中国文史出版社，2003：3.

[3] 中学语文课程教材研究开发中心，北京大学中文系语文教育研究所. 中国古代诗歌散文欣赏//普通高中课程标准实验教科书：选修 [M]. 北京：人民教育出版社，2006：11.

语文教学的讲台上，课文如何教，并不在于教材如何编排，抑或高考考不考，而在于教师对文本在语文教学中的价值挖掘，在于教师对文本培养学生语文能力的认知。只有这样，语文教学才能摆脱高考指挥棒的束缚，引领学生在语文学习的殿堂里自由呼吸文字的芬芳，感受人类文化无比灿烂的魅力。

高考古诗文背诵的迁移训练[1]

北京市航天中学　李　兰

中国古代文化源远流长，流传后世的优秀作品也不胜枚举，其中的名句名篇更是古人智慧的结晶，为后人传颂。《高中语文教学大纲》中就明确指出：“高中语文教学的目的就是要‘在教学过程中，要进一步培养学生热爱祖国语言文字、热爱中华民族优秀文化的感情’。”日新月异、形式多变的高考改革，不论怎样改、如何变，“默写古诗文中的名句”这一题型始终没有摒弃，就是对其最好的诠释。

高考古诗文背诵的范围广，名句名篇多。以最新的《2012 年高考语文考试大纲（新课标）》和《2012 年北京高考考试说明（语文）》为例，前者只是提到“默写常见的名句名篇”，并未给出范围；后者虽然给出了 35 篇古诗文的范围，但对于复习科目多、压力大的高三学生来说，也需要花费不少时间来背诵。如此大费周章，最终不过拿到 6 ~ 8 分，无怪乎不少学生想要放弃，觉得是事倍功半；甚至也有不少高三教师对古诗文背诵的复习采取的也是“忽略”的态度，对这道题放任不管。

如果能够利用古诗文进行适当的迁移训练，让学生受益的不仅仅是 6 ~ 8分，还可以收获更多的分值，收到事半功倍的效果，甚至可以延伸到

---

① 本文 2013 年 11 月获第四届“圣陶杯”中青年教师课堂教学观摩研讨会论文评比二等奖。

考试外，潜移默化地提高学生的审美能力，让其受益终生，相信很多的教师都会乐于在这方面花时间备课，学生也乐于去背诵。

一、给古诗鉴赏题由浅入深的复习搭建台阶

古诗鉴赏题是高三复习中的一个难点，教师和学生往往在上面花了很多时间，可一旦考试，学生还是望而生畏，有时即便写了很多，也得不了几分。其实，对古诗鉴赏题的考查，无外乎从诗歌的内容和形式上设题，困难的是，诗歌的内容丰富、形式多变。学生畏难，是因为对古诗的内容理解不透，对形式把握不准。因而，要解决“难”，必先从“易”入手，帮助学生了解古诗在内容上大抵分为几类，在形式上可以从哪些角度、用什么术语去鉴赏。

关于这些，想必很多高三教师在复习古诗鉴赏题的时候都会顺着这样的思路去备课，但问题是笔者见过很多的教师、很多复习资料在列举诗句的时候往往舍易求难，选取一些学生不易理解的诗句去讲解一些不易理解的理论和术语。例如，有的教师在讲解“用典抒情”这种抒情方式时，选用的是秦观《踏莎行·雾失楼台》中“驿寄梅花、鱼传尺素”的典故。不能否认，这确实是古诗中用典的范例，但教师在备课中显然忽略了学生的实际情况：这首词在新课改人教版必修和选修教材中没有涉及，对于学生来说是新的诗歌，需要教师花时间去讲解这首诗，至少要讲明白其中典故的来历。这无形之中增加了学生的学习难度，耗费了更多的复习时间。倒不如在高考要求学生背诵的古诗文中选择这样的例子，如用辛弃疾《永遇乐·京口北固亭怀古》① 中的五个典故来讲解什么是“用典抒情”，让学生既做到“温故”，又有“知新”的收获，大大提高了复习的效率。这样的例子还有很多，在复习古诗中的“意象”这一术语时，可以列举李清照《声声慢》中的“雁”“黄花”“梧桐”等典型的表达作者愁思的意象，也可列举杜甫《登高》中“急风”“哀猿”“归鸟”“落木”等寄托作者飘零之感的意象；在讲诗歌的分类时可以列举王勃的送别诗《送杜少府之任蜀州》、陶渊明的田园诗《归园田居》、苏轼的怀古诗《念奴娇·赤壁怀古》、范仲淹的边塞诗《苏幕遮》等等。

借助高考要求背诵的古诗歌，给古诗鉴赏题的复习搭建一个由浅入深的平台，能减轻学生在复习中的畏难情绪，从熟悉的诗歌入手去理解一个较为陌生的知识点，也可以让学生更容易地接受新知识，做到温故而知新。

---

① 2012 年北京高考背诵篇目，以下本段列举的篇目皆是。

二、为阅读延伸题提供素材

阅读延伸题是2010年北京新课改以后出现的新题型，它一般出现在古诗文阅读和现代文阅读中，赋有20分的分值。这一题型因为涉及的主要答题技巧包括阅读中的含义分析、内容概括以及作文中的立论、例证等能力，区分度强，最近三年高考一直被沿用下来。先读懂文本，再延伸到实际生活进行合理论证，是这道题的出题意图。在高考复习中，学生们普遍认为后者更难，原因之一是不知如何举例论证。学生狭窄的阅读面在这道题中也充分暴露出来。

教师当然也想了不少方法，如关注社会热点新闻，天天看报纸、听新闻；又如搜集近几年感动中国的人物事迹；再如回归到高一、高二所学的五本必修书、三本选修书中去找例子……这些方法固然不错，但高效利用高考要求背诵的古诗文中的例子，也可以为学生积累素材增加砝码，甚至比以上有些方法用得更容易。

这首先需要学生的背诵是建立在对古诗文理解的基础上的，而不是囫囵吞枣地死记硬背。所以，对于较难理解的诗句教师还是要讲解清楚的，而相关的作家经历和事件背景也不可忽略，在这个上面所花费的时间和精力会在很多方面得到回报。

例如，在2012年朝阳一模现代文阅读《故乡的沉沦》中，阅读延伸题是这样设计的：文中说“一个人不能没有灵魂”，结合本文，并联系实际或其他文学作品，谈谈你对这句话的认识和感悟。（不少于200字）（10分）。其中就有学生这样写道：

“一个人不能没有灵魂，便是不能没有精神信仰做支撑。‘灵魂’是抽象的，它通常被人赋予不同的载体。文中老兵的灵魂是寄托在一抔满含母亲与故乡深情的泥土中的，故乡便是他的信仰，是他的精神支柱。古代又有多少文人虽然人生坎坷，却坚守着高尚的灵魂：诸葛亮的灵魂是对君主的忠诚，他即便行将出征，为蜀汉鞠躬尽瘁，也不忘给后主刘禅上奏感人至深的《出师表》；陶渊明的灵魂是对自由的向往，一旦摆脱了官场的束缚，便发自肺腑地抒唱《归去来兮辞》；李白的灵魂是对名利的唾弃，即便是被逐出长安，也要借助《梦游天姥吟留别》表白“安能摧眉折腰事权贵，使我不得开心颜”的心迹……也许我们普通人的灵魂不必如此博大和高尚，但人不能没有灵魂，那是支撑一个人活下去的勇气！”

从这个学生的习作中我们看出，他在平时古诗文背诵上下的功夫是“事半功倍”的，对这个知识点的复习是可以为其他题型增加取胜的筹码的。教师一旦引导学生打通了题与题之间的屏障，就能激发学生无限的潜能！

三、增强高考写作的表达效果

每年高考过后，在那些满分作文中，我们不乏看到这样的文段：

那是我一直在寻觅着的一种意境，一恍然见到的灯火阑珊处的身影，似乎是醉酒李白眯着惺忪的双眼大吼“会须一饮三百杯”的豪情万丈；又好像白乐天笔下“回眸一笑百媚生，后宫粉黛无颜色”的杨玉环般袅娜多情；或者又是易安的那丝丝离愁“才下眉头，又上心头”的无奈薄凉。

…………

我还梦到了，梦到了易安居士的一颦一笑，是她“惊起一滩鸥鹭”的无措，也是“满地黄花堆积。憔悴损，如今有谁堪摘”的无奈与荒凉；我也梦到了千古情皇李后主的那一声轻叹，那句“奴为出来难，教君恣意怜”的香艳，又或许是“雕栏玉砌应犹在，只是朱颜改”的那份落寞。①

短短两段文字，小作者就选用了四位诗人的五首古诗中的名句，不仅体现了他古诗文积累的深厚底蕴，也提升了文章语言的意蕴、内涵的深度，充满典雅蕴藉的诗意和丰富的人文气息。这样巧用古诗文构筑独具魅力的精彩语段，在高考作文中常常被运用，给人强烈的视觉冲击，让人眼前为之一亮，正如孔子所说“言之无文，行而不远”。

当然，这些需要教师在平时的教学中多加训练，不仅要把高考要求背诵的古诗文讲清楚，帮助学生理解并记忆，还要引导学生如何在作文中使用这些古诗文。首先，可以从最简单的直接引用古诗文名句入手进行训练。例如：

“我记得陶渊明辞官归去，慨叹‘实迷途其未远，觉今是而昨非’；也记得刘禹锡深居山中弹唱‘无丝竹之乱耳，无案牍之劳形’，更忘不了苏轼遭遇罢官时笑吟‘回首向来萧瑟处，归去，也无风雨也无晴’……每当我们遭遇逆境时，都应该向古人借这份豁达的勇气！”

这要求学生选用适当的古诗文名句，不可与语段主题脱节。如果学生理解错误或理解不到位，都是这种语段严重的硬伤。

当学生能够较为熟练地引用古诗文时，教师的训练就应该过渡到第二阶段，就是要求学生在诗句后面加上自己的阐释。例如，上文提到的《与你为邻》选段，就是在引用诗句之后，用“豪情万丈”“袅娜多情”“无

---

① 节选自2010年广东高考作文《与你为邻》。

奈薄凉”等词在阐释诗句的内涵，体现了学生对诗句的个性化解读，诗句引用因为有了阐释，就把诗句的多意多解单一化、具体化，这样使诗句对话题的论证更为集中到位。

训练的第三个层次就是要学会化用古诗文。例如：

“思念就是陆游的‘春如旧，人空瘦，泪痕红浥鲛绡透’；思念就是范仲淹的‘明月楼高休独倚，酒入愁肠，化作相思泪’；思念就是李清照的‘梧桐更兼细雨，到黄昏，点点滴滴’。”这可以化用为“思念使多情的陆游在如旧的春风中慨叹唐婉‘人空瘦，泪痕红浥鲛绡透’；思念使远离家乡的范仲淹不敢独倚明月下的高楼，即便‘酒入愁肠’，也只是‘化作’相思泪；思念使痛失爱人的李清照在‘梧桐更兼细雨’的黄昏，寂寞地细数着‘点点滴滴’的秋雨”。

当然，这必须要建立在教师对学生前两个层次训练较为扎实的基础上才能顺利进行，对学生的要求也更高。这就需要教师大量地备课，适时地示范，合理地引导；学生除了理解、记忆高考要求背诵的古诗文，还要进行大量的练习，这一过程必然是要耗费时间和精力的，但为作文增添文采的效果也是很显著的。

“它山之石，可以为错”，这是《诗经》中的话，意思是“其他山上的石块，可以用来磨玉石”。古诗文背诵，看似只与 6 ~ 8 分的默写题有关，但只要教师在复习中稍加迁移和利用，就可以为其他题的复习做贡献，提高复习的效率；同时也能让学生在学习中受到古人潜移默化的影响，提高自身的审美情趣。

语文是一汪清泉，将我轻轻卷入它青翠的涟漪，我的心灵也为之净化。

让美流淌在课堂上

北京市航天中学　夏宇霞

在日前公布的北京市中高考改革方案中，突出语文作为母语学科的基础性地位，语文学科在中考和高考中所占分数都大幅提高，语文的地位终于提升了。但是很多学生的语文基础非常薄弱，如何才能真正调动学生学习语文的积极性，让语文课堂不再沉寂?

教师应在备课上下功夫，让语文课堂美起来，把课堂变为师生展示才情的地方，变为心灵与文本交流的地方，究竟如何让美流淌在课堂上，笔者一直在思考和尝试，有以下几点拙见。

一、再现形象法

事物的美总是存在于感性形式之中，借助于具体的形象得以表现。因此，我们在语文教学中对难以理解的文章，可以采用直观或现代教育手段，真切地再现课文中描写的自然景物、社会生活和艺术形象，让学生从中领会事物蕴含的美，实现形象的感化作用。

在讲高尔基的《海燕》时，由于作者年代距今久远，时代内涵较为丰富，离现代学生的实际生活较远，所以不易引起学生的兴趣。笔者用多媒体投影首先展示高尔基的半身像，然后徐徐推出配有字幕和活动画面的朗诵，风声、浪声、卷集的乌云渲染了暴风雨即将来临的情形，而翱翔的海燕给人以鲜明的视觉印象。暴风雨迫近了，电闪雷鸣，波浪愤怒地冲向高空，随着激情的朗诵，像个精灵的海燕则更勇敢地高飞……这时，多媒体使课堂仿佛变成了一个巨大的磁场，使学生听觉、视觉同时产生了强烈的震撼，这种新奇的感受能立刻引起个体的审美注意，感受到海燕的高大形象，为进一步的审美活动打下了基础。

又如，古诗《使至塞上》“大漠孤烟直，长河落日圆”中的“直”字用得绝妙，仅凭教师口头讲解，学生始终难以理解、体会。老师引导学生观看画面：大漠无边，长天空阔，在这广袤的沙漠上，一缕直上青天的轻烟以及滚滚黄河奔腾而去，在河的尽头是一轮又红又圆的落日。课件展示将古诗中抽象的文字转化为具体的动态画面，给学生以美的享受。学生的兴趣极为浓厚，他们积极观察、思索，很快从画面中领悟到“直”“圆”字的妙处。

展现画面要注意时机，不能代替学生的思维。我在讲《群鹤翔空》一课时，学生容易理解，所以让学生品味描写鹤群悠然翱翔于空中的语句中想象画面，然后再让学生看这幅画面的动画，直观地感受到鹤群的形象，加深了对文章的理解，对语言文字的揣摩。这既没有让直观感受代替语言文字，又符合语文的教学规律。

二、吟咏陶醉法

诵读是把无声的视觉语言化为有声的听觉语言，把储存信息的符号载体还原成作者所要传达的真实情感，使作品中的人物跃然纸上，使学生进入角色，入于目，出于口，闻于耳，铭于心，多方面地感知作品的内容，在不知不觉中受到熏陶和感染，初步获得美的享受。

古人说“读书百遍，其义自见”，这话是很有道理的。书读多了，美感现了，学生潜移默化地受到影响，美育的目的也就实现了。

《春》是一篇优美的写景抒情散文，可以通过配乐朗读、集体朗读、个别朗读等形式，让学生在反复诵读中读出盼春—绘春—赞春的文章结构，读出想象中的春草、春花、春风的美景，读出语言的美。

像《记梁任公的一次演讲》一文不是重点表现梁任公的演讲内容，而是表情、神态，我让学生反复诵读，读中可以配以动作、神情，梁任公幽默的语言以及“眼光向下面一扫……眼睛向一上翻，轻轻一点头”“背诵到酣畅之处，忽然记不起下文，他用小手指敲打他的秃头，敲几下之后，记忆力便又通畅……”“先生的演讲，到紧张处，便成为表演。他真是手之舞、足之蹈，有时掩面，有时顿足……”在学生的读演中一个有风度、精神、谦虚、自信、风趣、情感丰富的梁任公的形象就感知出来。

现在语文书中所选文言范文，大多语言凝练，意境优美，读来音韵和谐，节奏鲜明，而且有的文章极具气势、韵味，只有通过反复吟诵，才能领会。

例如，范仲淹的《岳阳楼记》，只有通过反复吟诵，才能领会其语言的优美流畅，才能领会“八百里洞庭”的壮阔，才能领会作者“不以物喜，不以己悲”和“先天下之忧而忧，后天下之乐而乐”的情怀。

三、移情感染法

许多课文都有很强烈的文学性和感染力，在教学中要善于把握文章的情感脉搏，引发学生产生共鸣，升华主旨。以震撼心灵的语言，激发学生对情景的感悟。刘砚斐老师在讲《拥你入睡》时创设感人情境，她经两位同学允许，把他们父母写给他们的信的一部分读给大家听。教师配乐朗读：

“朦胧中听见大门的磕碰声，睁眼间已不见女儿的身影，孩子已上学去了。剩下我孤零零地在屋里坐着发愣。寒来暑往，多少个日子是我陪伴着女儿一起上学的。一辆自行车载着父女俩，这欢快、温馨的一幕仍历历在目。多少次是女儿欢乐的歌声、银铃般的笑声和亲切的问候声，打消了我生活中的烦扰。殷切期待孩子的成长，盼望孩子的自立，又迟迟不愿让孩子离开我的视线。”

“我知道你长大了，你有独立性了，你开始愿意为我做事了：买菜的时候，你的小手被许多塑料袋勒红了，都不肯让我拿东西；过马路的时候，你总是扶着我的胳膊；我累的时候，你会马上过来给我按摩……

儿子，你发现了吗？每次你回家，妈妈总会特意安排一些事情令你开心。例如，妈妈和爸爸的‘拳击’比赛、和你追跑打逗、出怪样、唱怪歌……这一切都是因为我想永远和你幸福、亲密接触，我想让你永远快乐无忧，我想成为你永远信赖的朋友。”

学生、听课教师被深深地打动了。老师让每个孩子打开书箱，用心读父母写给她们的信。“润物细无声”，此时除了屏幕上傅天琳的那首诗和一点背景音乐外，课堂上是静谧的，学生用“心”去读家长情真意切的话语。好多孩子和下面的女老师的眼圈红了，几个女同学已经热泪盈眶，教师也很激动。老师请同学谈谈感受。学生们没有举手，显然没有从刚才的情绪中调整过来，老师趁势让学生回家给自己的爸爸妈妈写一封信，把今天不适宜当众言表的深情告白写给爸爸妈妈，让他们也像你们一样激动一次、感动一回！

感动始终是一种自然的情感流露和表白，是一种无声的教育，是心灵的滋补剂，是一种有益的洗濯和陶冶。这些朴素而真诚的感动在孩子与父母间涌动，也会在互动交流中加深对文本的理解和把握。

我们在语文教学中，就应该创设审美情景，打动学生，感染学生，使学生产生对客观事物肯定或否定的审美态度或审美评价，从而摒弃假、丑、恶，趋于真、善、美。

四、品味鉴赏法

审美鉴赏是比审美感知更高层次的审美活动，既包括对审美对象的性质的深刻理解，又包括对审美对象的美丑识别。教师在教学活动过程中应尽力将审美引入理性的深处，探寻文章思辨之美，正如恩格斯所说“思维着的精神乃是地球上最美的花朵”。

教材中精选收录的是一篇篇文质兼美的范文，这些作品中有许多精言妙语，可以影响并塑造美的灵魂，再加上生动的语言本身就具有强烈的美感，动人心弦，使人读了回味无穷。教学时，要引导学生认真推敲、欣赏、琢磨这些语言文字，这样学生的语感得到提高，情感得到陶冶，思想得到升华。

笔者在讲《群鹤翔空》时，让学生勾画出描写鹤群悠然翱翔于空中、鹤群搏击苍鹰、鹤群救护同伴的语句，仔细品味，说说你对鹤群形象的感受。这一环节品味语言是学生的难点，为了突破这一难点，在学生讨论前我先提出要求：品味句子是要抓住词语、修辞去品味。学生讨论，我进行点拨指导。例如，“它们一律将长颈伸向前方，双足向后方笔直挺伸，悠然翱翔太空的美姿，实在是无可言喻”，我引导学生抓关键词语品味。“一律”表明这上百只鹤的鹤群队列整齐，秩序井然，从鹤群飞翔的队形我们能看出鹤群的服从组织；“伸”“笔直挺伸”两个动词写出鹤（飞翔之状）舒展的美姿，这是飞翔的动作美；“悠然”写出了鹤群自由自在的潇洒神态，写出鹤群优美的姿态……

通过让学生抓关键词和修辞来对重点词语、句子进行赏析，从而深刻地体会到鹤群队列整齐、姿态优美、纪律严明、团结勇敢、关心同伴、友爱互助的形象。同时也感悟到了语言文字的深刻内涵，培养学生强烈的审美能力。

五、想象加工法

美育在语文教学中的最终目的是提高学生的审美能力，达到创造美的境界。教材中的许多文章，可让学生根据文字想象进行描述，由形象思维逐渐向抽象思维转化，这个过程就是在创造美。因此，教师应千方百计调动学生的生活积累、美感经验，引导他们充分发挥想象力，对课文的形象给予补充和丰富，使课文在脑中有声有色起来。

古典诗词的想象，由于其含蓄蕴藉，难于理解，可以将空白的部分补充出来，丰富学生的感知，达到教学目的。例如，《天净沙 · 秋思》仅 5 句共 28 字，语言极为凝练，容量却巨大，我让学生展开想象，描写出画面。学生这样描述：深秋的黄昏，一个风尘仆仆的游子，骑着一匹瘦马，迎着一阵阵冷飕飕的西风，在古道上踽踽独行。他走过缠满枯藤的老树，看到即将归巢的暮鸦在树梢上盘旋；他走过横架在溪流上的小桥，来到溪边的几户人家门前，这时太阳快要落山了，自己却还没有找到投宿的地方，迎接他的又将是一个漫漫长夜，不禁悲从中来、肝肠寸断。这首小令不愧为言简意丰、以少胜多的佳作，寥寥数笔就勾画出一幅悲绪四溢的"游子思归图"。

古诗，学生在朗读中体会到了诗意、诗情，并受到自然美、艺术美的熏陶，学生根据头脑中浮现出的画面，就能不同程度地进入诗句所描绘的境界，再通过说把诗意表达出来，达到创造美的目的。反反复复朗读训练中，学生创造美的能力怎能不提高呢？

语文天地斑斓多彩——血肉丰满的人性、浩瀚邈远的历史、厚重丰富的文化……，诗人余光中也说："中文乃一切中国人心灵之所托，只要中文常在，必然汉魂不朽，让我们常葆中文的灵动与清纯。"作为语文老师，我们就要让语文课堂灵动起来，流淌着美，让学生忍俊不禁，让学生心向往之，让学生真正感受到语文课应该是一首感人的诗，是一幅精美的画，是一曲动听的歌。只有这样，才更能激起学生勤奋学习的热情，以达到发展智力、塑造灵魂、净化情感的目的，也只有这样，我们的语文教学才会焕发新生命力。

人生是如此富于变幻，令人流连忘返。我们最重要的任务是找到要奔的方向，以及如何迈出第一步、第二步……我总相信，要到达“众里寻他千百度，蓦然回首，那人却在灯火阑珊处”那样豁然开朗的境界，却一定不能忽视“独上高楼，望断天涯路”的那种企盼；更不能忽视“衣带渐宽终不悔，为伊消得人憔悴”的筚路蓝缕。这也就是语文要追逐的生命意义。

文言文阅读“理解文意”之深层解读

北京市航天中学　陈治君

一、研究的背景及必要性

古代的作品之所以流传至今，被我们奉为经典，我想最主要的原因是因为我们还懂它，还理解它，还能从这些经典中得到宝贵的思想和经验，用来滋养我们的人生。因此，面对前人留给我们的丰富遗产时，能否真正“理解文意”，对于我们是否更好地继承这些遗产至关重要。

我们从中学阶段开始接触文言文的学习，大都凭借自己的语言习惯和一定的文学、文化常识，从浅易的文言文开始摸索，在这个过程中难免会走一些弯路，产生一些疑惑，如在把握文意时，很多人会简单地认为：只要会翻译就会理解文意，或者说“理解文意”就等于“会翻译”，因此学习文言文的核心目标成了把文言文翻译成现代文，一些真正应该重点关怀的内容倒没有引起足够的认识。正如韩愈老先生当年说：“句读之不知，惑之不解，或师焉，或否焉，非吾所谓传其道解其惑者也。”文言文阅读“理解文意”，如果仅仅停留在文白对译这样的层次，我们怎么能从古代文化经典中获取我们想要的东西呢？

那么，我们该怎样深入认识文言文阅读过程中的“理解文意”呢？该如何落实真正的“理解文意”呢？我就本文来谈谈自己的一些粗浅的看法吧。

二、正确认识文言文阅读过程中的“理解文意”及对策

（一）“理解文意”需要正确认识文言文翻译

一般人学习文言文，肯定会孜孜以求地翻译古文，但长期以来，学生对待这件事情往往缺乏足够的耐心，走马观花，只求了解其大意，导致文意理解缺漏颇多；更有甚者，文言文翻译的书随手拈来，便轻易地认为“它有我有全都有”，一本书能帮我把文言文学习全搞定，其结果必然是，几年文言文学下来尚且不能独立、到位地翻译一些简单的句子，这不等于浪费大好的学习机会吗？

那么，对于文言文的翻译，我们该怎样有效地练习呢？

首先要真正读懂，就要做到字、词、句的落实，万不能囫囵吞枣，只了解其大意，如我们带领学生学习《夸父逐日》这个神话故事：

夸父与日逐走，入日；渴，欲得饮，饮于河、渭；河、渭不足，北饮大泽。未至，道渴而死。弃其杖，化为邓林。

如果我们只是大致地了解故事情节：这是一个神话故事，写的是一个叫作夸父的英雄式人物，跟太阳赛跑，追上太阳后，十分口渴，于是到黄河、渭水去喝水，水不够，又跑到北方的大湖去喝，没有到达那里就渴死了，他的拐杖化成了邓林；那么，我们根本就不用面对文言文字了，因为从小时候起，我们对这样的故事已经烂熟于心了。而我们之所以把这些耳熟能详的故事用文言文的形式展现出来，最根本的目的是便于我们反复去揣摩、落实基本的字、词、句，达到有一定文言积累的目的。例如：第一句写夸父与太阳竞走，“夸”是人名，“父”是对男子的敬称，有点像如今称××公的意思；而“走”在古代是“跑”的意思，与今天的意思是有很大差别的。第二句写夸父“入日”，从字面理解是“进入太阳”之意，但即使是神话，也得符合一定的事理逻辑，该怎么理解呢？原来应该解释成“追赶上了太阳”。第四句“欲得饮”是“想要得到可以喝的水”，“饮”字在这里是由原来的动词变作这里的“可以喝的水”，显然是个名词了，与后面的两个“饮”也不一样，这就是典型的名词用作动词。第五句“饮于河、渭”是“到黄河、渭河去喝水”的意思，但我们仔细观察可见，原句与翻译句的句法结构不一样：原句“于河、渭”是介宾结构作补语，放在动词“饮”的后面；而“到黄河、渭河”是介宾结构作状语，放在“喝”的前面，这起码告诉我们介宾结构在翻译时，我们应该灵活地这样转化和处理。此外“河”在古代专指黄河，不是泛指一般的河流。第七句

“北饮大泽”是说“到北边去喝大湖的水”，“北”讲成“到北边”，显然是方位名词做状语；而“大泽”不可能是“饮”的宾语，也讲不通，只能是“北饮于大泽”，“于大泽”是介宾结构做补语，“于”是省略了的。第九句“道渴而死”，“道”本义为“道路”为名词，讲成“在道路上”就成了“渴而死”的状语，可判断其用法为名词作状语；而“渴而死”中“渴”和“死”是两个明显有先后的动词，中间用“而”连接，表顺承的关系。由此可见，虽然熟悉得不能再熟悉的故事，看似简单的文言语句，但是仔细研究其中的字、词、句，对我们文言知识的积累有很重要的意义，而如果不细致地做这件事，我们就少了一次搞清楚相关知识点的机会，长此以往，危害大矣！

其次，要做好翻译，真正理解文意，就需要懂一些词法、句法。在课堂教学中，老师们往往把这些作为很重要的内容进行讲解，为我们的学习提供了极大的便利；但我们也要有所侧重地钻研一些与现代汉语差别较大的词法、句法。如实词部分，我们要重点搞清楚古今异义、通假字、词类活用、偏义复词以及一些重点词的一词多义现象，如学习《曲突徙薪》，文中有多达6处的通假字：“不”通“否”，“嘿”通“默”，“息”通“熄”，“乡”通“向”，“亡”通“无”，“寤”通“悟”……没有这样的词法知识，翻译这段文字肯定困难重重。句式方面，我们要重点把握与现代汉语差别较大的特殊句式：判断句、被动句、倒装句、省略句以及一些特殊的固定句式，如学习《逍遥游》中“天之苍苍，其正色耶，其远而无所至极耶？”其中“其……其……？”为典型的选择疑问句句式，只有不断的积累，才能正确翻译。可以说文言文翻译没有这些词法、句法做基础，我们将寸步难行。

因此，我们可以说文言文的翻译是我们理解文意的基础，就像建高楼的地基，这块弄踏实了，高楼才建得起来，字句理顺了，文意才能把握得好，万万不可依靠翻译书来学文言文，也不能走马观花，满足于大意的了解，必须沉下心来，细细钻研和品味，才会“熟能生巧”。

（二）“理解文意”要辨清文意层次，由局部到整体，整体到局部，认识更科学

我在辅导高三学生进行文言复习时，遭遇到这样的问题：

1. 学生学过的文言文，对重点段落中的语句，大致能翻译了，但语句与语句之间有什么关系，这些语句真正想表达什么意思，一问学生就茫然，这是为什么？如就《烛之武退秦师》中的第二段文字，我用下题考查：

用原文语句，将下面一段分析文字补充完整。

烛之武在与秦伯的谈话中，首先以“越国以鄙远，君知其难也”说明__________，又以“邻之厚，君之薄也”说明晋__________；继而又分析了存郑对秦有益无害，接着以“许君焦、瑕，朝济而夕设版焉”的事实说明__________；最后得出亡郑是“__________”的结论，最终打动了秦伯。

我给的原文句子，学生都会翻译，但他们不知道烛之武说这些想干嘛，因而也不能很好地作答。其实这道题的考查目的很清楚——看你是否理解这段的文义。而烛之武说这段文字的意图非常明显：说退秦师。为了达到这个目的，势必要说明秦灭亡郑不合适在以下几点：①跨越晋国难以统治郑国，但晋国很方便；②秦国土地实质上并未增加，但晋国却实实在在扩大了，秦国可与晋抗衡的实力削弱了；③晋国不守信用，并不真心与秦合作；所以秦亡郑其实不利已而利晋，比存郑的危害实在是大多了。把握了这样的思路、层次，不管是回原文找关键的句子，还是这些句子说明什么，应该是不难的。

2. 学习过的、曾经背诵过的文言名篇、名段，复习起来犹如新学，文字散一些的文章，背诵起来更是难上加难，我曾经以为是他们翻译不过关，但学生却愿意翻译一遍，而难以流畅地背诵，这又是为什么？如《游褒禅山记》第二、三段文字：

其下平旷，有泉侧出，而记游者甚众，——所谓[前洞]也。‖由山以上五六里，有穴窈然，入之甚寒，问其深，则其好游者不能穷也，——谓之[后洞]。‖余与四人拥火以[入]，入之愈深，其进愈难，而其见愈奇。有怠而欲出者，曰：“不出，火且尽。”遂与之俱[出]。‖盖余所至，比好游者尚不能十一，然视其左右，来而记之者已少。盖其又深，则其至又加少矣。‖方是时，余之力尚足以入，火尚足以明也。既其出，则或咎其欲出者，而余亦悔其随之而不得极夫游之乐也。

于是余有叹焉。古人之观于天地、山川、草木、虫鱼、鸟兽，往往有得，[以其求思之深而无不在也。]‖夫夷以近，则游者众；险以远，则至者少。而世之奇伟、瑰怪、非常之观，常在于险远，而人之所罕至焉，故非[有志]者不能至也。‖[有志]矣，不随以止也，然[力]不足者，亦不能至也。‖[有志与力]，而又不随以怠，至于幽暗昏惑而无[物]以相之，亦不能至也。‖然[力足以至]焉，于人为可讥，而在己为有悔；[尽吾志]也而不能至者，可以无悔矣，其孰能讥之乎？此余之所得也。

这两段文字被学生叁为“高考篇目难背之最”，我们的学生底子本来就弱，再加上“难度之最”，有的班级背默了三五遍，效果依然不理想。出现这样的情况，与学生们长期片面地以为“理解文意”就是会翻译不无关系，当他们把目光集中在语句的翻译上时，“只见树木，不见森林”，更不知道这片林子有几条路，该怎么走，才能变换位置来看清整片森林。而我认为他们是不理解文意，所以做好了充分准备，在会翻译的基础上，充分入境。

第二段先是写前洞，其特点是平旷、有泉、记游者甚众；再写后洞，其特点是窈然、甚寒、深（好游者不能穷）；再写游后洞的过程“入”（抓住三“愈”）→“出”（“怠”、与之）；然后写自己的反思①“余所至”与“好游者”“来而记之者”比较，得出“盖其又深，则其至又加少矣”的认识。②自己条件：余之力尚足、火尚足以明，但结果与之相反（一“咎”一“悔”）。所以，这段文字主要写游前后洞及反思。

第三段应该先是联想到“古人有得”，得到“以其求思之深而无不在也”的结论；再联想夷、近之地游者众，而险、远之地至者少的现象，得到“有志”的结论1；再深入下去，得到“有志还要有力”的结论2；再次深入下去，得到“有志有力还要外物的帮助”的结论3；最后回归最基本条件“力足以至”，提出自己的看法“尽吾志”，写作者对游山的感叹。

然后，当你走出这两段文字，作者是写游山但更重要的是寄托了作者对人生的深刻理解。再读这些文字，你会觉得每一段文字都很重要，就连写前洞的文字，你也会理解它是为后文与后洞比较得出感悟而存在的。如果进行层次的梳理，我们对文意的理解是不是更科学合理呢？

所以，我认为“理解文意”，还必须辨清文意层次，做到收放自如，这才是符合人的认知规律和科学理解的。

（三）“理解文意”要关注作者的情感、意图，这样文意才能活起来，才能更有味道

是的，没有味道的东西，我们不爱吃；那么文言文如果不能读活，没滋没味的，学习者又怎么可能持之以恒地钻研下去呢？好在我们所学的经典篇目，除了写人、写事、写物、写景外，总是饱含了作者的深情或闪光的智慧，他们是用这些给我们诉说着，与我们沟通着。所以，我们要善于发掘一切可借助的文言文信息，充分把握作者的情感，让作者的灵魂复活。

1. 知人论世，叫学生在了解作者生平的基础上，揣测作者的感情

我们带学生学习王安石的《游褒禅山记》，如果了解他在政治方面致

力于变法，遭受了很多的困难和挫折，你就不难理解他为什么在文中重点写到游后洞的经历“入之愈深，其进愈奇，而其见愈奇”，然后认为“世之奇伟、瑰怪、非常之观常在于险远，而人之所罕至焉”，经过反复的思索，终于认识到“尽吾志也而不能至者，可以无悔也”。这样，我们仿佛体会到游山的艰辛，体验了作者的所思所感，文中所说，也仿佛是咱自个儿的事了。

2. 善于抓住文中的情感字眼，明确作者表情达意及意图

很多经典的文章都是以一两个字眼，传递给我们深厚的情感。《兰亭集序》中“信可乐也”，用一“乐”字，写尽兰亭聚会的快乐；又以“岂不痛哉”，一“痛”字，表达了作者对人生短暂、生死无常的感叹；更有《滕王阁序》中，作者因为“四美具，二难并”而“遥襟甫畅，逸兴遄飞”，又因为人生的遭际而“兴尽悲来”……抓住这些字眼，作者的表情达意及叙述描绘的意图就明确多了。

3. 品味作者对人、事、物、景的描摹，体悟作者的感情

文言文中人、事、物、景往往经过一定的艺术加工，以鲜明的特征展现在读者的面前，我们只要抓住这些特征，便可体悟作者的情感。陶渊明的《归去来兮辞》中，就用了非常有特征性的景物来表达自己的心声：“三径就荒，松菊犹存”，用“松菊”的高洁尚存，写出了保留自己高洁个性的庆幸；“云无心以出岫，鸟倦飞而知还”，写出大自然中万物悠闲自在、无拘无束的真实生命状态，表达作者归隐田园的生活理想；又以“木欣欣以向荣，泉涓涓而始流”，写出春天草木茂盛、山泉始流的自然蓬勃之气，表达作者归隐田园的快乐。

当然，还有更多的方法可以帮助我们把握作者的情感，让平面的文字鲜活起来，帮我们真正品出文言文的韵味。我认为这就是读文言文并理解其文意的主要目的。

三、结语

不管现在还是将来，学习文言文都可以提高我们的审美能力，完善人格修养；还可以积累写作素材，提高写作能力；更可以感受古人的人格魅力，陶冶我们的情操；还可以感知民族的文化底蕴，提升人文素养……一篇篇精美的文章，就是一笔笔丰厚的精神文化财富。

请用正确而理智的办法叩开这扇财富之门——“理解文意”不能仅仅等同于翻译，它更是一种人文情感的升华。

教师要在教育这片神奇的天地里引领着学生学会和古人对话，同今人畅谈，向自然发问，思接千载，视通万里……

在行走、阅读、作文中领略自己的诗意人生。

教学不仅仅是“告诉”

——谈语文课堂教学的有效性

北京市航天中学　曹瑞波

近年来，考试文化愈来愈增加了学生学习的功利性。语文学科特点决定了语文素养的提高主要靠十几年的积累，而高考语文成绩得高分不易，考分差距也不是很大，加之其他原因，在很多学生眼中，语文课逐渐成了可有可无的课。如何改变现状，让学生重新热爱这门学科，这是摆在当前语文教学工作者面前的一个难题。

《普通高中语文课程标准》在教学“实施建议”中明确提出：语文课程具有丰富的人文内涵和很强的实践性，应该重视语文的熏陶感染作用和教学内容的价值取向，尊重学生在学习过程中的独特体验。作为坚守在语文教学一线的老师，我认为语文课不仅仅是“告诉”，教师的责任应该是点燃学生们尚未燃起的火把，激发学生探索、思考、研究的欲望，使学生真正体会到自己探索、学习成功后的喜悦，而不是老师“告诉”后的结果。因此，需要老师在提高课堂教学的有效性上下功夫。

教学有效性就是在教学活动中，教师采用各种方式和手段，用最少的时间、最小的精力取得尽可能多的教学成果，学生获得最大限度的进步和发展。那么到底如何提高课堂教学的有效性呢？

一、教学程序的有序、高效

首要，准确定位“领着学生学什么”，否则根本谈不上“怎么教”的问题。教师教学的价值取向取决于教师的深入阅读，从教材中钻研出自己的思维成果才是有效教学的根本。教学目标要与课文本身的亮点结合起来。教学目标一旦确立后，要有意识地把这个目标分解成几个高质量的问题或话题。为了实现目标要找好教学基点，基点即展开教学的一个着力点，引发学生思考的一个触发点。它可以是课文中的一句话，可以是一个形象，可以是文章的情节或主题，也可以是一个与课文有关的开放性话题。

教师备课若随意设计，则课堂练习活动组织无序、放任自流，想到什么讲什么，教学情节颠来倒去，教学活动松松垮垮，忽视基本知识和基本技能的培养和训练，课堂上看不见任何有效的操练活动，用一些显而易见的问题让学生分组讨论，表面是全体学生参与，讨论得热热闹闹，实则造成了教学时间流逝，教学目标流于形式。

把每一节课备好，深挖教材，精心设计，并严格执行。上课过程中竭力为学生创设一个探索、质疑、讨论、创造的平台，这就需要教师在考虑教学内容先后顺序上下功夫，想好怎样讲才能将本节课的教学内容更好地传达给学生，按照怎样的顺序讲才能更符合学生的知识结构和经验体验。例如，在杜甫《登高》一诗的教学中，一般教学设计时首联、颔联的写景句是依序放在前面来讲，由景而生情，再讲后面的“万里悲秋常作客，百年多病独登台”，叙述诗人远离故乡，长期漂泊，而暮年多病，举目无亲，秋季独自登高，不禁满怀愁绪。“艰难苦恨繁霜鬓，潦倒新停浊酒杯”尾联进一步写国势艰危，仕途坎坷，年迈和忧愁引得须发皆白；而因疾病缠身，新来戒酒，所以虽有万般愁绪，也无以排遣。如果从知人论世的角度讲杜甫专题，学生预先有了杜甫在“安史之乱”后的常年漂泊、居无定所、多病残生、忧国忧民的知识背景，然后直接介入颈联、尾联，学生能更准确地理解诗人的情感。回头再看首联、颔联的写景句中所创设的独特的意境，学生也就能顺理成章地完成诗歌鉴赏中的审美体验。

二、提出让学生有思考欲的问题，创造出活的课堂

教师在课堂上提出的问题要有价值、有梯度，能引起学生的思考欲，激活学生的脑细胞。最佳状态是全体学生都在积极思考、跃跃欲试地发表自己的见解，而且能回答出在这个年龄段孩子一般思考不出来的问题。《普通高中语文课程标准》指出：“语文课程必须根据学生身心发展和语文学习的特点，关注学生的个性差异和不同的学习需要，爱护学生的好奇心、求知欲，充分激发学生的主动意识和进取精神，积极倡导自主、合作、探究的学习方式。”“以问题为中心的学习”能为学生提供真实的情感体验。当学生面对某一问题情景时，这一特定的事物环境能够吸引并维持

学生在实践过程中探究的兴趣，促使他们积极地运用逆向思维、创造性思维去寻求解决问题的策略，从而成为积极主动的学习探索者。

所以教师在课堂中的提问一定是经过精心设计的，不能上来就是一个大问题，一棍子把学生打死，而是要善于分解问题，让中等偏差的学生也能参与到问题的思考和讨论中，使课堂真正活跃起来。笔者在进行《汉家寨》的教学时，对于学生很难理解的“坚守”这一主题设置了几个问题，如作者为什么选取“老汉”和“小女孩”？作者为什么要写老少两人的汉人服饰？“这女孩穿一身破红花棉袄，污黑的棉絮在肩上襟上”一句在文中有什么作用？分析文中“老汉”的形象……这些“小步距”问题富有激活性，能够积极引导学生谈看法、摆见解，给学生充分考虑的时间与遐想的空间，引导学生相互启发，寻求言之有理的见解。学生依靠教材和课后习题能很好地找到问题的答案，为学生对于文本、主旨等方面的深层和主动探究做了很好的铺垫。

三、情境性、交际性教学活动内容要具体，具有可操作性

语文课堂中教师的主导绝不是可有可无的，尊重学生的主体性必须以落实教师的主导性为前提。因为教师首先是课堂活动的组织者，同时又是课堂活动的引导者。学生的活动是在教师的指导和带动下进行的，而不是自由散漫，想做什么就做什么，教师服务到位，学生才能训练有素。所以教师在课堂教学中必须凭借自己对文本的独特体验、感悟、把握和可能高于学生的深刻见解对学生正确引导，通过开启思维、适时示范、精要点评、高效对话，真正践行“教师是学习活动的引导者”。教育家于漪认为：“讨论追求的境界，应是学生求知欲高涨，心灵得到解放，主动性、创造性被激发，同学对话、师生对话中观点碰撞，对文本的理解、领悟往纵深发展。语言表达做到有序、有物、有理、有情，启发心智，令人信服。”创造心理学研究表明，讨论、争论、辩论，有利于创造性思维的发展。但如果合作探究讨论沦为形式，只是追求表面的热闹，而不考虑学生的实际活动效果，那对课堂教学有效性的影响将是致命的。因为学生才是学习的主体，他们在活动中“习得”多少，才是评价课堂有效性的标准。一堂课内，合作学习什么内容，在什么时间段内安排合作讨论，小组长、中心发言人、记录员、汇报都分别是谁，这些事情教师课前都要做到心中有数，并安排到位，合作活动才能真正收到实效。

从语文教师除了认真倾听，做启发性的总结发言，还要对有创新性的发言给予赞扬性评价，对不能“自圆其说”的意见指出其不足，甚至有时可以让各种意见并存、互相启发。引导学生的思考逐步深入文本。例如，在讲《故都的秋》时，作者描绘了五幅秋景图，可以请学生找出相应的段落，用简洁的语言进行概括。在课堂上可给学生少许时间（5 分钟左右）整理一下思路，学生之间分组讨论、交流、补充、订正，相互答疑，老师从旁予以纠正。采用分组讨论、合作交流的学习方法来突破教学目标。心理学家认为，合作与交流，可以使学生的大脑活跃，有利于互相启发，能够调动学生的积极性，开启学生的探究思维。通过学生的自主活动，有效地实现教学目标。

四、考虑学生实际情况和授课内容，合理设计课堂作业

布置作业还要有层次性和选择性。作业要推荐和课文相关的课外阅读书目。针对语文元素的教学目标设计延伸训练，让语文基础不同的学生选做自己力所能及的作业。无论何时何地，语文教学的重心显然应该下移到基础薄弱的学生身上。除了“自选作业”外，还要鼓励学生“自设作业（自己命题）”“合作作业”“我的疑问”“与老师对话”。训练是语文教学促进学生能力发展的基本手段，是语文课堂教学的基本活动。训练，不是一般的练习，布置作业让学生做并不等于训练，课堂提问让学生阅读、讨论、答问也不等于训练。语文能力的达成和语文素养的提高，自始至终都离不开训练。由于课堂讨论的时间有限，学生很多个人的看法、见解未能陈述，要让每个学生通过作业都得到不同程度的发展，就要根据学生的实际，把握作业的难度，设置不同的梯度。有时担心教学任务完成不了，就照本宣科地布置课后练习题，这样做就失去了作业的实际意义；为了体现自主探究的精神，把课堂作业难度设计在负偏态的难度分布状态，如果超出学生认知的“最近发展区”，会使绝大多数同学失去自我发展的机会和学习的信心；或是作业编制没有梯度，没有考量学生的差异性，致使作业有效性大幅降低。例如，《故都的秋》的作业做了如下设计：根据本文的内容，按照《天净沙·秋思》的词格，填一首词。这次作业的设计意图除了进一步复习了词的常识，在仿写的过程中让学生更深刻地把握作者的情感，同时也锻炼了概括能力，加深了他们的审美体验。

五、发挥现代教育技术的优势，浓缩教学信息，完成大容量的教学目标

教育心理学研究表明，人获取的外界信息中，83% 来自视觉，11% 来自听觉，3.5% 来自嗅觉，1.5% 来自触觉，1% 来自味觉，显然增加视觉、

听觉信息量是多获取信息最可取的方法，而计算机多媒体教育在这一方面具有得天独厚的条件。例如，在讲诗歌《再别康桥》时，配上古筝的背景音乐去范读，学生可以更好地理解“新月派”诗歌的音乐美、图画美、建筑美。在《鸿门宴》中，“项伯即入见沛公，沛公奉卮酒为寿，约为婚姻”。讲到“奉”古文字字形的演变发展时，可以把不同时期字形在计算机上用图片的方式展示给学生，使学生理解了“奉”在古文中就是两手恭敬地捧着，从而理解它的引申义。在阅读拓展教学中，让学生审完题老师讲完写法后，如果学生的习作能够当堂展示、当堂批改，教学效果会更理想。在讲《汉家寨》时，抓住文中的“倔强”一词，探讨作者身在国外时所坚持的和反抗的东西。引入背景资料：1989 年至 1992 年秋，张承志在日本和加拿大“漂泊”了两年。而这两年异国生活，不是观光访问，也不是讲学研究，而是实实在在的生活，为生存而打工，或忙于写作，或忙于为餐馆洗碗。正是这种沉潜深入而不是浮光掠影式的生活，让他更为真切地感受到了“中国所面临的危险形势”。西方世界（包括日本）对第三世界国家的人（包括中国人）的文化偏见和歧视，中国所面对的文化危机，这些进一步刺激强化了他的文化民族主义认同观。最后明确：在异族文化的包围和入侵中坚守民族信仰（回民身份），坚守中华民族的文化。由于使用了多媒体组合课件，浓缩了教学信息，在一课时里完成了预订的教学目标，将原来需要老师描绘讲解的内容通过教学课件浓缩呈现了，把时间留给学生思考，老师起到引导作用，学生是在积极状态下的积极思考，“教”“不教”达到了和谐的统一。这样的语文课不再是一本书、一支粉笔、一张试卷了，通过计算机将学生的“苦读”变成“乐学”。

综上所述，语文有效教学的最终目的是提高学生的整体语文素养。语文课堂不能太庸俗，语文课堂不能太功利，语文课必须是纯粹的语文课。学生的语文知识、文化、文学、审美、情感和思想、人文素养等等都获得了“成长”，培养了学生终身受益的语文素养。记得有位前辈这样说：只要我们的课堂能在有限的时间内获取尽可能大的教学效益，这样的课堂就应该是最有效的课堂。

鞠躬尽瘁，问心无愧。

写熟悉的生活，学身边的榜样

北京市航天中学 张志芳

笔者学习了“北京教育丛书”刘雪倩的《教学生在生活中作文》，了解作者在作文教学中一些成熟的想法和成功的做法，意识到自身在作文教学中的一些想法和做法与作者相近，也取得了较好的效果。

一、作文的主题选择贴近学生生活，留住他们的成长足迹

笔者在作文教学中要求学生写自己的家人、朋友、老师和同学等，写自己的校园，写发生在自己身边的事，并在班上交流，希望学生热爱生活，相互学习。在作文教学中，所用的训练载体来自师生共同体验的现实生活，易于“点燃起学生心灵的火堆”（苏霍姆林斯基）。

（一）回忆童年，留下美好的记忆

学生升入初中第一篇作文，让学生写“童年的回忆”，一方面，让学生梳理过去的生活，体会生活的美好；另一方面，老师可以了解一下学生的思想感情、生活经历。另外，通过作文交流，增进与学生的相互了解。

（二）升入中学，感受新生活的美好

学生升入初中半个月之后，对初中生活有了初步的体验，就可以写初中生活了。于是提出下面的作文要求：“升入中学，来到了新学校，看到了新校舍，认识了新同学，你一定别有一番感受。拿起你的笔，写写你看到的、听到的和想到的。”

学校建筑宏伟，结构独特；校园草木众多，环境优美；校舍进行了维修、美化；老师态度亲切，同学热情大方……这些美好的方面都让细心的同学捕捉到了，并从学生笔端流露出来。在作文交流时，即使那些粗心的

同学也能感受到新生活是这般得美好！

（三）短暂回眸，体会处世的方法

在初中生活一段时间之后，师生之间、同学之间会发生一些小故事，这便成了写作的好素材，于是提出作文要求：升入中学后，你一定认识了许多新老师、新同学，一定遇到了一些新鲜事，请你选择其中一件事，写一篇作文。学生或认识到冤枉同学了，或体会到误解老师了；或感受到同学的宽容，或感悟到老师的爱心。回顾过去，能让学生吸取经验，接受教训，走向成熟。

（四）认识他人，感悟为人的道理

通过一个学期的相处，对中学的老师、同学有了一定的了解，这时可以让学生以中学的老师、同学为写作对象写一篇记叙文。学生能写出同学的宽容大度、聪明好学、团结友爱等特点，能发现老师的认真负责、温柔和蔼、乐于奉献等特点。学生在品味这些人类优秀品质的同时，无疑会潜移默化地受到影响。

二、分析学情，关注个性，依据不同特点而写作

笔者作文教学是考虑学生的心理发展规律和个体差异的。刘雪倩认为，学生的个性、年龄、阅历、所处的环境、学习态度、学习习惯、思想认识水平、写作水平、写作的心理准备等各不相同，只有充分了解学生的方方面面，教师才有可能做到孔子所倡导的因材施教。

初一年级的学生以形象思维为主，他们所学的主要是记叙文，所以初中一年级作文训练以记叙文为主。到了初二，作文训练以议论文为主。现在的孩子，大多是独生子女，在大人身边长大，从小和大人交流得多，听大人谈论的时候多，语言能力、思维能力较强，也敢于表达自己的看法，所以从初二起进行议论文写作训练是符合实际的。但同样是初二的学生，他们的知识水平、思维能力还是存在差异的，在教学中，要考虑用一定难度的教学来促进学生智力的发展，也不能忽视了学生心理发展的差异。初二阶段的女生，大多数还是以形象思维为主，大多数男生虽然有一定的逻辑思维能力，有表达自己想法的愿望，但缺乏写议论文的材料。针对这种情况，在初二下学期，笔者采用自主选择文体进行作文训练的教学形式。为了保证每个学生知识的衔接，每次作文，笔者都按照教材作文训练的顺序，让所有的学生学习“导写”和“例文”，然后补充记叙文训练题目及要求，如《________心事》《________风波》《________风景》《________的我（爸爸、妈妈）》《合作》《我学会了________》等。学生根据自己的意愿或书后的要求写议论文，也可按以上题目写记叙文。讲评作文时以议论文为主，兼顾记叙文。这样，学生能找到自己的最佳训练点，又在潜移默化地接受其他文体的训练。每次作文都是多个命题、多种文体并存，作文讲评也便于扩展思维，有利于学生写作能力的提高。

三、发挥学生主体作用，激励学生自由快乐地写作

现代教学论从以人为本的思想出发，呼唤人的主体性在教育中的充分发挥，强调教学过程中活动、交往对学生发展的重要价值，重视面向全体学生，考虑学生个别差异。作文教学也应重视全体学生，考虑学生的个别差异，充分发挥学生的主体作用。笔者在这方面做了些尝试，在注重作文的讲评同时采取激励机制，取得了较好的效果。

（一）激发学习动机

在作文教学中，笔者力求使每个学生感到自己被重视，所以将教师评改和学生互评结合起来。每次作文后，首先将学生的作文逐一评改，然后在作文讲评课上做一个总的讲评，之后，逐一读学生的作文，请举手要求发言的学生评作文，回答发言学生提出的问题。评作文的学生之间也可以就对方的观点发表自己的看法。如果学生评得不到位，笔者做适当的补充。最后学生修改作文。这种作文讲评形式，不仅可以让学生互相学习，取长补短，尤其给了写作者和讲评者一个展示自己的平台。为了作文讲评的那几分钟，每次作文，没有一个学生不认真写作。在作文讲评的时候，每个学生都很活跃，学生的表现欲得到了极大满足。

（二）给予成功的体验

学生自信心和自尊心的培养与教师的态度有很大的关系。对“受忽视型”的学生，笔者给予更多的关注，并且在课堂上经常采取鼓励、表扬的方式和学生交流，从而使学生在情感上具有了认同感，体验到成功的滋味，因而愿意并积极参与课堂教学，自信心和自尊心也随之增强。

有位学生成绩差，常误作业，说话不利落，老师和家长对他的评价都不高。在他的周记里面，在他的评价手册上，跟他的家长交流时，我总借各种机会提他的优点，并表示我喜欢他。有一篇周记，他写道，因为他的父母总是将他和他的姐姐比较，总是夸他的姐姐有多好，他不服气，有一晚，他暗中和他姐姐较劲儿，看谁学习时间长，他硬是坚持到他姐姐熄灯了，这时，四周楼房里还亮着灯的已没有几家了，他赢了。这篇周记心理描写非常细腻。我在班上读了这篇周记，称赞这篇文章写得好，同时也赞扬了他这种不服输的劲儿。自此，他每次作文都非常认真，初一两次期末

考试作文写得都很好。他在初一时的考试作文《感激》中运用了对比手法、细节描写，选材真实感人，中心明确。他由进初中时只能写出像故事梗概似的作文到这个水平，可见他的进步之快。

笔者特意将这篇作文打出来，作为好作文在班上展示，让学生评议。没想到学生尽挑作文的不足，他急得为自己的作文辩护，我最后指出了作文的优点，他听得笑逐颜开。就在这种评议中，他感到了成功的喜悦。

（三）树立身边的榜样

大多数学生都希望通过自己的努力写出优秀的作文，苦于能力有限。书上有例文，还能从课外读物中找到好作文，但学生读起来有距离感，对自己写作启发作用小。若写的是大家熟悉的人或事，且是同班同学的作文，学生学习起来亲切且感兴趣。笔者在讲评描写中学里的新老师、新同学的作文时，学生兴致颇高，甚至下了课还反复要求“再读一篇”。这类作文老师讲起来也非常容易，因为学生对文中人物非常熟悉，老师讲什么人刻画得准确、具体，什么人刻画得不够鲜明，学生能产生共鸣。例如，一个学生写第一次见到班主任就感受到老师的霸气，写得活灵活现，同时具体传神地刻画了“我”的畏惧心理，侧面烘托老师的霸气，学生在听这篇作文时没有一个提出异议。由于听的是身边同学写的作文，学生有信心赶超，修改过的作文中能产生新的好作文。

总之，作文教学依据学生身心发展的规律安排作文，在生活中作文，树立身边的榜样，在“命题—指导—批改—讲评”每一个教学环节中，激发学生的写作兴趣，充分调动学生的参与意识，就能获得较好的教学效果。

参考资料

[1] 皮连生. 学与教的心理学［M］. 上海：华东师范大学出版社，2009.
[2] 丛立新. 课程改革的教学支持研究［M］. 北京：教育科学出版社，2007.
[3] 课程教材研究所. 课程改革整体论［M］. 北京：人民教育出版社，2003.
[4] 刘雪倩. 教学生在生活中作文［M］. 北京：北京教育出版社，2004.

我愿意用最真诚的心传递最闪闪发光的爱！

利用导数求函数的单调区间——分类讨论①

北京市航天中学　车永慧

一、教学背景分析

（一）知识背景分析

导数是研究函数性质的强有力的工具，而函数的单调性又是研究函数的极值、最值、恒成立、存在性问题的关键。导数的考查多数位于北京高考的第18题，凸显学生的数学能力，是高考的重点和难点，也是学生学习和得分的一个难点。

（二）学生困难分析

学生用导数求函数的单调区间最困难的就是对参数进行分类讨论，尽管学生有分类讨论的意识，但找不到分类讨论的标准，不能全面、准确地分类，甚至有一些学生根本找不到分类的方向，一通乱分，高三第一学期期末区统考导数大题班级平均分只有5.25分，也就是说同学们只能拿到第一问的分数，第二问得分甚少。

（三）原教学方法分析

原来的教学方法是老师领着学生求解每一个题，然后帮助学生总结规律。尽管费了很大的力，感到学生都听明白了，但是一到学生自己去独立解一道新题，仍有一多半的学生无从下手。我和学生交流并了解原因，学生说：老师您分析得很好，我们跟着您都能听懂，但是我们没有形成自己

---

① 北京市第六届“京研杯”教育教学研究成果征文。

的想法，一遇到分类讨论的题单独做还是不会，说白了还是没有理解分类讨论的本质。

（四）新的教学方法

改变老师讲、老师总结、学生听的办法，变成师生对话交流，在问题的引导下，让知识间的联系在学生的头脑形成脉络，重新整合学生原来曾经解过的典型题目，由浅入深、层层递进，让学生亲历解题过程和思考过程，总结分类讨论的本质、标准和依据，让学生形成自己的解题思路和解题套路，因为我们学生的基础较差，必须给他们一个可操作的分类流程，但是也不能将想法强加于学生，必须要让学生理解分类讨论的本质，数学因为有了理解才能变得简单。

二、教学过程分析

（一）教学目标

1. 知识目标：在求函数单调区间问题中会对所含参数进行分类讨论。

2. 能力目标：培养学生思维的严密性，提高灵活正确地运用分类讨论和数形结合等思想讨论单调性问题的能力。

3. 情感态度与价值观目标：引导学生探究分类讨论的本质，培养学生勇于探索的精神，激发学生的积极性。

（二）教学重点

利用导数求单调区间的分类讨论

（三）教学难点

求单调区间分类讨论标准的确定

（四）教学方法

学生讨论和教师启发引导相结合

（五）教学过程分析

导数是研究函数性质强有力的工具，而函数的单调性又是研究函数的极值、最值、恒成立、存在性问题的关键。用导数求函数的单调区间最困难的就是对参数进行分类讨论，尽管学生有分类讨论的意识，但找不到分类讨论的标准，不能全面、准确分类，甚至有一些学生根本找不到分类的方向，乱分一通，所以今天将做过的题目重新梳理，我们共同探讨分类讨论的本质。

师：利用导数求函数单调区间的步骤？

生：①写定义域；②求导数；③解不等式；④写单调区间（注意定义域）。

师：这四个步骤中的难点是什么？

生：解不等式。

师：同学们在解不等式时，先看什么？

生：判断是什么不等式。

师：我们经常求解的不等式类型主要有哪些？

生：一元一次不等式和一元二次不等式。

师：思考求解一元一次不等式 $kx+b>0$，你会考虑什么？

生：若 $k>0$，则 $x>-\frac{b}{k}$；若 $k<0$，则 $x<-\frac{b}{k}$。

师：若去掉“一元一次”四个字，你还要想到什么？

生：除以上两种情况，还要想到 $k=0$ 时，若 $b>0$，则不等式解集为 $\mathbf{R}$；若 $b\leqslant 0$，则不等式解集为 ϕ。

师：根据以上分析，你若遇到了 $kx+b>0$ 型不等式，如何求解？你有思路了吗？有分类讨论的标准了吗？

总结：分类讨论其实就像走路一样，我们每到一个岔路口就要做出一次抉择，也就是一次讨论，所以分类讨论是一级一级进行的，要明确讨论的级别。现在我们来看我们做过的两道题目。

例 求下列函数的单调区间：

(1) $f(x)=xe^{ax}$ (2) $f(x)=ax-\ln x$

设计意图：基于以上对一次型不等式的分析，学生基本确立了一次型不等式的分类标准，设计两个题目，都是一次型的，让学生亲自体验，形成自己的解题思路，其中第（2）题需要注意定义域，在第（1）题的基础上加了一个梯度。另外，在这里，要强化同学们画导函数草图的意识，正确灵活地运用数形结合的思想方法。

(1) 解：定义域 $(-\infty,+\infty)$

$f'(x)=e^{ax}+axe^{ax}=e^{ax}(ax+1)$ ……判断类型——一次型，讨论 a 与0的关系。

$\because e^{ax}>0$

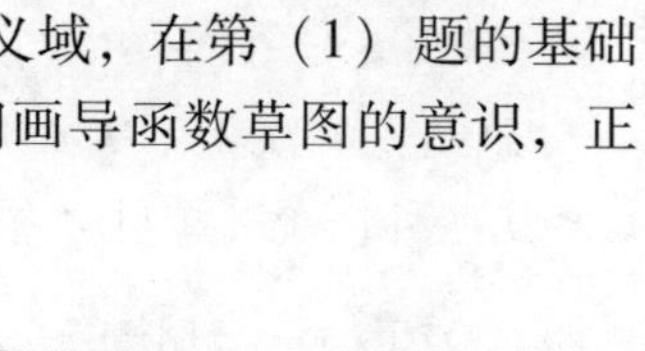

①当 $a=0$ 时，$f'(x)=1>0$，$\therefore f(x)$ 在 $(-\infty,+\infty)$ 单调递增。

②当 $a>0$ 时，由 $f'(x)>0$，解得：$x>-\frac{1}{a}$；

由 $f'(x)<0$，解得：$x<-\frac{1}{a}$；

∴ $f(x)$ 在 $(-\frac{1}{a}, +\infty)$ 单调递增；$f(x)$ 在 $(-\infty, -\frac{1}{a})$ 单调递减。

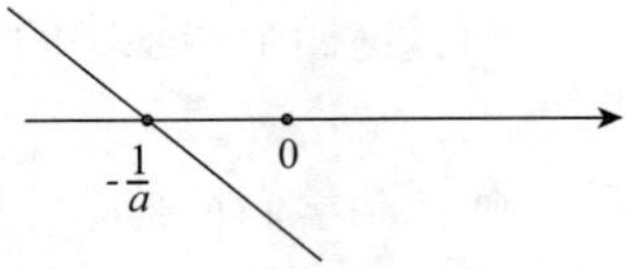

③当 $a < 0$ 时，由 $f'(x) > 0$，解得：$x < -\frac{1}{a}$；

由 $f'(x) < 0$，解得：$x > -\frac{1}{a}$；

∴ $f(x)$ 在 $(-\infty, -\frac{1}{a})$ 单调递增；$f(x)$ 在 $(-\frac{1}{a}, +\infty)$ 单调递减。

……画导数草图，帮助学生理解。

(2) 解：$f(x)$ 的定义域为 $(0, +\infty)$，且 $f'(x) = a - \frac{1}{x} = \frac{ax-1}{x}$

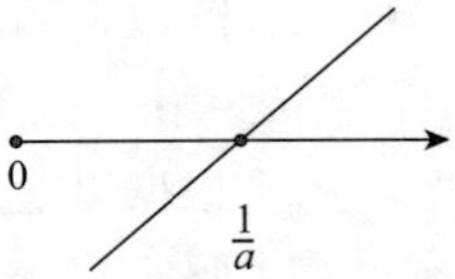

①当 $a > 0$ 时，由 $f'(x) > 0$，解得：$x > \frac{1}{a}$；

由 $f'(x) < 0$，解得：$0 < x < \frac{1}{a}$；……画导数草图，帮助学生理解，注意根与定义域的关系。

故 $f(x)$ 的单调增区间为 $(\frac{1}{a}, +\infty)$，单调减区间为 $(0, \frac{1}{a})$。

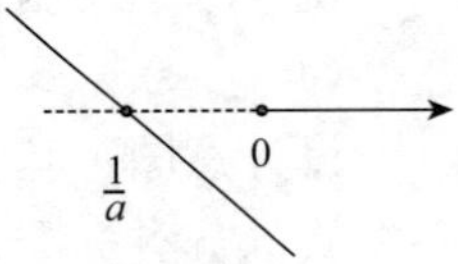

② 当 $a \leqslant 0$ 时，$f'(x) < 0$，故 $f(x)$ 在 $(0, +\infty)$ 上单调递减。

总结：一次型不等式 $kx+b$，讨论 k 与 0 的关系，分为：$k=0, k>0, k<0$ 三种情况，要注意根与定义域关系。

(3) $f(x) = 2\ln x + \frac{1}{2}ax^2 - (2a+1)x$

设计意图：在完成以上两个题目后，把这道题给学生，学生自然会按照利用导数讨论单调区间的步骤去操作，在判断不等式类型环节展开对二次型不等式分类标准的深入分析。

解：$f(x)$ 的定义域为 $(0, +\infty)$，

$f'(x) = \frac{2}{x} + ax - (2a+1) = \frac{ax^2-(2a+1)x+2}{x}$ ……强调通分、按 x 的降幂排列的重要性。

师：这道题你来做，到这一步你应该有怎样的思考？

生：判断不等式的类型。

师：这是什么类型的不等式?

生：一元二次不等式。(老师可不点破，暂且这样认为)

问题：我们求解一元二次不等式的步骤是什么？请同学们互相讨论，我们一起总结交流。

表1　解一元二次不等式的步骤

	$\Delta>0$	$\Delta=0$	$\Delta<0$
$a>0$	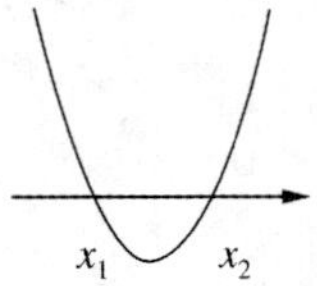 $ax^2+bx+c>0 \Rightarrow x<x_1$ 或 $x>x_2$；$ax^2+bx+c<0 \Rightarrow x_1<x<x_2$	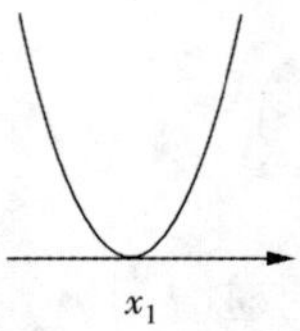 $ax^2+bx+c>0 \Rightarrow x \neq x_1$ $ax^2+bx+c<0 \Rightarrow \phi$	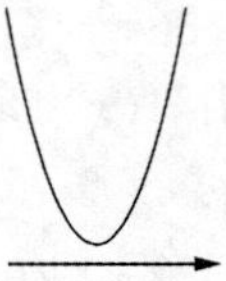 $ax^2+bx+c>0 \Rightarrow x \in \mathbf{R}$ $ax^2+bx+c<0 \Rightarrow \phi$
$a<0$	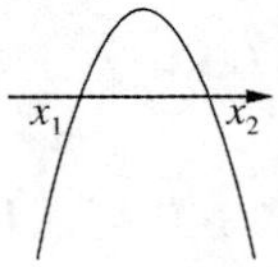 $ax^2+bx+c>0 \Rightarrow x_1<x<x_2$；$ax^2+bx+c<0 \Rightarrow x<x_1$ 或 $x>x_2$	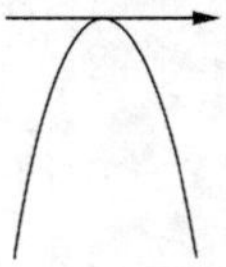 $ax^2+bx+c>0 \Rightarrow \phi$ $ax^2+bx+c<0 \Rightarrow x \neq x_1$	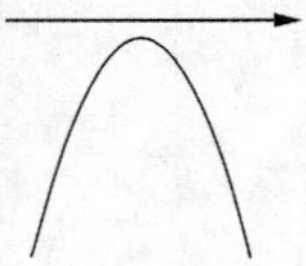 $ax^2+bx+c>0 \Rightarrow \phi$ $ax^2+bx+c<0 \Rightarrow x \in \mathbf{R}$

总结：求解一元二次不等式要“三看”：先看 a（开口），再看 Δ（图象与轴交点），最后看两根大小。

师：$ax^2+bx+c>0$ 一定是一元二次不等式吗？你们又默认了什么条件?

生：我们默认了 $a\neq 0$，忽略了 $a=0$。

师：若 $a=0$ 该如何求解呢?

生：若 $a=0$，则按一次型讨论即可。

师：我们在求解一元二次不等式的时候，是每一次都要计算判别式吗?

生：不是，如果可以因式分解，都能直接求出方程的根了，就不用看求判别式了，因为此时 $\Delta\geqslant 0$。

师：非常好！那我们现在重新审视第（3）题。

$$f'(x) = \frac{2}{x} + ax - (2a+1) = \frac{ax^2 - (2a+1)x + 2}{x} = \frac{(x-2)(ax-1)}{x}$$

① 当 $a = 0$ 时，$f'(x) = \frac{-(x-2)}{x}$

由 $f'(x) > 0$，解得：$0 < x < 2$；由 $f'(x) < 0$，解得：$x > 2$

$\therefore f(x)$ 在 $(0,2)$ 单调递增；$f(x)$ 在 $(2, +\infty)$ 单调递减。

②当 $a < 0$ 时，令 $f'(x) = 0$，解得：$x = 2$ 或 $x = \frac{1}{a} < 0$ ……注意开口向下。

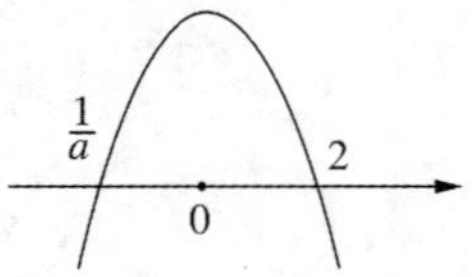

由 $f'(x) > 0$，解得：$0 < x < 2$；由 $f'(x) < 0$，解得：$x > 2$；

$\therefore f(x)$ 在 $(0,2)$ 单调递增；$f(x)$ 在 $(2, +\infty)$ 单调递减。

③当 $a > 0$ 时，令 $f'(x) = 0$，解得：$x = 2$ 或 $x = \frac{1}{a} > 0$ ……比较两根大小，二级讨论。

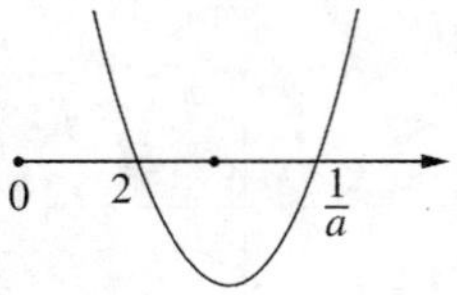

当 $\frac{1}{a} > 2$ 时，即 $0 < a < \frac{1}{2}$ 时，由 $f'(x) > 0$ 得 $0 < x < 2$ 或 $x > \frac{1}{a}$；由 $f'(x) < 0$ 得 $2 < x < \frac{1}{a}$；$\therefore f(x)$ 的单调增区间是 $(0, 2)$ 和 $(\frac{1}{a}, +\infty)$，$f(x)$ 的单调减区间是 $(2, \frac{1}{a})$。

当 $\frac{1}{a} = 2$ 即 $a = \frac{1}{2}$ 时，$f'(x) \geqslant 0$ 在 $(0, +\infty)$ 上恒成立；$\therefore f(x)$ 在 $(0, +\infty)$ 单调递增。

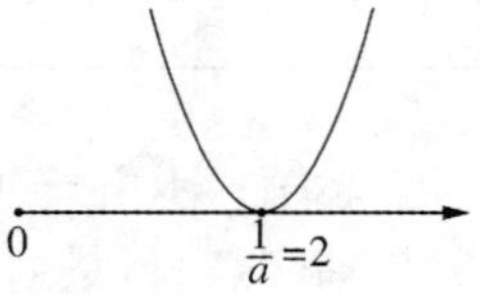

当 $\frac{1}{a} < 2$ 即 $a > \frac{1}{2}$ 时，由 $f'(x) > 0$ 得 $0 < x < \frac{1}{a}$ 或 $x > 2$；由 $f'(x) < 0$ 得 $\frac{1}{a} < x < 2$；$\therefore f(x)$ 的单调增区间是 $(0, \frac{1}{a})$ 和 $(2, +\infty)$，$f(x)$ 的单调减区间是 $(\frac{1}{a}, 2)$。

总结：不等式 $ax^2 + bx + c > 0$ 解集的分类讨论——三级分类：先看 a（开口），再看 Δ（与轴交点），最后看两根大小。若能因式分解，跳过判别式，直接看两根大小。利用图像直观求解不等式，渗透数形结合的思想。现附讨论流程。

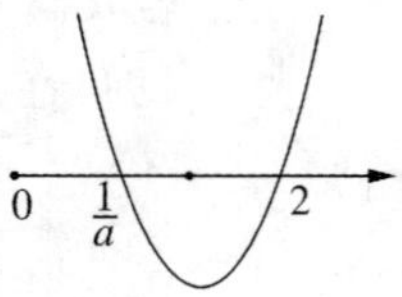

$$\begin{cases} a=0 \\ a>0\Rightarrow\begin{cases}\Delta\geqslant 0\Rightarrow\begin{cases}x_1>x_2\\x_1=x_2\\x_1<x_2\end{cases}\\ \Delta<0\end{cases} \\ a<0\Rightarrow\begin{cases}\Delta\geqslant 0\Rightarrow\begin{cases}x_1>x_2\\x_1=x_2\\x_1<x_2\end{cases}\\ \Delta<0\end{cases}\end{cases}$$

（4）（2010 北京理科高考题）已知函数 $f(x)=\ln(1+x)-x+\frac{k}{2}x^2$（$k\geqslant 0$）

①当 $k=2$，求曲线 $y=f(x)$ 在点 $[1,f(1)]$ 处的切线方程；

②求 $f(x)$ 的单调区间。

设计意图：①选用高考题，树立学生对自己归纳出的解题思路和解题方法的信心；

②定义域稍加变化，再次递进难度；

③变式：将 $k\geqslant 0$ 改为 $k\in\mathbf{R}$。

解：①当 $k=2$ 时，$f(x)=\ln(1+x)-x+x^2$，$f'(x)=\frac{1}{1+x}-1+2x$

由于 $f(1)=\ln 2$，$f'(1)=\frac{3}{2}$，

所以曲线 $y=f(x)$ 在点 $[1,f(1)]$ 处的切线方程为 $y-\ln 2=\frac{3}{2}(x-1)$。

即　$3x-2y+2\ln 2-3=0$

② $f(x)$ 的定义域为 $(-1,+\infty)$

$f'(x)=\frac{x(kx+k-1)}{1+x}$，$x\in(-1,+\infty)$

第一，当 $k=0$ 时，$f'(x)=-\frac{x}{1+x}$

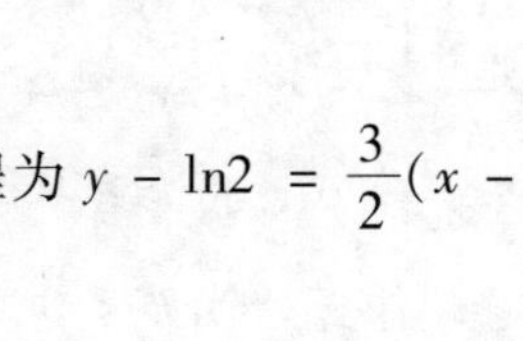

$f'(x)>0$，解得：$-1<x<0$；

由 $f'(x)<0$，解得：$x>0$；

$\therefore f(x)$ 的单调增区间是 $(-1,0)$，单调减区间是 $(0,+\infty)$

第二，当 $k \neq 0$ 时：令 $f'(x)=0$，解得：$x=0$ 或 $x=\dfrac{1-k}{k}$ ……比较两根大小，二级讨论。

当 $\dfrac{1-k}{k}>0$ 时，即 $0<k<1$ 时：

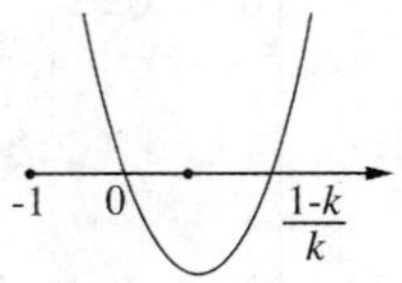

由 $f'(x)>0$，解得：$-1<x<0$ 或 $x>\dfrac{1-k}{k}$；

由 $f'(x)<0$，解得：$0<x<\dfrac{1-k}{k}$；

$\therefore f(x)$ 得单调递增区间是 $(-1,0)$ 和 $(\dfrac{1-k}{k},+\infty)$，单调递减区间是 $(0,\dfrac{1-k}{k})$；

当 $\dfrac{1-k}{k}=0$ 时：即 $k=1$ 时，$f'(x)=\dfrac{x^2}{1+x}\geqslant 0$；

$\therefore f(x)$ 得单调递增区间是 $(-1,+\infty)$；

当 $\dfrac{1-k}{k}<0$ 时，即 $k>1$ 时，而 $-1<\dfrac{1-k}{k}<0$：

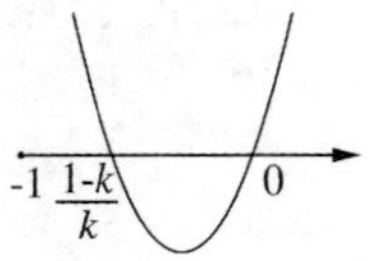

由 $f'(x)>0$ 解得：$-1<x<\dfrac{1-k}{k}$ 或 $x>0$；

由 $f'(x)<0$，解得：$\dfrac{1-k}{k}<x<0$；

$\therefore f(x)$ 得单调递增区间是 $(-1,\dfrac{1-k}{k})$ 和 $(0,+\infty)$，单调递减区间是 $(\dfrac{1-k}{k},0)$。

变式：将 $k\geqslant 0$ 改为 $k\in\mathbf{R}$，你还应做何讨论？

第三，当 $k<0$ 时，$\dfrac{1-k}{k}<-1$

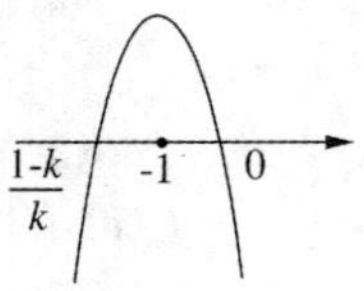

由 $f'(x)>0$ 解得：$-1<x<0$；由 $f'(x)<0$，解得：$x>0$；

$\therefore f(x)$ 得单调递增区间是 $(-1,0)$，单调递减区间是 $(0,+\infty)$。

课堂小结：

1. 利用导数求解单调区间的步骤：

写定义域；求导数；解不等式；写单调区间（注意定义域）。

2. 如何进行分类讨论

（1）先判断不等式类型。

（2）若是一次型不等式 $kx + b > 0$ ，讨论 k 与 0 的关系，分为 $k = 0$，$k > 0, k < 0$ 三种情况，要注意根与定义域关系。

（3）若是二次型不等式 $ax^2 + bx + c > 0$ 解集的分类讨论——三级分类：先看 a（开口），再看 Δ（与轴交点），最后看两根大小。若能因式分解，跳过判别式，直接看两根大小。利用图像直观求解不等式，有利于看根与定义域的关系，要很好地利用数形结合。

3. 需注意的细节

（1）求导后的分式一定要通分，不等式一定要按 x 的降幂顺序书写，以便判断不等式类型。

（2）分类讨论，将每一种情况标序号，同级同符号。

（3）为保证分类不重不漏，可以画数轴，检查参数的范围。

学什么不重要，快乐地学很重要；
教什么不重要，开心地教很重要。

对函数概念起始课的设计与思考①

北京市航天中学　郝丽霞

一、问题的提出

众所周知，函数是整个高中数学课程的一条主线，其思想贯穿整个高中数学内容，因此，函数的教学在整个数学教学中就显得尤其重要。

但在函数概念教学时，大多数的教师通常特别关注函数是由定义域、对应关系、值域三个要素组成的。在一项调查中有91.22%的高中教师把求函数的定义域、值域列入函数概念教学的重点，这样导致许多同学在对函数概念还未真正理解时就被定义域、值域等次要概念吸引过去。事实上，在中学阶段，一些基本函数解析式的定义域并不复杂，而函数定义域问题本质上是讨论解析式有意义的范围，绝大多数都是人为制造，没有实际意义，对于理解函数更是没有多大意义。

《普通高中数学课程标准》中明确提出：高中数学课程应该返璞归真，努力揭示数学概念、法则、结论的发展过程，强调对数学本质的认识，淡化细枝末节的内容和单纯技能技巧训练。

下面结合笔者设计并执教的高中函数概念的起始课的实践，做部分简要的呈现，若对读者今后的教学研究有所启发，则是笔者最大的荣幸。不妥之处，敬请同行指正。

① 北京市基础教育科研优秀论文三等奖。

二、思考与实录

思考一：学生对于函数的概念已经忘得差不多了，从他们较熟悉的一次函数、反比例函数、二次函数的例子中重新提炼函数的概念，做好初高中的知识衔接。

[问题]

(1) 在初中都学习过哪些函数？你能举出一些具体的例子吗？

(2) 初中函数的定义是什么？

(3) 北京为了缓解交通拥堵，吸引广大市民乘坐公共交通工具，减少小汽车出行，推出了大幅度降价的政策——自 2007 年 1 月 1 日起统一地面公交普通票票制票价，单一票制线路乘坐一次 1 元，计程票制线路 12 千米 1 元起价，每增加 5 千米增加 0.5 元，学生刷卡两折优惠，请问乘坐公共汽车的票价与里程之间是函数吗？

[设计意图]

以实际问题为背景，让学生在熟悉的环境中发现新知识，使新知识和原知识形成联系，同时也体现了数学的应用价值。通过问题（3）用已有概念不太容易回答的问题，引发学生的认知冲突，有着承上启下的作用。既是对初中已学的函数概念的进一步深入，又是为下一步用集合语言来刻画函数的本质埋好伏笔。

思考二：函数是初中给出了第一个定义，却到高中还要重新定义的概念。以往老师们大都是“一个定义，三项注意”反复解释定义中涉及的各个名词和符号的含义，但是，为什么要换成“集合对应”来定义函数？这种定义和定义的变化才是本节课的根本所在。只有让学生经历这种过程，并进行深入思考，才能达到理解，而不是听老师讲完之后的“承认”。

[问题] 观察下面实例，分析其中的变量，并说明它们之间能否构成函数关系？

实例：一枚炮弹发射后，经过 26 秒落到地面击中目标，炮弹的射高为 845 米，且炮弹距地面的高度 h 随时间 t 变化的规律是：$h=130t-5t^2$。

[问题]

(1) 实例中有几个变量？

(2) 你能得出炮弹飞行 1 秒、5 秒、10 秒、20 秒时距地面多高吗？

任给一个 t，射高 h 是否有值与之对应？若有，有几个？

(3) 飞行 30 秒、40 秒呢？

(4) 两个变量的范围分别是什么？你是怎么知道的？

[设计意图]

从实例发现初中函数定义中，只强调两个变量的对应关系，不限定自变量的取值范围的缺陷，三个函数中的自变量的取值范围都是有限制的。事实上，大多数现实世界中的函数问题和今后研究的函数的自变量的取值范围都是有限制的，引导学生关注变量的范围，变量的概念被集合的元素所取代，为学习高中函数的“集合对应说”铺平道路。

思考三：用刚刚学习的函数概念加以解释，不仅是对函数的初步应用，还关系到学生头脑中知识结构的同化与顺应。

表1　理解函数概念

函数	$y = 2x$	$y = \frac{1}{x}$	$y = x^2$
图像			
定义域			
对应关系			
值域			

变式：已知函数 $f(x) = 2x$

①当 $x \in \{-2, -1, 0, 1, 2\}$ 时，求函数的值域并画出函数 $f(x)$ 的图像。

②当 $0 \leqslant x \leqslant 2$ 时，求函数的值域并画出函数 $f(x)$ 的图像。

[设计意图]

借助熟悉的具体函数，加深对函数的概念的理解，让学生进一步体会“数”与“形”结合在理解函数中的作用，更好地帮助学生理解函数的三个要素是一个整体，值得注意的是，在三个要素中，定义域和对应关系确定了值域。

练习：下列图像中不能作为函数 $y = f(x)$ 的图像的是（　　）。

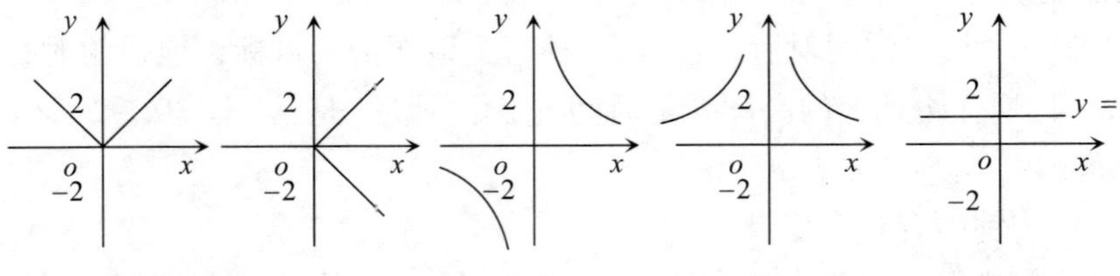

A　B　C　D　E

车票—— $y = 0.2$ 是函数吗?

思考四：初中时学习的都是具体而相对简单的函数，那时不涉及函数符号 $f(x)$，在学生的印象中，函数都是用具体的解析式表示的，其主要功能是运算。而高中函数其深刻含义集中反映在形式化的对应关系“f”和函数符号$f(x)$中，受原有知识经验和认知方式的影响，学生还不能理性认识。

[问题]

把数集A到B的对应关系抽象表达为“f”有好处吗？结合前面的例子谈谈你的想法。

（1）在两个数集间的对应关系没有解析式表达时，把对应关系抽象的表达为“f”，表示对应值非常方便，如实例一、二。

（2）在两个数集间的对应关系有解析式表达时，把对应关系抽象的表达为“f”，同样为求函数值带来莫大的方便，如实例三及函数$y=2x$，$y=\frac{1}{x}$，$y=x^2$。

（3）有了两个数集间对应关系抽象的表达，我们可以更方便地区别不同的函数，如把三个函数$y=2x$，$y=\frac{1}{x}$，$y=x^2$分别记为$f(x)=2x$，$g(x)=\frac{1}{x}$，$h(x)=x^2$。

[设计意图]

通过问题，引发思考，把数集A到B的对应关系抽象表达为“f”所带来的好处，以便学生情感上接受，使学生以欣赏的眼光来学习新定义，从而化解学生学习函数的一大难点。

思考五：通过对比初、高中函数定义，提升对函数的认识。

[问题]

通过本节课的学习，比较初中学过的描述性定义和现在学习的用集合与对应语言刻画的定义的异同点，谈谈自己对函数有什么新的认识、体会。

学生思考、讨论，老师补充完善：

明确了变量的取值范围——定义域、值域；

强调了对应关系——一对一或多对一；

给出了对应方法——解析式、图像、表格；

应用集合语言刻画函数的概念。

[设计意图]

事实上，函数两个定义在实质上是一致的，两个定义中的定义域与值域的意义完全相同。两个定义中的对应关系实际上也一样，只不过叙述的出发点不同，初中的定义是从运动变化的观点出发，现在的定义的对应法则是从集合与对应的观点出发。

思考六：为了使学生进一步巩固所学知识，了解相关的文化背景，很好地与实际生活相联系，布置如下作业题：

（1）书面作业：19页练习1、2、3。

（2）认真阅读26页，了解函数概念的发展历程。

（3）我们生活在充满变化的现实世界中，经常可以看到一类反映运动变化的数量关系，一个变量随另一个变量的变化而变化。例如，家庭的电费随该家庭的用电量而变化，火车票的票价随里程数而变化，卫星离地面的距离随时间而变化，在改革开放的国策下，我国居民的平均收入随时间在不断地增加，我国国土的绿化面积随时间在不断增加……数学上用函数来描述这种运动变化中的数量关系，可以说函数在我们周围随处可见、无所不在。

举出生活中函数的例子，并用集合与对应的语言来描述函数，同时说出函数的定义域、值域和对应关系，下节课全班交流。

三、教学安排

本节课为了更加突出函数概念的教学，防止非主干知识的干扰，把例1（求函数的定义域、求函数值）、例2（判断相等函数）放在下课时，使本课的内容更加紧凑，中心更加突出，把宝贵课堂的时间用于对核心概念的回味、辨析。

借助学生的原有知识经验，以生动活泼的思维活动为主线，引导学生从特殊到一般、从具体到抽象，使学生在对数学知识的学习过程中学会数学思维，掌握数学方法，培养理性精神，使我们的教学过程变为学生理解数学概念、体验数学思想的过程。只有这样，我们才能从根本上克服片面理解数学、忽视整体意识和核心思想的缺陷，开拓出数学教学的崭新局面。

参考文献

[1] 章建跃."中学数学核心概念、思想方法结构体系及教学设计研究与实践"中期研究报告［J］.中学数学教学参考，2008（7）.

[2] 黄传军.高中数学新课程中函数的教学建议［J］.中学数学教学参考，2009（8）.

[3] 连春兴.呼唤中学数学教学的返璞归真［M］.天津人民出版社，2012：4.

教师的快乐就是与学生一起成长。

挖掘课堂教学功能，提高教学实效性

北京市航天中学　蒋晓玲

《普通高中数学课程标准》明确指出："在教学中，教师应根据高中数学课程的理念和目标，学生的认知特征和数学的特点，积极探索适合高中学生数学学习的教学方式。"教育家叶圣陶说过："教是为了不教。"一个高明的数学教师不是在教学生学数学，而是在激发学生自己去学数学。数学知识必须基于个人对经验的操作、交流，通过对知识的感知、消化，形成独特的数学认知结构，这样知识才能被理解和掌握。新课程更加符合学生的认知规律和心理特点，在新课程理念下，我们应优化课堂教学结构，提高课堂教学效率，改进教学方法，挖掘课堂教学功能，提高教学实效性。本文结合自己的教学实践，就如何挖掘课堂教学的功能，提高教学实效性谈谈课堂教学中几个关键环节的做法。

一、新课的引入

一堂好课的开始一定是很精彩、很吸引人的。常言道：好的开端是成功的一半。新课的引入既要注重数学本质，又要注意适度形式化，引入合情合理，要注重直观性、趣味性、启发性和铺垫性原则。

可以采用问题情境式引入。所谓问题情境，就是在教学中设置一种具有一定的困难、需要学生努力克服而又力所能及的学习任务。问题情境是联系生活现实与教学之间的重要桥梁，是将死板的课程知识转化为鲜活的知识形态的重要载体。因此在课堂教学中，合理创设情境能够激发学生学习的兴趣，帮助学生理解教材内容，加深印象，提高教学效率。

新课程非常注重新课的引入，几乎每一节课都是以“问题提出”或“实例分析”的形式开始。我在讲解等比数列的通项公式时，采用了实例设疑导入法。首先提出一个有趣的新问题：用一张报纸（厚0.1毫米）对折30次，想一想，这叠报纸大概有多厚？假如对折100次呢？在学生做出了种种估计后，我提出其厚度远远超过珠穆朗玛峰的高度，这时学生感到惊诧，产生强烈的求知欲，于是我引出课题，师生共同分析推导出通项公式，并计算出 $h=(2\times0.1)\times2^{29}=0.1\times2^{30}$（毫米）$=10^{5}$（米），远远大于8844米。通过创设这样一个问题情境，就把复杂、抽象而又枯燥的新问题简单化、具体化、趣味化了，提高了学生学习数学的兴趣。

二、概念的形成与认知

（一）强调本质，再现概念形成过程

数学教学要强调本质，再现概念的形成过程。要让学生主动参与体验知识的发生和发展过程，立足于学生发展，让学生全方位地体验课堂，体验发现问题、探索问题的过程。以复数的概念教学为例，教材以负数不能开平方的事实说明实数集不够完善，因而提出将实数集扩充为一个更完善的数集的必要性。这实际也是问题的提出过程，那么怎么解决这个问题呢？

1. 回顾已知数集扩充的事实和规律

正整数集 $\xrightarrow{\text{添入}0}$ 自然数集 $\xrightarrow{\text{添入正分数}}$ 非负有理数集 $\xrightarrow{\text{添入负整数、负分数}}$ 有理数集 $\xrightarrow{\text{添入无理数}}$ 实数集

这个过程体现了如下规律：

（1）每次扩充都是增加并规定了新元素；

（2）在原来数集内成立的运算法则，在扩充后的新数集内仍然成立；

（3）每次扩充后的新数集能解决在原数集中不能解决的问题。

2. 借鉴以上规律，为了扩充实数集我们引入新的数“i”，规定 $i^2=-1$

实数可以与它进行四则运算，进行四则运算时原有的加、乘运算律仍然成立。

由 i 的性质，i 可以与实数 b 相乘，再与实数 a 相加。由规定（2），总可以得到形如 $a+bi$ 的数，这就是复数。全体复数的集合即复数集。

这就是复数概念形成的过程，这一教学环节不仅避免了学生对 i 的陌生感，而且向学生呈现了数系扩充的清晰脉络，体现了数学知识的连续性与系统性，有利于对复数概念的理解。

（二）在概念教学中，要呈现正、反例

1. 呈现正例，强化本质属性

在概念教学过程中呈现适量的正例，使概念获得具体例证的支持，会使概念的本质属性在学生的头脑里得到强化，有利于学生更加准确、迅速地掌握概念。呈现正例时，尽可能地举不同类型的例子，使学生全方位地正面接受概念，对概念理解得更加深刻。例如，在映射概念教学中，学生很容易把映射与一一映射等同起来，或认为非单射和非满射的都不是映射。上课时，把一一映射、非单射和非满射的例子都举出来引导学生进行辨析，在很大程度上可以避免发生这类错误。

2. 呈现反例，及时纠错

教师应该对学生可能犯哪些典型错误有所预见并及时提醒学生，尽可能避免出现这类错误。例如，在函数概念教学中，让学生根据函数的定义去判断 $f(x)=0$ 是否为函数？其图像是什么？垂直于 x 轴的直线是否可以作为某个函数的图像？

学生只有掌握了数学概念的定义，同时又能够举出概念的具体事例及相应的反例，才算真正掌握了数学概念。

去掉或者替换概念定义属性中的某个（某些）关键性词语对概念进行辨析，也是理解并掌握概念的一种有效手段。例如，去掉棱柱概念中“相邻两个侧面的交线互相平行”；去掉映射概念中“唯一的象”中的“唯一”；去掉等差（等比）数列概念中的“差（比）为同一个常数”中的“同一个”等；将直线与平面垂直概念中“一条直线与一个平面内的任意一条直线垂直”改成“一条直线与一个平面内的无数条直线垂直”；将子集概念中“任意一个元素”改成“某些元素”。将椭圆定义中“$2a>2c$”换成“$2a=2c$”或“$2a<2c$”等。

这类反例的呈现，可以击中学生对概念定义中的属性理解的薄弱环节，教师在教学中能引导学生辨析，对学生深刻理解概念是大有裨益的。值得一提的是，反例的呈现要适量，否则就有可能使非本质属性得到强化，使学生将非本质属性当成本质属性，从而产生对概念的错误理解。

（三）承前启后，紧密联系

在学习了有关概念以后，教师可及时地采取适当的措施，引导学生建立新旧概念之间的联系。

1. 厘清隶属关系，增强知识系统性

及时厘清新旧概念的隶属关系，有利于系统地掌握知识，以免造成新旧概念的混淆。例如，学习三角函数中的“第一象限的角”这个概念后，如果不及时与已有的“锐角”概念区分，学生则很容易把它与锐角等同起来。

2. 纵横类比分析，加强知识联系

类比不仅有助于加强概念间的联系，同时也有助于对概念的理解、记忆，增强思维的灵活性。例如，可将数列与集合横向地类比，等比数列概念教学又可与等差数列纵向类比进行，等等。

三、公理、定理的发现与推理论证

定理的发现，教学的一般步骤如下。

（1）创设问题情境，激发学生的兴趣和学习的主动性，明确发现的目标。

（2）在教师的启发诱导下，学生积极思考，回忆有关知识和方法，进行分析、综合、类比、猜想结论，探索问题解决的方法和途径。

（3）验证结论。采用反驳或论证法去验证所得猜想。

必修课程模块“数学 2”的立体几何初步的教学设计与以往课程有很大不同，新课程遵循从整体到局部、从具体到抽象的原则，要求通过直观感知、操作确认、思辨论证、度量计算等方法，认识和探索空间几何图形及其性质。例如，笔者在讲《直线与平面垂直》时，精心设计了一系列问题。

问题 1：给出幻灯片，请大家观察竖立在天安门广场上的旗杆与地面，跨海大桥的桥柱和海面。如果我们把旗杆和桥柱当作线，地面和海面当作面，它们给人以什么直观的感觉？你还能举出一些类似的例子吗？

问题 2：将一本书直立在书面上，观察书脊（想象成一条直线）与桌面的位置关系呈什么状态？此时，书脊与每页书面和桌面的交线的位置关系如何？

问题 3：直线和平面垂直的基本特征是什么？如何定义直线和平面垂直？

问题 4：对于一条直线和一个平面，如何根据定义来判断它们是否垂直？需要解决什么问题？如何操作？

问题 5：请同学们拿出准备好的三角形的纸片，我们一起来做一个试验：如图过$\triangle ABC$的顶点A翻折纸片，得到折痕AD，将翻折后的纸片竖起放置在桌面上（BD、DC与桌面接触）。

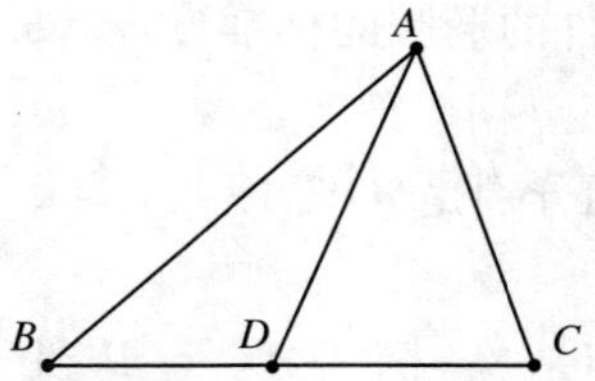

（1）折痕 AD 与桌面垂直吗？

（2）如何翻折才能使 AD 与桌面所在平面 α 垂直？

引导学生根据直观感知及已有经验（两条直线确定一个平面），进行合情推理，获得判定定理：一条直线与一个平面内的两条相交直线都垂直，则该直线与此平面垂直。

问题6：辨析正误，巩固概念。

（1）若一条直线垂直于一个平面内的两条直线，则这条直线垂直于这个平面。

（2）若一条直线垂直于一个平面内的无数条直线，则这条直线垂直于这个平面。

（3）若一条直线垂直于一个三角形的两边，则这条直线垂直于这个三角形所在的平面。

（4）若一条直线垂直于一个平行四边形的两边，则这条直线垂直于这个平行四边形所在的平面。

这样笔者以问题为主线，循序渐进，让学生拾级而上，亲身经历和体验直线和平面垂直的概念和定理的发生、发展及形成的过程。

四、课堂训练与小结

根据课堂教学内容的要求，教师要精选例题，对例题的难度、结构特征、思维方法等各个角度进行全面剖析，不片面追求例题的数量，而重视例题的质量，加强例题的典范作用。结合学生的基础，分层次设计例题、习题，逐步加深难度，让学生有一个慢慢“上坡”的感觉。在“椭圆及其标准方程”的教学中，根据教学需要，针对学生实际，增设了例1和例2，把课本上的例题作为例3。例1的目的是加深学生对椭圆的焦点位置与标准方程之间关系的理解，同时掌握焦点坐标、焦距等基本量的运算技能。例2的目的是进一步理解椭圆的焦点位置与标准方程之间的关系，并掌握运用待定系数法求椭圆标准方程的方法。

例1：已知下列椭圆方程，求 a,b,c 的值和焦点坐标。

（1）$\frac{x^2}{16}+\frac{y^2}{9}=1$　　（2）$\frac{x^2}{16}+\frac{y^2}{25}=1$　　（3）$2x^2+3y^2=6$

例2：求适合下列条件的椭圆的标准方程。

（1）$a=4$，$b=1$，焦点在 x 轴上。

（2）两个焦点的坐标分别是（0，-4），（0，4），椭圆上一点P到两焦点距离和等于10。

（3）已知椭圆的焦距是8，椭圆上一点P到两焦点距离和等于10。

例3：已知椭圆两个焦点的坐标分别是（-2，0），（2，0），并且经过点（3，$-2\sqrt{6}$），求它的标准方程。

在整个教学过程中，除了必要的引领外，要相信学生，要给学生必要的时间与空间，让学生“动”起来，即让学生主动参与到整个知识的学习过程中。

教学有法，教无定法，教要得法。课堂教学并没有一成不变的所谓最好的方法，要根据课堂教学的目标和任务，根据教学对象和教学内容的特点及各种教学方法的职能、适用范围和使用条件等加以选择，教学方法要符合新课程的基本理念，必须以学生为本，以学生的发展为目标，真正把“以学生为主体，充分发挥教师的主导作用”这一教学基本要求落到实处，提高课堂教学的实效性。

教学的艺术不在于传授本领，而在于激励、唤醒和鼓舞。

加强实效性教学，提高学生数学成绩

北京市航天中学　杨明慧

有些学生经常和我说："老师，你讲的我都听懂了，就是自己回家做题时不会做。"我们学校的学生多数基础知识掌握得不好，没有良好的学习习惯，老师普遍反映手懒，对自己没有一个正确的评价，不知道自己对所学知识掌握的程度，不知道自己会什么不会什么，没有课前主动预习和课后反思的习惯，对所学知识的掌握主要是靠在课堂上听的那一点，回家不知道看书复习，昨天讲的今天就忘了。还有一部分学生总认为基础知识简单，没必要听，主要表现在对一些基础题他认为很简单，根本不屑听或做，而当你拿出一个精心设计的题目时，他们认为这是好题，都会聚精会神地认真思考，却因时间有限，基础知识没完全掌握，虽然经过再三考虑也无从下手，只有望题兴叹，等着教师解答了。时间一长，就连做题时的手都懒得动一动了，就等老师讲答案。好一点的学生把教师讲的答案工整地抄下来就完事了，过几天再出同样的题让他们做还是不会，还是无从下手，因为他们根本就没真正掌握。基于我校学生情况，并结合教学，谈谈提高学生数学成绩的几点体会。

一、注重讲练结合

讲，是教师传授知识的主要途径；听，是学生获取知识的主要渠道。教师清晰透彻且带有启发性的讲解是学生掌握所学知识的先决条件，然而教师即使讲得清，学生却未必听得懂，有的当时听懂了，但没有自己动手练习，下课就又忘了；所以学生在教师讲条理到弄懂直至会做之间有个

“内化过程”，这就要求学生必须积极主动地自己动手做老师布置的相关练习，通过做题才能发现哪里听懂了，哪里没听懂，在做题的基础上理解和掌握所学内容，听懂了和会做了不是一回事，只有自己动手才会发现哪里有问题，只有通过自己动手做才可能知道哪里不懂，才可以把不会变成会，把书本知识变成自己的知识。这就必须安排机会让学生练习，在积极主动的过程中巩固所学知识，发现规律性的事物，自我有一个智力、能力维护与提高的过程。例如，我们刚学习了三角函数终边相同的角的表示方法，看着大家都听懂了，但真正让他们自己做题时，有的学生就不知道怎么做，拿着笔一个字也写不出来，这时候就需要老师手把手一点一点教他，并出一个类似的题让他自己动笔做一遍。只要学生能做出一道来，就可以做出两道，就可以融会贯通，才会真正理解，这个知识点才真正落实了。所以课堂教学必须安排一半的时间让学生练习，最好是“讲—练—教师得到来自学生的反馈信息—有针对地讲—有针对地练——段时间后再练”，变“记方法—套解题”为“见题—想方法”。这样才能真正做到把老师讲的东西消化为自己的知识。

二、激发学生的成就动机

教育的目的是促进学生的发展。在学科教学中，学业取得的成就是学生发展的重要标志。老师要及时地表扬、肯定学生取得的成绩，使其不断获得学习预期和尊重需要的满足，从而进一步促进主动学习的积极性，激发学生的成就动机。

案例一：在课堂教学时要注意发现学生的优点，及时给予表扬。刚开学时，我教的学生中有一个孩子，成绩一般，有一次我问了个问题，他回答出来了，而且和其他孩子的做法不完全一样，我就对他说：“你这个想法非常好，很独特，说明你的脑子很聪明，好好学，争取月考第一。”这以后我发现他经常来办公室找我问问题，还让我给他多留些课外的题做，月考时数学果然考了班里的第一名，期中考试数学成绩也是班级前几名。

案例二：我在批改学生作业时都有优、良或其他鼓励性评语，开始我也没有意识到学生很重视这个评语。有一次，一个学生来办公室找我，说她的作业写得非常认真，也全对了，我没给她写“好”，而某某的工整度和她的差不多就得到了“好”，她说她为了得到我的好评，每天的作业都非常认真地写，问我为什么没给她“好”？并说我有两次没给她“好”了，怎么做才可以得到“好”？我拿过她的作业一看，确实写得很整齐，也全对了，我判作业的时候有时就看心情，可能心情好就多给点好评，着急或手懒了就不写评语了，也没想到学生对老师的评语这么重视。我马上给她道歉，说她写得很好，是我疏忽了，立刻给她写了新的评语，并鼓励她要一如既往地认真学习，我保证以后一定注意，不会再出现这种情况了。孩子很高兴地回去了，以后的作业也一次比一次认真，成绩在班里也一直保持前10名。这说明每个学生都需要鼓励，及时表扬让他们经常有些成就感，培养他们学习数学的兴趣，有了兴趣成绩一定能够提高。

三、采用适当的竞争方法

适度的竞争有助于激发学生的学习热情。老师要采用各种办法鼓励学生进行适度的竞争。竞赛可以采取自己和自己竞赛的方法，也可以暗中以某一同学为目标，在学习上同他比赛；还可以采取集体竞争的方法，组与组的竞争，在竞争中激发互帮互学的团结协作精神。我教过的一个学生，数学成绩一直比班上另一个学生的成绩差，他就把那个孩子当成自己竞争和追赶的目标，把那个孩子的名字写在文具盒上，时时激励自己不断学习，经过一年的时间终于赶上并超过了自己的目标。在课堂练习时，老师也可以不失时机地表扬几个学生“某某学生这个题做完了，而且做得又快又好”，其他学生听了，就会集中注意力，做好手里的题，因为他们都想得到老师的表扬。最后，我们可以把班里的学生分成几个小组，可以四五个学生一个组，每次作业都给他们进行评比；课堂回答问题也做记录，每次课堂练习都让各组派一个代表展示自己的练习本，一周做一次总结，表扬好的组，就会对其他组的同学有所触动。学生们都有争强好胜的心，他们这次没有得到表扬，就会暗暗使劲，争取下次可以得到老师的表扬。这些方法可以给班级营造一个学习氛围，对提高学习成绩大有好处。

四、注重课后的落实

学生对所学新知识都有遗忘性，学过的知识若不能及时地复习巩固很快就会被忘掉，所以教师要有意识地帮助学生落实每天所学的知识。我的做法是：①强化基础知识的记忆，对一些重点知识、常用公式、常用的一些性质进行不定时的测验，及时检查他们对基础知识的掌握程度，及时进行查漏补缺；②争取每周或两周有一次测验，每次测验题都应该把开学来所学内容都带上，题不要多，不要出难题，就是应该掌握的、必须掌握的题目；时间控制在40分钟之内（一节课时间）一定能完成就可以。一定要抽时间讲评学生的共性错误，讲题时要讲清：①本题考查了哪些知识点？②怎样审题？怎样打开思路？③主要运用了哪些方法和技巧？关键步骤在哪里？最本质的步骤有哪些？④指出学生答题中的典型错误，分析其知识、逻辑、心理和策略上的原因；⑤介绍、表扬学生中的优秀、新颖解法，表扬一批做得较好的学生；讲过后还应该重点找几个做得不好的学生，盯着他再做一遍，并出几个相似题进行巩固，这样做的好处是学生所学知识可以经常见到，不会到期末时抓瞎，也可以节省期末的复习时间，提高复习效率。

以上几点是我在教学中的一些体会，写出来给大家做个参考。

平平淡淡才是真，点点滴滴皆育人。

浅析新课程背景下提高文科数学有效教学的策略

北京市航天中学　赵　伟

2007 年，北京市全面启动高中课程改革。随着新课改的深入，每位教师对新课改的理念有了更加清晰的认识，并在不断学习新课改的同时，力争在日常教学中，以新的课堂形式和教学理念充实自己的教学。目前，数学教师普遍感觉高中文科数学难教，学生数学基础薄弱，学习热情不高，文科数学教学成为数学教师的一大难题。如何改变这种现状，如何在新课改理念的指导下提高新课程背景下文科数学教学的实效性，促进高中数学课堂教学的优质化，是我们必须要深入探究的。

多数文科生认为数学是他们所学的最难的一门功课，有的人甚至“谈数学色变”，认为自己笨，根本学不好。其实他们中很多人在高一甚至初中、小学就产生了这种学习和心理上的障碍，这一问题直接导致文科生对数学的厌学状态，自卑心理。这些年，在文科数学的教学中，我遇到了很多困惑，也收获了很多教育的硕果和心灵的满足，在这里，分享一下自己在教学中提高文科数学教学有效性的一些做法和感受。

一、摆正个人情感，正视文理生间的差异

文理科生不仅在学习内容上有差异，在学习习惯、行为上也有差异。具体到数学学科，文科生比起理科生显得弱势，表现在：① 文科生数学基础普遍较差，这也是大多数文科生选择学文的原因；② 接受能力与理解能

力比理科生薄弱；③ 文科生普遍对数学缺乏兴趣，学习和探究的主动性不高；④ 缺乏自信，有惧怕数学的心理。

但文科生较理科生形象思维好，善于在记忆的基础上去理解所学内容，同时文科数学内容相对简单，所以在学习时间上充裕些。在教学中文理生尽管有差异，但也有很多共同的特征，不能生搬硬套，要因人而异、因课而异，这就要求教师在教学的时候抓住文科生的优势，正视他们的劣势。心理学显示教师对学生正确而合理的期待能增强学生的学习效果，所以该声情并茂的时候要声情并茂，该反复训练的时候要反复训练，该形象直观的时候要形象直观，该降低难度的时候要降低难度。

二、调动学生积极性，不断激发文科生学数学的兴趣

多年的教学实践使我们清楚地认识到，唤起学习兴趣是使学生积极学习、形成有效教学的关键条件。数学教育家波利亚曾说："兴趣是学习的最佳动机。"我们也常说：兴趣是最好的老师。如何调动学生积极性，激发文科生学数学的兴趣，这就需要教师教学有方、寓教于乐，"开窍"有术，让每个学生都参与教学活动。要想增强学生对数学的感觉、感受乃至感情，作为数学知识的传承者首先必须有浓厚的学科情感和职业情感，以敏锐的数学视角引领学生寻找现实世界中能够撩拨学习情怀的素材，把一些"空中云雾，水中月亮"的数学知识融入学生的现实生活和已有经验，促使他们转化为现实、有趣、探索的学习活动，感悟数学知识的规律内涵和应用价值，同时用情感感染学生，进而激发学习数学的持久热情。

我们还可以将数学知识"文科化"，以文科生喜闻乐见的方式呈现出来。

（一）教学中穿插少量数学史"花絮"

例如：牛顿和莱布尼茨同使微积分引起数学界争论；笛卡尔看到屋顶爬行的小虫而获得灵感发明了坐标系，经过不懈的坚持和努力，成为解析几何的创始人；古希腊数学家阿基米德命人将他一生挚爱的几何图形——球和外切圆铸刻在墓碑上等。这些新奇、感人的故事比单一的说教更能触动学生的心灵，使他们从中体会数学家的思维品质，以及数学发生发展的艰难历程，培养他们的探索精神。

（二）合理运用多媒体，教学中有很多内容适合用多媒体来展示

例如，正弦、正切由线的产生，圆锥曲线（椭圆、双曲线、抛物线）的产生，向量加减的运算，空间立体图形的展示，函数图像的伸缩变换和平移变换等，这些多彩、生动的展示会使略显沉闷的数学课焕然一新，不

仅可以吸引学生的注意力，也使他们对教学内容记忆深刻。

（三）教学实例要尽可能贴近学生生活

教材中的一些例子可以换作学生耳熟能详的例子。例如，讲充要条件时可以借用一些名言名句：滴水穿石，骄兵必败，不到长城非好汉，玉不琢不成器等；讲椭圆时播放地球绕太阳旋转的视频，动态的图像配以生动的解说，使学生身临其境，更可以与地理知识联系，加强学科间的联系，使数学变“活”。

三、重视学生的非智力因素，努力培养文科生学数学的良好品质

文科生学习数学也有明显的优势，归纳起来主要有直观感强、持续性强及有韧劲。这些非智力因素，是文科生建立自信的基础，也是搞好文科数学教学的切入点。

人的提高与发展离不开智力因素和非智力因素的影响，非智力因素具有决定作用。具体到我们的学生，成才过程是智力因素与非智力因素相互影响又以非智力因素起决定作用的过程。正由于非智力因素在人的学习、成才过程中的决定性的作用，如何培养学生优良的非智力因素，即优化非智力因素，是人们在教育教学工作中苦心探讨的课题，也是促使数学教学成功的关键。

作为教师，应充分利用文科生非智力因素的优势，善于捕捉“闪光点”，用赏识的方法、赏识的眼光看待他们。对文科生来讲，不畏艰难，发扬好的学习品质，是取胜的关键。教师要做好以下四点：①把握学生心理状态。体验学生学习感受，设想学生求知过程中的困难，找准症结，选准突破口。要自始至终以“爱”促“教”、以“情”融“教”。把重点放在学生学习品质薄弱点上，如学习的“韧劲”不够、学习的态度消极、学习的习惯不良等方面，变学习“为难”为学习“克难”。②要以学生成长的角度看问题。发展良好的意志品质是一个人完善人格的重要组成部分。良好的意志品质不仅对学生克服学习上的困难、实现人生目标有帮助，而且对国家和人民的事业也很有意义。③积极引导，有机渗透。文科数学教师不能仅仅是知识的传授者，更重要的是学生前进路上的指路明灯。教师在教学过程中，运用多种手段不失时机地引导学生培养高尚的学习动机和良好的意志品质。例如，开展“学好数学，报效祖国”的主题演讲；召开优秀学生报告会；开展组间知识竞赛等，让学生的自信“回归”。④抓好教学环节。备课时，不仅要考虑教学内容和教学方法，更要考虑学生的需求、爱好等心理；不仅要考虑教师怎样教，同时要考虑学生怎样学、如何接受，教学中对待文科生更要充分利用学生的主体作用，适时变换课堂角色，充分调动学生参与课堂活动的积极性，并尽可能多地为学生创造独立思考的机会。

四、注重课堂中的分层教学，提高文科数学教学质量

文科生与理科生相比，学习程度不一，分化大，成分杂。实施统一的教学方法，势必事倍功半。因此，笔者在教学中开始进行“分层教学”尝试，有的放矢，对症下药，效果明显。其办法是：根据学生程度，在课堂提问，作业练习、课余辅导上，把优等生与差等生区别开。能拔高则拔，不强求，尽量让每一个同学经过努力都能学到知识，而不是把数学置于“高阁”，让学生“望不可及”。笔者认为可以采取四种方法：① 实现周测。将本周的训练题进行“整合”，用考试的形式予以强化，由于周测考试的“梯度”适中，同时实现 A 卷、B 卷，不同学生做不同的试题，及格率、优秀率大幅度提高，有效激发学生学习兴趣。②实行生本教学理念。注重合作学习，自主学习。根据学生需求，组成“强强”组合、“强弱”组合，让不同类型的学生、不同水平的学生在不同的平台上共同发展。③大力实施赏识教育。多创造激励机制，提升赏识水平，在班内开展“明星学生”评选活动，千方百计挖掘学生潜质，收效很大。④实行量化分析。按照“好、中、差”学习进行成绩分析，特别是找出不同层次学生的共性问题，以便调整教学方案，增强教学针对性。

另外，受社会、家庭、学校多方面影响，在分层教学中，笔者还重视不同类型学生在数学学习过程中的不同心理。对文科生数学心理承受能力较差的学生，一方面，多关心他们的思想和学习，经常同他们平等交谈，了解其思想上、学习上存在的问题，帮助其分析原因，制订学习计划，清除其紧张心理，鼓励他们“敢问”“会问”，激发其学习兴趣；另一方面，以积极的态度对待学生的数学学习，要以正面鼓励为主，少些批评指责，帮助他们放弃沉重的思想包袱，使他们能真正轻松愉快地投入数学中。对数学基础差的学生，笔者还结合文科学生成才的事例和现实生活中的实例，帮助他们树立学好数学的信心。事实上，文科生的情感平稳度比较高，只要他们兴趣盎然，就会克服困难，努力达到提高数学能力的目的。从近期的考试中，我们所教的班级学生的学风浓厚，问问题的同学活跃，考试成绩稳定上升。

总之，文科生需要鼓励和帮助，文科数学教学是一个系统工程，不是一蹴而就的，在新课程理念的指导下，我们亲身参与着这次教学改革，在树立信心、更新理念、改进方法的同时，需要我们以学生进步和发展为宗旨，关注教学效益，在教学中专研教材，并在教学中注重教学方法的设计，努力寻求提高课堂有效性的策略，实现提高学生数学学习兴趣、能力和提高教学有效性的双丰收。

参考文献

[1] 王月芬. 走向新课程的教师教学行为 [J]. 南京师范大学教科院, 2004 (5).

[2] 张劲松. 深入研读课程教材努力提高教学质量：对高中课标数学教材回访中若干问题思考 [M]. 中学数学教学参考, 2007 (4).

从 1984 年走上讲台至今，风雨改变了心态，岁月改变了容颜，始终不变的是理想。

一切从学生实际出发

——谈定理课教学的实效性

北京市航天中学　周丽红

高中数学是高中较难的一门学科，而定理课又是数学课的“骨骼”。老师常常抱怨自己上课是在“对牛弹琴”。怎样提高数学课堂教学的有效性，在这里笔者就个人的教学实际谈一点看法。

笔者认为教学的核心就是教学的效益，即什么样的教学是有效的。所谓“有效”，主要是指在一段时间的教学后，学生获得的一定的进步或发展。教学有没有效益，并不是指教师有没有教完内容或教得认真与否，而是指学生有没有学到知识或学生学得好不好。如果学生不想学或者学了没有收获，即使教师教得再辛苦，教学也是无效的。同样如果学生学得很辛苦，但没有得到应有的发展，教学也是无效或低效的。因此，学生有无进步或发展是教学有没有效益的唯一指标。

笔者认为，要想提高教学的有效性应从以下几个方面入手。

一、备课要预见学生活动

备课要设计课堂动态过程。现代教学观点强调以学生为本，学生是学习的主体，从备课开始就要充分体现素质教育的主体性，使“面向全体学生”的精神得到充分的体现。为了使学生明确学习要求和需要注意的问题，帮助学生更好地进行自我评价、监控和调节，备课要设计课堂的动态过程，主动设想学生主体在学习过程中的主动性和参与性，特别是要对所教班级的学生情况进行分析，对一节课所涉及的已有知识进行分析。

以《平面向量基本定理》这节课为例。

学生情况分析：学生已学习了向量的基本概念，向量的表示，向量加法、数乘运算及其运算律，共线向量定理，具有物理中力的合成与分解的经验。本班学生思维活跃，参与探讨的积极性高，但大多数学生画图能力和计算能力很差。

二、定理的讲解要符合学生的思维

（一）引入定理要考虑学生的实际

一般情况下，教师大多在课前预先设计一个引人入胜的导语，或提出一个有很强现实生活背景的实际问题，给学生一种悬念，引发认知冲突，激发学习兴趣。但如何才能符合学生的思维，就要多动脑了。

以《平面向量基本定理》这节课为例。

平面向量基本定理是通过平行向量基本定理引出的定理。学生已有用一个基本向量表示所有和它共线的向量的知识，如何理解引入第二个向量的必要性就显得尤为重要，设计要符合逻辑，还要简练。

设计1：用两条相交直线确定一个平面

这是教参上建议的方法，但由于丰台区调整了教学顺序，学生还没有学立体几何，有的同事建议提前给学生补习一下相关知识，扫清障碍，笔者考虑到学生的实际情况，放弃了这种方法。

设计2：用代数中数的运算类比

考虑到学生已有向量加法、减法、数乘运算与实数运算的类比经验，笔者决定继续运用类比方法，引出平面向量基本定理。

下面是一组驱动概念生成的问题。

（1）甲存钱 a 元，乙存钱数是甲的3倍，丙存钱数是甲的1.5倍，丁欠别人钱数是甲的2倍，如何用甲的钱数表示乙、丙、丁的钱数？

（这说明所有与存钱有关的量，都能用一个基本量 a 表示。）

（2）平面上有一个基本向量 e，平面上哪些向量可以用 e 表示？这是向量的哪种运算？如何表示？

（这样设问既复习向量的数乘概念，又提示类比的思路。）

（3）平面上哪些向量不可以由 e 表示？你有什么办法吗？

（如果在列方程时，一个基本量 X 不能表达时，通常用什么办法？大多数学生都答出了再引入一个基本量 Y。随后就答出了用两个不共线的向量表示第三个不共线的向量。）

这样设计既使数学思想统一，又符合大多数学生的知识储备水平。自然流畅，水到渠成，使学生理解引入两个基本量的必要性。

（二）归纳定理不拘泥于课本

设计 1：用课本上的画图的方法

课本给定平面内任意两个向量 e_1、e_2，做出向量 $3e_1+2e_2$、e_1-2e_2 之后，归纳定理。笔者认为这个过程过于简单，由此就下结论有些唐突，有些被牵着鼻子走的感觉。笔者第一次接触这个定理时，都有很多疑问，更别说学生了。所以没有采用这种讲法。

设计 2：用动画演示

为了使学生更好地理解定理，教参建议使用几何软件作图，演示向量的任意性。笔者在其他班试讲课时，使用了这种方法，还改进了动画，使图形更突出。这对学生认识和理解定理确实很有帮助，但在接下来的练习中，却有很多学生不会画图。课后分析原因，动画只能起到辅助作用，学生不亲自经历画图的过程，就不会有感性的体验，这将严重影响对定理的理解。

设计 3：学生自己画图

教师课前准备 4 个图形，要求学生以 e_1，e_2 所在直线为邻边，以向量 a 为对角线构造平行四边形，并估计 λ_1，λ_2 的值，写成 $a=\lambda_1 e_1+\lambda_2 e_2$ 的形式。并请 4 位同学上黑板完成。

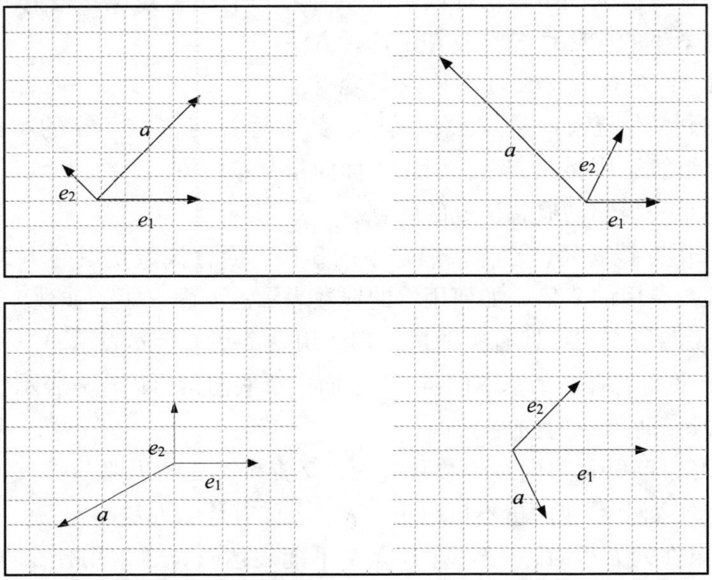

待学生画完后，教师根据以上图形，分析以下 3 个要点：①向量 e_1，e_2 不共线的要求；②向量 a 的任意性；③λ_1，λ_2 的确定性。随后师生共同归纳平面向量的基本定理。

教学实践表明，学生亲自动手画图，感受系数的唯一确定性，直至自已得出定理，虽然花去很多时间，但效果很好，当堂练习和作业的反馈情况都证明这个时间花的值。

（三）定理辨析不走过场

以往笔者在定理课的教学中，写出定理的内容后，都要再把关键词逐个进行解读和强调，并举反例等，感觉没有这个步骤就不放心。本课的内容在试讲时，笔者依然延续了这个习惯，但课后学生们却反映，他们虽然听了，但不知道这些内容在做题时有什么用，而且同时强调了好几条，一下记不住那么多。听了学生的反馈和其他老师的意见，笔者及时做了调整。第一，借助黑板上现有的四个图说明最重要的要点，更直观；第二，只强调基底和向量，把线性系数的唯一性和有无数组基底这两条放在后面的习题中，让学生自己体会，这样做既突出重点，又分散了难点，还不空洞，学生也知道了在题中怎么应用。在课后的练习中，笔者感到了学生的提高。

（四）题目选配要符合学生需求

笔者没选书上的例 1，即已知向量 $\overrightarrow{e_1}$，$\overrightarrow{e_2}$，求向量（$2.5\overrightarrow{e_1}+3\overrightarrow{e_2}$），因为笔者设计了学生画图，归纳定理的环节，再按照教材例 1 来上课，就有些重复，不符合知识的合理延伸原则。

笔者选的例 1：已知 $\overrightarrow{OA},\overrightarrow{OB},\overrightarrow{OC}$，其中，$\overrightarrow{OC}=\lambda\overrightarrow{OA}+\mu\overrightarrow{OB}$，$|\overrightarrow{OC}|=2\sqrt{3}|\overrightarrow{OA}|=|\overrightarrow{OB}|=1$，$\overrightarrow{OA}$ 与 $\overrightarrow{OB}$ 的夹角为 120°，$\overrightarrow{OA}$ 与 $\overrightarrow{OC}$ 的夹角为 30°，$\overrightarrow{OC}$ 与 $\overrightarrow{OB}$ 的夹角为 90°，若 $\overrightarrow{OC}=\lambda\overrightarrow{OA}+\mu\overrightarrow{OB}$，则 λ,μ 的值各是多少？

这样设计的缘由是，在推导定理时，系数是通过观察估算的，通过这道题让学生感受到系数是唯一确定的，可计算的，同时进一步强化学生画图的基本功。

例 2：如图所示，平行四边形 $ABCD$ 的两条对角线相交于点 O。

（1）若 $\overrightarrow{AB}=\vec{a}$，$\overrightarrow{AD}=\vec{b}$，用 $\vec{a}$，$\vec{b}$ 表示 $\overrightarrow{AC}$，$\overrightarrow{DB}$，$\overrightarrow{OA}$ 和 $\overrightarrow{OB}$。

（2）如果让你来选一组基底，用来表示其他向量，你还可以怎么选？

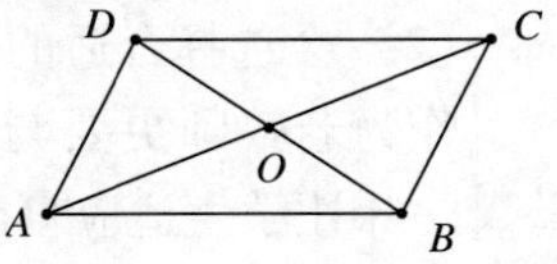

这道题让学生在几何图形中体会平面向量基本定理的思想，用最少的量表示更多的量。同时让学生自己总结出基底不唯一，基底不能共线。同时引导学生总结选基底的技巧。这些思想只靠教师说不行，要靠学生在实践中悟出来。

例 3：如图 A，D，B 共线，$AB=3AD$，$BC=3DE$. 且 $DE/\!/BC$。

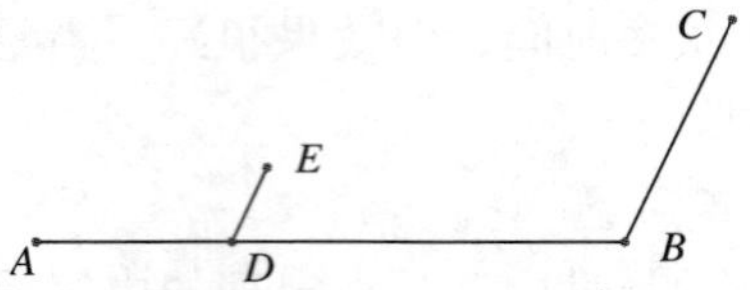

求证：A，E，C 共线。

笔者特意没有把 AC 连上。学生看到这道题的第一反应是用初中几何知识，先证相似三角形，再证两角互补，得出三点共线。我先让学生顺着自己的思维想，再引导学生用向量的方法，让学生体会向量 $\overrightarrow{AE}$,$\overrightarrow{AC}$ 都能用相同的基底表示，发现数乘关系，进而判断 A，E，C 共线。课后有同学反映说这个方法很神奇，我听了感到很高兴，证明教学达到了预想的目的。

（五）课堂总结不仅是重复

笔者以往进行小结是先叙述一遍定理，再强调一遍注意事项，然后提炼数学思想和方法。这是很传统的总结方式。在教研员的帮助下笔者认识到，总结不应该仅仅是回顾，应该是提升，是“由厚到薄”的过程，所以就改成了下面的总结。

1. 平面向量基本定理内容

选定基底后，任何一个向量都可以由构成基底的两个基向量线性表示。

2. 对基本定理的理解

（1）对前面知识的综合应用

平移→向量相等；数乘→共线向量均可由其一表示；平面向量定理→平面任意向量均可由基向量线性表示。

（2）选基底的作用

用最少的向量表示任意向量，以简驭繁。

3. 平面向量基本定理的应用

（1）给基底，会表示其他向量；

（2）会选择合适的基底，证明平行，共线等几何问题。

作为老教师更要与时俱进，要思考如何适应学生，而不是凭借老经验，一味让学生适应自己。备课时，应该站在学生的角度，换位思考，假设自己第一次学习这个知识，会遇到什么困难，需要怎样的点拨。同时，要抓住知识的本质，不拘泥于教材，不拘泥于形式，一切从实际出发，以学生认知水平为标准，把教学实效性作为首要考虑因素。数学思想、研究方法，应该在每一节课的引入，每个定理的形成，每道题的设置中长期对学生进行潜移默化。教师的责任，不仅应帮学生“从无到有”，还要“从厚到薄”，正像笔者的老师常说的一句话：数学教育的成效，就是学生忘记了公式后，还留在脑海中的东西。

Hope is a good thing.

有效教学活动初探

——针对“写英文回信”的课堂实践

北京市航天中学　罗　军

“写回信”是中考写作的一种形式。普通班的很多学生对于这种形式的写作题感到心里没底，不知如何下手，尤其是成绩较差的学生，连原文都读不懂，怎么写回信？

笔者统计了一下，笔者所任教的两个普通班，24%的学生不害怕写回信，不论什么样的来信内容，学生都有信心写好回信。56%的学生写回信时，能读懂来信中大部分内容，也知道给出什么建议，但不大会用英语表达。20%的学生经常放弃此题。

针对学生的实际情况，在2013年的中考复习阶段，笔者用两节课对学生进行写英文回信的指导，力争让多数学生不再害怕写英文回信，掌握一定的写作方法，并树立自信。

笔者浏览了近年来中考及各区模拟试题，决定以两种内容的信件为例，对学生进行指导。

一、利用原文，指导学生写好回信

（一）引导学生掌握基本的回信格式

很多英文来信中提出了具体的问题、烦恼，这些问题、烦恼都是贴近学生的生活的，它们很可能是学习、生活、人际关系中的问题。例如，没有找到好的学习方法，考试成绩差，身体很胖想减肥，与父母、老师或同学关系不好等。

针对这些具体的问题写回信，发表自己的看法、提出建议，是可以充分利用原文中的句子的。所以第一步是教会学生利用好原文。笔者给学生看了几封来信，请他们观察这些问题。

学生们说：原文中的问题、麻烦，一般来说是不对、不好的。笔者问学生，针对这些不好、不对的问题，怎样表达你自己的观点，提出建议？学生说可用这些句型直接告诉对方不应该做这些事：

You shouldn't do sth. / You'd better not do sth. / Don't do sth.

可用这些句型提出建议：

You should do sth. / You'd better do sth.

It's a good idea to do sth. / It's ＋形容词＋for you to do sth.

Why not do sth.? / Why don't you do sth.?

What about…? / How about …?

以及祈使句。

以上句型都需要接动词的原形，所以学生需要找准原文中有用的动词。

第一课时以2010年北京市丰台区第一次模拟试题中的文段表达为例。

1. 审题，明确要回答几个问题

审题是写好作文的前提，也是书面表达的基础。

2010年北京市丰台区一模写作试题如下：

假如你叫李琳。你的加拿大网友Elizabeth最近遇到了一些不开心的事情。阅读她发给你的e-mail，然后根据她的问题给她写一封回信，谈谈你的看法，同时提出一些建议，告诉她应该做什么或不应该做什么。

Dear friend,

I'm really unhappy now because my parents always make me stay at home and study every night during the week. They say that I must study hard for my exams. But in my opinion, I don't have to work so hard all the time.

I have problems on weekends, too. On weekends I can go out with my friends, but I have to be home before 20:00. It's crazy! They don't want me to go to parties, either. They say it won't do good for my studies.

What should I do? Can you give me some suggestions?

Elizabeth

正文分为2段，从时间上看分为"during the week"及"on weekends"两个时间段的问题。所以有很多学生认为有两个问题：①父母平常老让我学习（My parents always make me stay at home and study every night…）；

②周末我与朋友出去必须在20：00前回家（On weekends I can go out with my friends, but I have to be home before 20：00.）。

实际上周末包括了两个问题，学生容易漏掉第三个问题：③他们不让我参加聚会（They don't want me to go to parties, either.）。

2. 在表格中填写相应信息

下一步就可以引导学生利用原文中的动词发表看法，提出建议了。

针对第一个问题，我请学生针对表格中的内容，从原文中找出可以用的部分，并填在表格中。

在学生独立完成后，小组讨论、交流，然后全班核对，正确信息如表1所示。

表1　填写信息

Problems	Your opinion	Your advice
	You shouldn't do sth. You'd better not do sth. Don't do sth.	You should do sth. / You'd better do sth. It's a good idea to do sth. Why don't you do sth.? / Why not do sth.? What about…? / How about …?
1	stay at home and study every night during the week have to work so hard all the time	study hard for your exams
2		
3		

3. 根据表格中的信息写回信

我请学生分组针对第一个问题，根据表格中的信息发表观点、提出建议。

多数小组的成文是这样的：You should study hard for your exams because it's important for you. But you shouldn't stay at home and study every night during the week.

笔者问学生：我们给出具体的建议了吗？

马上有学生说：You'd better have a rest after you finish your homework every evening. You can have a rest or do sports for a while.

这样就是一个观点明确、内容具体的建议了。这些词组、句子都是学生在练习中考必考50个句型时经常背诵、默写的，现在只需要把背熟的句子恰当地运用在文章中即可。

然后笔者请学生再观察成文与第一个问题，琢磨怎样利用原文为已所用。

下一步请学生在小组中针对第二、第三个问题填写表格并成文，在练习中进一步理解、掌握这种方法。

有部分学生认为先写第三个问题，再写第二个问题比较好。首先告诉对方不应常去聚会，对方若与朋友出去，应早些回家：You shouldn't go to parties very often because it just wastes your time. If you go out with your friends on weekends, you'd better be home before 20：00. It's not safe for you to be home very late.

这样给了学生一个启示：为了写回信时逻辑性更强，可以调整原文中问题的顺序。

（二）进一步完善文章

既然有3条建议，在每条建议前，有学生加上了First，Second，Third这些表达顺序的词，这样更加清楚。另外笔者建议学生不要把所有的看法写成一段，所有的建议写成一段，而是把每条建议分为一段，避免思维混乱，或丢掉某个信息。

文章的主体部分完成了，但对于回信来说，文章的首尾应有一定的格式。在正文的前、后应有什么话，才是回信？

在文章的开头，一般要安慰对方。学生可以储备这些句子：

Don't worry. / Don't be worried. / Don't be upset.

I will give you some advice/ suggestions …

对于所有的问题，可发表一下总体看法：

You are not right. (I don't think you are right.)

Your problems are not serious. (I don't think your problems are serious.)

Your problems are very common…

在文章的结尾，可提出希望：

I'm sure you will make progress.

I hope you will be better …

这样一封完整的回信就写好了。

学生说如果这样写回信，自己很有信心达到二类文的水平。

（三）写好回信的关键是准确理解原文

在学生的作文中，有部分学生能够套用提建议的句型，但由于没有准确地理解原文的意思，写出了思维混乱的句子，如：

You shouldn't have to be home before 20：00.

这些学生很显然未理解原文。其实把before改成after就对了。如何准确理解文章，关系到词汇，词组，联系词、句子间的逻辑关系等问题，这里不做赘述。

第一课时的辅导，达到了既定目标。首先消除了绝大多数学生的畏难情绪，多数学生有了一定的思路。学生能明确来信中的问题，能提出正确的看法与建议，能套用所给句型，写出符合要求的回信。学生不再害怕写回信了，大多能达到及格档至二类档。

二、精雕细琢，争取写出一、二类文

在掌握了基本的写回信的方法后，下一步就应该向更高的目标努力。

对于原文中没有提到问题细节的来信，应当如何写回信？

第二课时以 2010 年北京市中考试题的文段表达为例：假设你叫刘京，是美国中学生托尼的笔友，你收到了他的来信。请给托尼写一封回信，回答他的问题，介绍北京良好的公交服务，并谈谈你的感受。

> Hi! Liu Jing,
>
> My grandpa is going to Beijing next month because he has heard a lot about the city and he would like to see it himself. He says the bus service in Beijing is very good now, and people can go anywhere by bus. Is he right? Can you tell me something more about it?
>
> I'm looking forward to hearing from you soon.
>
> Yours,
>
> Tony

（一）审题，找出信息点，明确要写的内容

绝大多数学生通过读中文提示，能准确找出回信中应包括的三个信息：①回答他的问题；②介绍北京良好的公交服务；③谈自己的感受。

对于第一个问题，部分学生很可能回答 Yes，但在写回信时应写完整句：Your grandfather is right. The bus service in Beijing is very good now, and people can go anywhere by bus. 把原文中的问题写一遍，变成回信中的观点，即第二个信息。

笔者问学生：提到“北京的公交”，你会想到哪些方面？学生们用中文说得很全面，但不会用英文表达。笔者在 2010 年中考写作的阅卷过程中，也发现不少学生没有内容可写。怎样帮助学生打开思路？

北京市义务教育课程改革实验教材英语第十一册第 33 页介绍了一种记

忆单词的方法：Word Spiders. 笔者觉得学生可用这种方法打开思路，明确自己要写的内容。笔者让学生在图中写出北京公交给自己印象最深的词：fast，cheap，friendly，comfortable 等，这些都是描述公交服务的形容词，然后再写出与这些形容词有关的名词：the bus，the ticket，the driver，the volunteers 等，如图 1 所示。

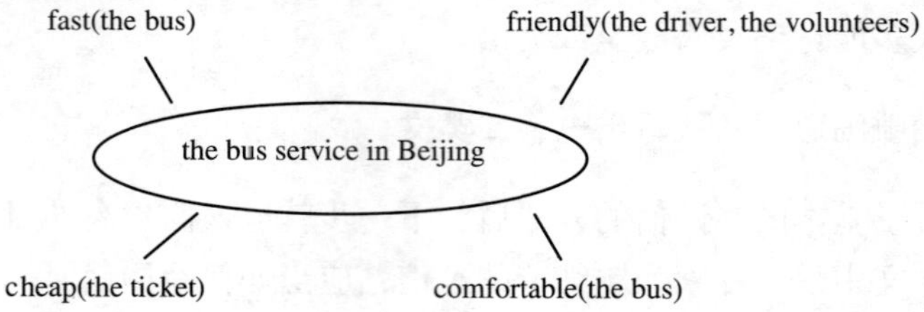

图 1　印象最深的词

这样对于北京公交，学生已经有了很多可写的内容。

（二）根据思路图写文章

学生根据这个思路图，至少可写出三个简单句：

The ticket is cheap.

The bus is fast.

The driver is friendly.

然后笔者请学生比较中考书面表达一类文和二类文的评分标准（表 2）。

表 2　评分标准

类别	内容要点	句式词汇	语言表达准确性	语篇的连贯性
一类文	要点齐全 观点正确	句式多样 词汇丰富	个别错误 为丰富句式而产生	具有逻辑性
二类文	要点齐全 观点正确	句式多样 基本符合要求	少量错误 不影响理解	

笔者问他们怎样写能达到一类文的标准，学生说可以套用中考必考的 50 个句型，可以把两句话合并成一句话，用上 and，but，so，or 等并列连词以及写复合句等。

学生把上述句子扩展为：

The ticket is cheap. I spend only 0. 40 yuan on the tickets every day.

The bus is fast. It takes me 20 minutes to go to school by bus every morning.

The driver is friendly. You can ask them for help if you have any problem.

现在每一个观点都有了一个支撑句，并且内容完整，句式丰富了。实际上，这些表达方式在“完成句子”专项练习中经常见到。

（三）让学生多运用当前阶段着重练习的句型

针对中考必考的50个句型，我们在每一个阶段都有侧重点地选择其中一些加以训练。例如，目前学生们正在练习与“谈感受”有关的句型，如：

It's ＋形容词＋for ＋人＋ to do…

It's good for …

…not only …but also …

The more …, the more …

因此，笔者让学生运用上述1～2个句型“谈感受”。

不少学生是这样写的：

I like going to school by bus. It can not only save money but also be good for the environment. The more we take bus, the better the environment will be.

看到经过自己的努力，写出了很有水平的句子，学生的兴致越来越高，信心越来越足。

笔者根据所教学生的英语水平，以及当时学生掌握的句型，指导他们写出符合他们特点，也易于被他们理解的文章。笔者不让学生背现成的范文，这些范文往往超出了学生的水平，他们不能真正理解，因此背起来费劲，默写时会丢字，对于他们写其他的文章也没有什么可借鉴之处。

两次教学实践后，学生们表示“掌握了一定的方法后，事情就变得很容易了”。48%的学生有信心写出二类文甚至一类文，40%的学生认为自己写回信的水平提高了许多，至少能及格了，但仍有12%的学生觉得自己提高不大，需要老师的进一步指导。

经过这两次辅导，学生从害怕写回信，不知如何写，到能够利用原文中的部分内容，套用固定句型发表自己的观点、提出建议，到能运用丰富的句式发表感想，写出内容完整的回信，所写文章逐渐接近二类文的标准，学生们的思路打开了，信心增强了。笔者认为，这样的教学是有效的。

初三复习阶段，一节课的内容不要贪多，避免题海战术。上一节课就要解决一类问题，要以点带面，给学生启发。

The respect from others is not from the work you do, but from the way you do the work.

获得别人的尊敬，不是由于你所做的工作，而是由于你做这项工作的态度与方式。

“用心，真心，精心”提高课堂实效性

——新课标理念下一节听说读写综合技能课教学反思

北京市航天中学　张华玲

一、设计思路

《普通高中课程标准》在对高中英语课程的总目标进行描述时强调，根据高中学生认知能力发展的特点和学业发展的需求，高中英语课程应强调在进一步发展学生综合语言运用能力的基础上，着重提高学生用英语获取信息、处理信息、分析问题和解决问题的能力，特别注重提高学生用英语进行思维和表达的能力；形成跨文化交际的意识和基本的跨文化交际能力；进一步拓宽国际视野，增强爱国主义精神和民族使命感，形成健全的情感、态度、价值观。本节课以语言习得理论和新课程标准的一些核心理念为依据，设计思想体现如下图。

（1）遵循语言学习规律。高中英语读写课的教学目的是使学生能用文字及图表提供信息并进行简单描述；并对所描述内容加以简单的评论或发表见解。

（2）任务驱动型，感受、体验、参与。依据灵活运用教材资源和贴近真实生活的原则，选择节水这一话题，采用“任务型教学法”（task - based approach），为学生创设真实的语境，激发学生主动参与学习过程，通过用英语做事情的过程来体验语言学习的重要性，用学到的词汇、结构来表达思想。通过完成任务，学生感受到语言的学习不是孤立的，并提高用英语进行思维和表达思想的能力，真正意义上发挥语言的交际性和实践

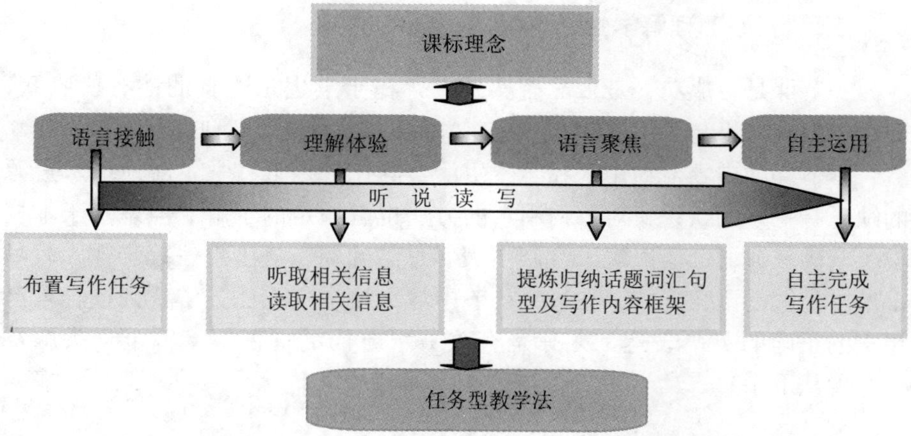

图1 任务型教学法

性（图1）。

（3）优化教学方式，培养自主、合作的学习策略。以家庭用水调查为语言背景，以一个大任务（write what you think about water saving）为主线，三个具体的小任务为教学过程，形成阶梯性任务链，层层推进，步步深入。学生在完成任务的过程中，通过听、读、模仿等积极主动的学习方法，充分发挥自己的学习潜能，形成有效的学习策略，提高自主学习和合作学习的能力。

二、“用心”分析教材

本课教学内容是人教版教材高二13单元“The Water Planet”，中心话题是“水的星球”，具体内容涉及水的化学结构、水的物理性质、水的用途、入海口、海洋等。其中综合技能课（integrating skills）的教学内容是“河流入海口——天然养殖场”。该内容与学生的生活联系不是很紧密，学生理解起来会有困难，更不用说写，所以笔者决定用心研究教材，另辟蹊径。

功夫不负有心人，笔者终于发现练习册98页的一个语法题很有实用性，题目是关于家庭用水情况调查以及该如何减少水的浪费。最后笔者决定以本题为基础并加以修改。当时正好赶上3月22日世界水日，同学们能利用“World Water Day”这一全世界人们都能看到的网页把自己的想法宣传出去。

整堂课包含了以听获取信息，以读获取信息，加工整理信息然后写等任务，能在一堂课上训练学生听说读写四方面的综合技能。

三、"真心"理解学生

一节课是否成功，是否能有实效性，在于学生是否真的能有所收获，而教学内容如果与学生实际水平相差太远，学生就难以有收获。

本节课的内容节约用水和学生生活实际比较接近，学生对地球水资源的缺乏有一定的认识，对节约用水的方法也有一定的了解。但是基于本校学生基础较薄弱，所以对于绘制图表、总结问题、提出想法等步骤，教师都给了足够的语言支持，在每个环节中尽量让学生在任务中找到适合自己想法的正确的英语表达，尤其是有关节水方面的词汇等，不至于头脑空空，无从下手。

四、精心设计教学环节

基于新课标理论，笔者对此节课进行了听说读写综合技能的设计，确定了以下教学目标：

（1）学生能写出一篇关于家庭节水的小型报告；

（2）学生能理解并且会绘制家庭用水情况调查饼状图；

（3）学生能反思自己家庭中的浪费水的现象并能提出几条节水建议；

（4）学生提高节水意识，能主动宣传节水。

教学重点：

（1）掌握描写饼状图的一些句型及描述节水的词汇；

（2）从听和读两个角度来获取信息并对信息进行重组。

认知难点：

从听的角度总结句型结构。

为了达成这样的教学目标，突破教学难点，笔者精心设计了几个重要环节：

第一步，展示权威的"世界水日"的网页（图2），布置写作任务，引起激情，激起学生的好奇心和求知欲。用实际的网站，将国际问题拉回到学生身边，引导学生了解任务并参与节水活动。

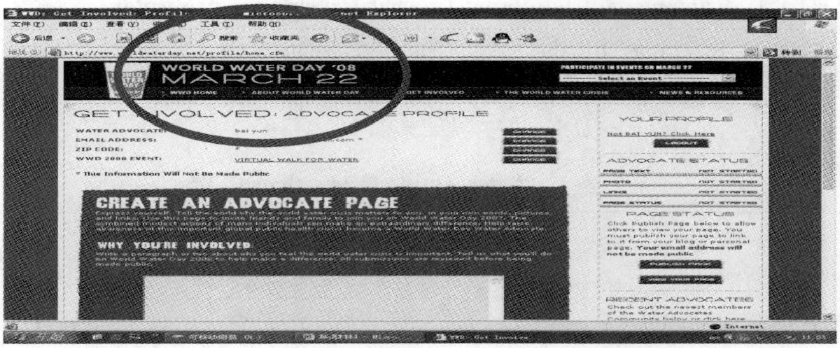

图 2　"World Water Day" 网站

班上为响应"World Water Day"网站的号召，进行了一项关于家庭用水情况的调查，结果如图 3 所示。

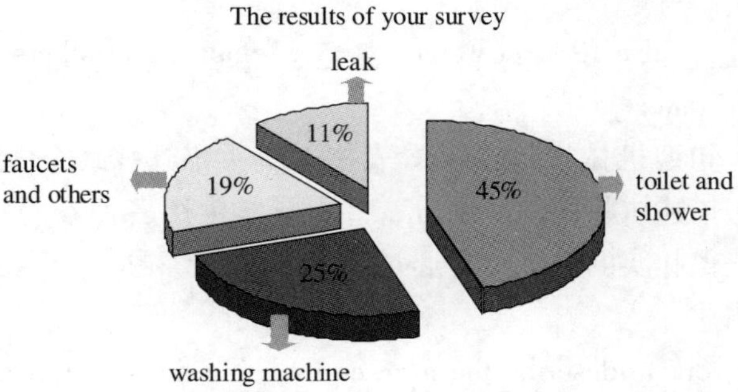

图 3　家庭用水情况调查

请你据此写一篇节水报告发表到网上，内容包括：

（1）描述家庭用水情况调查的结果；

（2）反思自己日常生活中浪费水的现象；

（3）提出几条合理的节水建议。

第二步，引导学生审题，分析写作任务的三大内容。通过一段家庭用水情况调查的听力材料，让学生以填空、填表格的形式获取家庭用水方式，百分比及句型结构，提取描述饼状图的相关词汇及句型，并引导学生发现词汇与几个句型的内在联系。

Recently, we did a survey about the amount of water used at home. The results are as follows. 45% of water is used to flush toilet and take shower. And we use 25% of water to wash clothes by washing machine. There is also 19% of water used by faucets and others. Even 11% of water leaks without being used.

(1) 1st listening: fill the form. In what ways do we use water?

(2) 2nd listening: fill the form. The percentage for each way.

(3) 3rd listening: sentence structures to describe the result of the pie chart. (表1)

表1 Water - using facts at home

water - using ways at home	flush toilets and ________	________ ________	faucets and others	leak
percentage	45%			

Sentence structures:

1. 45% of water ________ flush toilet and take shower.

2. We ________ 25% of water ________ wash clothes by washing machines.

3. ________ also 19% of water ________ faucet and others.

4. 11% of water ________.

第三步，句型机械操练：①看表格，口头描述操练句型，攻破难点，然后看图口头描述饼状图的一部分；②引导学生用多种不同句型表达同一意义，并且获得扎实的训练；③通过扎实的句型练习，引导学生完成对整个饼状图的描述。

1. Group work to describe the form orally using the structures.

2. Group work to describe the pie chart orally using the structures.

3. Encourage Ss to write down the result of survey according to the pie chart.

Recently, we did a survey about the amount of water used at home. The results are as follows. ____

____

第四步，以问卷调查的形式让学生反思家中常见浪费水的情况，让学生阅读信息，把脑子里已有的中文背景知识自然地转换成合适的英文表达，并对信息进行提炼加工，先口头，后笔头，形成有关描述自己家庭浪费水的情况的英文文段。

1. Let's check if there are any water - wasting facts at your home. (If Yes, tick it out.)

□ (1) Do you flush toilets very often?

□ (2) Do you often wash clothes by washing machines?

□ (3) Do you often take longer - time showers?

□（4）Do you often let water running while brushing teeth and washing face?

□（5）Do you often forget to turn off the faucet tightly after each use?

2. Discuss in pairs and introduce what water – wasting facts exist in your homes. Then write down on the worksheet.

In fact, there are many water – wasting facts at my home. ____________

____

第五步，学生为各种费水现象选择相应的节水建议，以头脑风暴的方式总结对所存在问题的解决方式，同时教师了解学生掌握语言的程度。

1. Encourage students to give tips for the water – wasting facts.

2. Match the water – saving tips with your water – wasting facts.

Water – wasting facts

（1）I flush toilets very often. (　　　)

（2）I always wash clothes by washing machines. (　　　)

（3）I like to take longer – time showers. (　　　)

（4）I often let water running while brushing teeth and washing my face. (　　　)

（5）I sometimes forget to turn off the faucet tightly after each use. (　　　)

Some water – saving tips：

A. Fix water – saving toilets.

B. Avoid flushing the toilet unnecessarily.

C. Keep a bucket in the shower to catch water. Use this water to flush toilets.

D. Wash clothes by hand.

E. Take shorter showers.

F. Turn off the faucet while brushing teeth or washing face.

G. Remember to turn the faucets off tightly after each use.

第六步，老师引导学生归纳出描写家庭节水所需要的句型，并口头操练。

1. What sentence structures can we use to give tips?

（When I…, I will…; If I …, I will…; In order to…, we can…）

2. Practice expressing what they can do to save water, using sentence structures mentioned.

第七步，复现主题任务（用英语与全球共享节水理念），学生归纳节水报告的主要内容。

第八步，开始写作，学生在真实情景中运用本节课所学的词汇和句型写一篇文章，体验英语学以致用的成就感。同时也反映了课堂学习情况。

最后，学生根据评价标准（表2）进行自评和互评，在小组互评之后展示两篇作文，让学生在分享成果的过程中，获得更多自信。

表2 评价标准

Questions	Your evaluation
Has he/she written about the results of the survey?	Yes　　No
How many water - wasting facts are there in his/her home?	3　　2　　1
Has he/she written what he/she can do to save water?	Yes　　No
How is the handwriting?	Excellent　　Good　　so-so

五、课堂教学效果评价

通过本节课的教学，大部分学生掌握了如何对节水进行表述，达到了预期的教学目标。通过结果反馈，可以看出学生在学习环节、练习环节和综合反馈任务环节中的完成情况和学习效果。以话题为核心，学生从词到句、从句到文，环环相扣，阶梯性地训练读、听、说、写技能。大部分学生在规定时间内当堂完成了写作任务，做到结构完整，表达基本准确，并有意识地运用了复合句。

这是一节以运用交际为目的的写作课，练习占用了大部分时间，“以学生为中心”得到充分的体现。教师精心设计各个环节，确保课堂环环相扣、自然过渡，启发式教学让学生处于良好的语言学习状态，充分激发其学习欲望，使其积极热烈地投入到自主学习和合作学习中，有效训练其语言和思维能力。

六、教学收获

课后笔者深深地体会到，写作过程是语言的产出过程，在实际的写作教学中，为提高课堂实效，教师一定要用心分析教材，充分利用和重组教材；真心理解学生，激发学生用英语表达的欲望，组织各种活动为学生提供必要的语言素材；精心设计教学环节，环环相扣，结构紧凑，层层铺垫，设置台阶，降低了难度，有助于学生思维体系的建立，促进和优化他们的语言输出。停留在记忆阶段的语言知识是陈述性知识，必须经过反复的运用，大量的语言实践，参与有意义、有目的的交际，才能转化为自动化的程序性知识，最终形成语言交际能力。

参考文献

[1] JEREMY HARMER. The Practice of English Language Teaching [M]. Person Education & World Affairs Press, 2003.

[2] 王笃勤. 英语教学策略论 [M]. 北京：外语教学与研究出版社，2002.

教育是情的传递，是爱的积累，是心的交流，是善的体验。让我们用真心教知识，用真爱做教育！

学生的“尝试”，有效的教学

北京市航天中学　李憬斌

高中物理新课程标准指出：高中物理课程旨在进一步提高学生的科学素养，从知识与技能、过程与方法、情感态度与价值观三个方面培养学生，为学生终身发展、应对现代社会和未来发展的挑战奠定基础。

“尝试”作为物理研究不可或缺的重要环节，应该在物理课堂上绽放光彩，使物理教学过程更加有效。在高中物理教学中，我们不应该一味追求结论，应让学生勇于尝试，体会物理概念、规律的归纳过程，允许学生在不断尝试错误中总结经验，不断创新。

历代物理学家在追求科学的过程中，都有猜想、假设的过程，他们在借鉴中尝试，在尝试中创新，经过不断的实验探索和科学验证，化腐朽为神奇，得到正确的结论。每一个物理概念的提出和物理规律的发现都蕴含着物理学家的艰苦努力和不懈追求，充满艰辛和付出，无不体现着探索尝试的精神之美。

法拉第，英国著名物理学家、化学家，在化学、电化学、电磁学等领域都做出过杰出贡献。他最出色的成就是电磁感应的发现和场的概念的提出。1821 年，他在读过奥斯特关于电流磁效应的论文后，为这一新的学科领域深深吸引。他刚刚迈入这个领域，就取得重大成果——发现通有电流的导线能绕磁铁旋转，从而跻身著名电学家的行列。因受苏格兰传统科学研究方法影响，通过奥斯特实验，他认为电与磁是一对和谐的对称现象，既然电能生磁，他坚信磁亦能生电。经过10年探索，历经多次失败后，1831年8月26日终于获得成功。同年10月17日，他完成了磁体与闭合线圈相对运动时在闭合线圈中激发电流的实验，他称之为“磁电感应”。经过大量实验后，他终于实现了“磁生电”的夙愿，宣告了电气时代的到来。法拉第的巨大成就在于他对真理持之以恒的追求！

爱迪生，美国电工学家、企业家，拥有众多重要的发明专利，是历史上第一个利用工业研究实验室来生产发明专利的人。他拥有超过2000项发明，包括对世界极大影响的留声机、电影摄影机、钨丝灯泡等。在美国，爱迪生名下拥有1093项专利，而他在美国、英国、法国、德国等地的专利数累计超过1500项。1890年创办爱迪生通用电气公司（今通用电气前身）。他是有史以来最伟大的发明家，迄今为止，在世界上也没有一个人打破由他所创造的专利数世界纪录。爱迪生的文化程度极低，对人类的贡献却这么巨大，这里的“秘诀”是什么呢？他除了有一颗好奇的心，一种亲自实验的坚持，就是他具有超乎常人的艰苦工作的无穷精力和果敢精神。

历史证明，知识的积累和总结的过程就是在尝试中不断更正和改进的过程。尝试错误，应该用辩证的眼光来看待它。“人们若要有所追求，就不能不犯错误”，追求科学的道路，没有坦途，尝试错误，往往是成功的必经之路，是探索过程中必须付出的代价。

科学的发展过程如此，在物理教学中，也要让学生积极参与、乐于探究、勇于实验、勤于思考，在尝试中前行、在错误中反思。教师应改变评价方式，不以对错论成败，注重过程的评价，体现评价的激励功能和诊断功能，关注过程中学生的个体差异，帮助学生认识自我、建立自信、促进学生发展，让尝试成为物理教学中一道亮丽的风景。笔者在“验证机械能守恒定律”课堂实验教学中，就让学生进行了充分尝试，虽然多用了一些时间，却让学生多了一次深入思考的机会。

“验证机械能守恒定律”在高中物理教学是最重要的实验之一，本节课安排在“机械能守恒定律”之后，是对动能和势能的相互转化、机械能的概念、机械能守恒定律的重要补充。学生在前面学习了动能定理和机械能守恒定律的表达式，在小组讨论中基本完成了对机械能守恒定律的推导。本节课是在前面知识的基础上对机械能守恒的验证，对其进行很好的补充。

教材上“验证机械能守恒定律”是在自由落体运动中利用打点计时器进行验证，在重锤后面挂上纸带，穿过限位孔，先接通电源，让重锤自由下落，在纸带上留下点迹，利用 $gh = 1/2v^2$ 进行验证。但物理课程应让学生放开思路，利用科学的猜想和假设，体会尝试过程，培养学生的探索精神和创新意识。在课程实施上应注重自主学习，提倡学习方式的多样化，注重学生的个体差异，帮助学生认识自我、建立自信、促进学生在原有水平上发展。所以在本节课教学中，笔者为更好的拓宽学生思路，不仅局限在自由落体运动的验证，而是让学生展开想象，利用他们能想到的机械能守恒的事例，利用实验室的现有设备进行广泛验证。

下面是本节课的部分节选。

教师：在上一节课我们学习了机械能守恒定律，请问机械能守恒的条件是什么?

学生：只有重力做功或系统内弹力做功。

教师：通过上一节的学习，你能举一些机械能守恒的例子吗?

学生：自由落体运动、平抛运动、斜抛运动、光滑时翻滚过山车的运动、光滑斜面物体下滑、忽略阻力的小球竖直平面内的圆周运动等

教师：今天，我们想对机械能守恒定律进行验证，请从以上运动形式当中挑选一种，利用实验室设备进行验证。请分组讨论一下，每组推选一名发言人进行发言。

（学生分为 3 组，讨论并选择实例）

小组 1：自由落体运动；

小组 2：平抛运动；

小组 3：光滑斜面物体自由下滑。

教师请各小组进行实验设计，写出实验过程，每组推选一名同学把设计成熟的实验方案写到教室左右两侧的小黑板上。

1. 小组 1 的设计方案

实验目的：验证机械能守恒定律（自由落体运动）。

实验器材：打点计时器、学生电源、天平、纸带、重锤、刻度尺。

实验过程：

（1）安装设备：把打点计时器安装在铁架台上。

（2）连接电源：把打点计时器连接在学生电源上。

（3）进行实验：提起带有纸带的重锤，先接通电源，再释放纸带打出点迹。

（4）测量数据：选一条理想的纸带，利用纸带测速度的原理测量两点间的下落速度，再用刻度尺量出两点间的距离。

（5）验证结果：用天平测出重锤质量，求出 ΔE_p 和 ΔE_k，看二者是否

相等。

2. 小组 2 的设计方案

实验目的：验证机械能守恒定律（平抛运动）。

实验器材：平抛运动演示仪、坐标纸、天平、铅笔、金属小球、重锤线。

实验过程：

（1）安装设备：把平抛演示仪安装在实验桌上，调整水平。

（2）进行实验：让小球从斜槽上同一位置滚下，用铅笔在坐标纸上做好标记，描出小球的平抛运动轨迹。

（3）测量数据：选取刚标记的点迹，用平抛运动公式求出小球的初速度 V_0，利用自由落体运动公式，求出两个点迹的竖直速度 V_{y1}、V_{y2}，再利用合速度公式分别求出两个点迹的合速度 V_1、V_2，测出两个点迹间的竖直高度 h，用天平测出小球质量 m。

（4）验证结果：求出 ΔE_p 和 ΔE_k，看二者是否相等。

3. 小组 3 的设计方案

实验目的：验证机械能守恒定律（光滑斜面物块下滑）。

实验器材：气垫导轨、滑块、光电门、垫块、刻度尺、天平。

实验过程：

（1）安装设备：把气垫导轨安装在实验桌上，在气垫导轨合适的位置安装光电门，在气垫导轨一侧垫上小垫块。

（2）连接电源：连接好气垫导轨电源。

（3）进行实验：让小滑块从气垫导轨上滑下。

（4）测量数据：用光电门测出滑块在两个不同位置的速度 V_1、V_2，测出垫块竖直高度 h，用天平测出小球质量 m。

（5）验证结果：求出 ΔE_p 和 ΔE_k，看二者是否相等。

以上是学生在本节课上进行的验证机械能守恒定律的三种设计，都不成熟，存在缺陷，有的还有错误，如设计中实验器材不全、实验步骤缺项、实验设计方案不可行、注意事项没有注意到等。本节课的作业就是让学生思考这三种设计的可行性和改进措施。在后两节课中笔者重点讲解了这些缺陷，第二节课重点讲解教材中以自由落体运动验证机械能守恒的全部内容，再把光电门应用到此实验中；第三节重点讲解用平抛运动验证机械能守恒的可行性和光滑斜面滑块下滑的验证思路。由于时间有限，学生的设计无法在一节课中得到验证，但学生的设计思路却让他们体会了一次尝试的过程。学生的创造力是无限的，学生不断尝试的过程提高了学生的能力，使物理教学过程更趋于有效。

大教育家张伯苓说过：要教出“活孩子”，而不是“死孩子”。教师的职责就是要给知识注入生命，把孩子领到美好的学科殿堂去遨游，点燃孩子的求知欲望，绝不能把学生教成做题的机器。物理学科作为引领社会发展的基础学科，教师要不断提高学生的学习兴趣，要把课堂还给学生，把讲台还给学生，把书本还给学生，要让学生始终在说“我试试”，让学生成为学习的主人。课程标准要求教师改变评价方式，在每节课中都给学生一定的尝试过程。学生们尝试是否成功并不重要，重要的是学生体会了过程，总结了教训，这就是成功，也体现了对学生的过程评价。

让“尝试”在物理课堂绽放光彩，让“尝试”使物理教学过程更加有效！

教育是赏识，教育需要静待花开。

再认识氯水教学设计

北京市航天中学　毛冬梅

一、指导思想与理论依据

本节课是高三复习的起始课，高三复习课不应是原来已授课的重复，而是对知识的重新认识、建构、融合和提升的过程。建构主义的内容很丰富，其核心可以概括为：以学生为中心，强调学生对知识的主动探索，主动发现和对所学知识意义的主动构建。以学生为中心强调的是“学”，以教师为中心强调的是“教”。建构主义提倡在教师指导下，以学生为中心的学习，既强调学生的认知主体作用又不忽视教师的指导作用。教师是意义建构的帮助者、促进者，而不是知识的传授者和灌输者。在整个以学生为中心的建构主义教学模式的过程中，教师起到组织者、指导者、帮助者和促进者的作用，利用情景、协作、会话等学习环境要素，充分发挥学生的主动性、积极性和首创精神，最终达到使学生有效实现对当前所学知识的意义建构的目的。

二、教学背景分析

1. 教材分析

本节课内容整合了必修一第四章第二节“富集在海水中的元素——氯”，必修一第二章第二节第三节“离子反应和氧化还原”，必修二第二章第三节“化学反应速率和限度”，选修四第二章第三节“化学平衡”等相关内容。以氯水中的物质行为为知识载体，结合可逆反应的存在微粒、反应方向、反应限度和利用平衡移动解决生产生活的实际问题是高三复习的核心方法和复习方向，借助微粒观的指导，从微观角度揭示化学反应的本质，同时也反映物质组成与性质的关系。如果能从离子反应的视角和氧化还原反应的视角来认识物质性质及其反应，将有助于利用物质分类及其转化关系构建知识网络。化学平衡观点的建立以及化学平衡是相对的、当外界条件改变时平衡会发生移动等观点，对学生在应用化学理论解决一些简单的化工生产实际问题时有着十分重要的作用。

2. 学情分析

这节课是在丰台二中高三教学班完成的。丰台二中的学生在丰台区的整体水平位居丰台区前列。学生对已经学过的必修一、必修二、选修四的相关内容还有些记忆，但记忆不是很清晰。高三学生化学复习的起点较高，接受能力强，具有良好的学习习惯和强烈的学习欲望。氯水中的化学反应，氯水中的微粒及离子共存是学生已知的知识；学会从微粒观和平衡观出发，将可逆反应转化为实际应用，体会多角度认识无机化学反应的学习价值是学生本节课未知、想知和能知的知识。

三、教学目标

1. 知识与技能

（1）以氧化还原、离子反应、反应限度为认识角度，从微观层面上认识 $Cl_2 + H_2O \rightleftharpoons HCl + HClO$ 的反应。

（2）以微粒观为出发点，从物质制备、离子共存、除杂提纯等角度认识 $Cl_2 + H_2O \rightleftharpoons HCl + HClO$ 的应用。

（3）学会从反应原理出发，结合反应原料、反应条件、物质性质等条件选择实验装置、除杂试剂、尾气吸收剂等。

2. 过程与方法

（1）通过分析氯水中微粒种类和数量，深化微粒观的构建，认识氯气和水的反应是可逆的，氯水的多种微粒决定了它的多重性质。

（2）通过分析方程式反应原理，借助平衡观的指导，借助微粒及其性质将可逆反应转化为实际应用。

3. 情感态度与价值观

激发学习兴趣，通过 $Cl_2 + H_2O \rightleftharpoons HCl + HClO$ 在物质制备、物质检验、物质提纯、性质研究方面的应用，体会多角度认识无机化学反应的学习价值。

四、教学重难点

教学重点：氯水中平衡移动的应用，氯气的制法。

教学难点：用微粒观和平衡观为理论指导，结合氧化还原，离子共存，强酸弱酸等知识点，实现可逆反应在生产生活实际中的解释应用、制备应用、纯化应用和保存应用。

五、教学流程

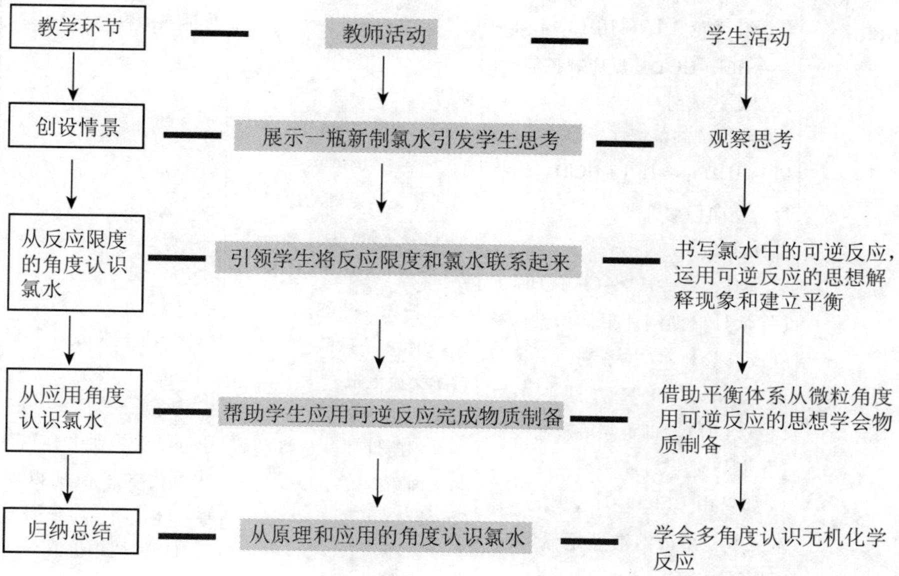

六、教学过程

教学环节	教师活动	学生活动	设计意图
环节一：从反应限度的角度认识氯水	【展示一瓶新制的氯水】 【思考与交流 1】 1. 从氯气溶于水开始系统分析氯水中物质的行为 【追问】为什么氯气能和水反应，还能看到氯水呈黄绿色？ 2. 你怎样证明氯气溶于水的反应是可逆反应？从微观粒子的角度简述方案 【追问】这个反应是有限度的，那限度的大小怎样呢？ 3. 利用哪些物质可以建立氯气和水的平衡体系？	观察思考 书写可逆反应方程式 $Cl_2 + H_2O \rightleftharpoons H^+ + Cl^- + HClO$ $H_2O \rightleftharpoons H^+ + OH^-$ $HClO \rightleftharpoons H^+ + ClO^-$ 【可能方案】 $AgNO_3$ 溶液——Cl^- pH 试纸——H^+ HClO 颜色——Cl_2 书写 K 表达式根据数值分析	1. 认识氯气和水的反应是有限度的可逆反应 2. 认识氯水中有多种微粒 3. 认识氯水有多重化学性质 巩固微粒与性质的对应关系 运用可逆反应的思想解释现象和建立平衡

续表

教学环节	教师活动	学生活动	设计意图
环节二：应用反应 $Cl_2+H_2O \rightleftharpoons HCl+HClO$	【过渡】你认为该反应可以完成物质制备吗？可以用来制备哪些物质？ （一）物质制备——制氯气 【小组讨论1】利用 $Cl_2+H_2O \rightleftharpoons HCl+HClO$ 反应制备氯气，需要哪些试剂？ 【讲解】欲制备氯气，须使 $Cl_2+H_2O \rightleftharpoons HCl+HClO$ 反应逆向移动 此反应的本质为： $Cl_2+H_2O \rightleftharpoons H^++Cl^-+HClO$ 【提示】借助刚才平衡体系的建立或根据 K /Q 关系判断平衡移动方向。因此只需具备 H^+、Cl^-、ClO^-，即可制得氯气 【思考与交流2】 1. 如果用 HCl 和 $Ca(ClO)_2$ 制取氯气，用浓溶液还是稀溶液？说明理由 2. 所得 Cl_2 纯净吗？该如何除杂？说明理由 【引导回顾】气体制备、除杂、收集、尾气吸收装置图。从微粒和平衡的角度解释除杂和尾气吸收。分析氯水与 NaOH 是如何发生反应的？体现了氯水的何种性质？ 【实际应用】工业制氯气在哪一极获得氯气？为什么电解时用盐酸控制阳极区溶液的 pH 在 2 ~ 3？	思考汇报 倾听 尝试寻找制氯气的原料 A. 盐酸 + NaClO； B. NaCl + NaClO + H_2SO_4； C. 漂白粉 + 盐酸； D. 氯水 + 浓盐酸…… 讨论交流汇报 依据反应原料、反应条件、物质性质，选择装置和试剂 组内讨论	激发学生的灵感，引导学生从微粒角度用可逆反应的思想学会物质制备。确定反应方向，选择适当原料 引导学生挖掘反应原理的功能 引导学生找到化学平衡并用化学平衡加以解释，深化高考题在高考复习中的使用价值
	（二）物质制备——制次氯酸 【过渡】除了制备 Cl_2，$Cl_2+H_2O \rightleftharpoons HCl+HClO$ 还能制备什么物质？ 【思考与交流3】如何利用上述反应制备高浓度的 HClO？	思考、讨论 书写方程式 $NaHCO_3+Cl_2 = NaCl+CO_2\uparrow+HClO$	引导学生用可逆反应的思想学会物质制备，选择适当原料。学会用强酸制弱酸的思想判断反应最终产物

续表

教学环节	教师活动	学生活动	设计意图
	【小组讨论 2】氯水久置为什么酸性增强漂白性减弱?	组内讨论	用平衡原理解释氯水变盐酸的过程，引出氯水的保存
环节三：归纳总结	课堂小结：本节课我们从分析氯水中的物质行为开始，认识了微粒的相互关系，知道了氯水中微粒种类和性质，从原理的角度认识了这个反应，又从微粒和平衡的角度认识了这个反应的应用。比如物质的制备、提纯、保存方法和解释。【出示 ppt】希望大家在今后解决问题时能够找准反应方程式，分析好微粒种类和数量，结合微粒及性质，完成化学反应在实际生产和生活中的应用	倾听、回顾、思索	点明主题，让学生学会多角度认识无机化学反应
课后作业	见学案		

七、板书设计

反应原理　　　　　　　　　　　　　　　　　反应应用

性质　　微粒种类和数量　　微粒间的相互关系

氧化性——Cl_2

H_2O

漂白性——$HClO$　　$Cl_2 + H_2O \rightleftharpoons H^+ + Cl^- + HClO$

酸性——H^+　　$H_2O \rightleftharpoons H^+ + OH^-$

沉淀反应——Cl^-　　$HClO \rightleftharpoons H^+ + ClO^-$

ClO^-

OH^-

分析解释现象

获取氯气、次氯酸

分离提纯

试剂保存

八、教学反思

（1）本节课的亮点是整合必修一、必修二和选修四的相关内容，以氯水为载体，以微粒观和平衡观为元素化合物应用的核心方法，突出多角度认识无机化学反应的学习价值。精心选取载体材料，既是学生熟悉的教材内容，又巧妙地联系了离子反应、氧化还原、可逆反应、平衡移动等相关内容。

（2）本节课内容从反应限度入手到反应应用结束，由浅入深，层层递进，环环相扣，符合学生的认知顺序，为学生的后续学习留有思考空间，便于学生用这节课的化学思想和化学方法解决其他的实际问题。

（3）课上师生关系融洽，互动效果较好，在时间把握上略有偏差，前面时间有些拖沓，小结时间略显仓促。

（4）这节课是高三元素化合物复习课的一种新尝试，备课和改进的过程中得到了教研员和丰台二中老师的大力支持和帮助，笔者受益匪浅。如果今后有机会笔者会继续实践本节课的复习思路，不断改进本节课的不足，力求在今后的教学中师生共同成长。

点燃学生的智慧火花，努力使学生得法于课内，得益于课外！

提高化学复习有效性的教学研究

北京市航天中学　张会春

一、问题的提出

（一）复习内容分析

1. 复习的具体内容及其内在联系

碳酸盐的相关知识是中考必考点，而且多在区分度大的题中涉及。2012 年中考第 33 题就是一道有关碳酸钠和碳酸氢钠的综合题，此题涉及学生已学的知识，还提供陌生信息。要解答好类似的综合题，既要将碳酸钠和碳酸氢钠的相关性质掌握扎实，又要具有运用查阅资料等方式收集证据，整合提取信息的能力。基于以上因素设计了碳酸钠和碳酸氢钠的复习内容，以 2012 年中考第 33 题为例，梳理碳酸钠和碳酸氢钠的性质，比较表格中信息，找出物质的性质差异，利用不同的现象进行物质的检验；通过 2012 年中考第 33 题的分析和前诊题反馈，训练学生的有序思维，形成已学知识和陌生信息综合题的解题方法。本课复习内容充分利用前诊题的真实、直观的反馈，激发和调动学生学习兴趣和学习积极性。通过 2012 年中考 33 题的分析梳理，充分挖掘学生的思维深度，体验、整合、提取解题信息，初步形成解题方法。提高科学素养，转变学习方式。

2. 课程标准和考试说明对复习内容的要求

（1）课标要求

碳酸盐是内容标准中一级主题“身边的化学物质”的二级主题“生活中的常见化合物”中重要的一部分。

（2）考试说明要求

主题	考试内容	考试要求	目标层次
生活中常见的化合物	生活中常见的盐	了解纯碱、小苏打、碳酸钙等盐在日常生活中的用途	★★
	物质的检验与鉴别、分离与提纯	会检验碳酸盐	★★★
	科学探究	1. 根据所要探究的问题设计简单的化学实验方案	★★★
		2. 进行实验操作，观察并记录实验现象	★★★
		3. 运用多种手段对物质及其变化进行观察、记录、表述；运用查阅资料等方式收集证据	★★★
		4. 反思探究过程，评价探究结果	★★★
以上内容的简单综合			★★★

3. 复习内容的教学价值分析

碳酸钠和碳酸氢钠的知识综合性强，与现实生活联系密切，在中考中占很重要的地位，也是初中化学知识学习和考察的重点。本节课以 2012 年中考第 33 题为例题，复习碳酸钠和碳酸氢钠的性质，使学生打开思路；不仅掌握碳酸钠和碳酸氢钠的相关基础知识，还能在真实的情境中灵活应用这些知识解决实际问题。

（二）学生情况分析

1. 学生复习时的知识、经验、技能基础

（1）知道常见酸、碱、盐的主要性质，简单的性质和主要的反应方程式能正确填写。

（2）了解盐在日常生活中的简单应用，能根据用途推测其性质。

（3）会检验碳酸盐，能设计简单的实验检验单一物质。

（4）具有基本的化学实验技能和初步的科学探究知识，能进行简单的实验探究。

2. 学生在复习过程中可能会遇到的困难

（1）基础知识掌握不扎实，不能熟练说出碳酸盐的性质，不能准确书写已学化学方程式。

（2）对碳酸盐性质的了解只局限于课本知识，不能将性质及应用融会贯通，不能准确利用物质性质检验混合物的成分。

（3）对陌生信息不会整合提取，对陌生化学方程式的书写，陌生反应的定性、定量分析没有方法，实验方案设计思路狭窄，面对复杂问题常有畏难情绪。

二、研究过程

（一）进行复习课学生课前诊断

学生在面批及课堂回答等日常学习中出现的问题，反映了学生对有关碳酸钠和碳酸氢钠综合实验探究分析的困难较大，且该部分内容为中考热点和难点。为了准确定位学生困难点，并以此为基础实施针对性的教学策略，教师在授课前对学生进行了教学前测调查，前测对象为初三（1）班学生，共得到有效答卷 27 份。

1. 前测试题

33.（7 分）研究盐类物质的性质时，甲、乙、丙三位同学分别向 $NaHCO_3$ 溶液中滴加石灰水，均产生白色沉淀。他们分别设计实验方案，对自己过滤后的滤液中溶质的成分进行如下探究。

【实验准备】

用一定溶质的质量分数的 $NaHCO_3$ 溶液、NaOH 溶液和 Na_2CO_3 溶液进行如下实验，为设计实验方案提供参考。

类别	$NaHCO_3$ 溶液	NaOH 溶液	Na_2CO_3 溶液
加入酚酞溶液	溶液变红	现象 I	溶液变红
加入 $CuSO_4$ 溶液	产生气泡和蓝色沉淀	现象 II	产生气泡和蓝色沉淀
加入 $CaCl_2$ 溶液	无明显变化	无明显变化	产生白色沉淀
加热溶液至沸腾，将气体通入澄清石灰水	澄清石灰水变浑浊	澄清石灰水无明显变化	澄清石灰水无明显变化

表中的现象 I 为________；现象 II 为产生蓝色沉淀，对应反应的化学方程式是________。

【查阅资料】

（1）氯化钙溶液显中性。

（2）滤液中所含的溶质有以下几种可能：

①NaOH；②Na_2CO_3；③NaOH 和 $Ca(OH)_2$；④Na_2CO_3 和 $NaHCO_3$；⑤Na_2CO_3 和 NaOH。

【实验及分析】

甲同学：取少量滤液于试管中，滴加过量的稀盐酸，产生大量无色气泡，则滤液中的溶质是 Na_2CO_3。

乙同学：取少量滤液于试管中，向其中通入少量 CO_2，产生白色沉淀，则滤液中的溶质是 NaOH 和 $Ca(OH)_2$。

丙同学：分别取少量滤液于两支试管中，向一支试管中滴加 $CaCl_2$ 溶液，有白色沉淀产生；将另一支试管中的滤液加热至沸腾，将产生的气体通入澄清石灰水，澄清石灰水变浑浊，则滤液中的溶质是 Na_2CO_3 和 $NaHCO_3$。

【反思与评价】

（1）老师认为乙、丙同学的实验方案和结论合理。

① 丙同学的实验中，加入 $CaCl_2$ 溶液的目的是____________________。

② 根据乙同学的结论，$NaHCO_3$ 溶液与澄清石灰水反应的化学方程式是____。

（2）老师认为甲同学的实验方案和结论存在不足。丁同学通过以下实验帮助甲同学确认了滤液中溶质的成分。

实验操作	实验现象	实验结论
____________________	______________	滤液中的溶质是 Na_2CO_3 和 NaOH

（3）结合此次探究活动，你认为下列说法正确的是__________（填字母序号）。

a. 盐溶液可能显碱性

b. 化学反应的产物与反应物的量有关

c. 碱和盐反应一定生成另外一种碱和另外一种盐

d. 判断溶液混合后的成分不仅要考虑产物，还要考虑反应物是否过量

2. 诊测结果

班级人数：27 人

问题	实验准备		反思与评价			
	Ⅰ	Ⅱ	（1）		（2）	（3）
			①	②		
得分率	96.30%	77.78%	81.48%	70.37%	3.70%	22.22%

3. 问题及可能原因

（1）实验准备Ⅰ、Ⅱ部分没有全班得分，原因是少部分学生基础知识掌握不扎实，化学方程式书写存在问题。

（2）反思与评价题（1），得分率不够理想，是因为一部分学生在陌生化学方程式的书写，定性、定量分析陌生反应方面，不能很好地对陌生信息整合提取。

（3）反思与评价题（2），题（3）得分率低，反映出大部分学生对物质性质掌握不熟练；不能准确利用综合信息来设计混合物成分检验的实验方案。

（二）确定复习教学目标、教学重难点及处理策略

基于上面的调查结果进行如下设计。

1. 复习教学目标

（1）知识与技能

①通过知识的梳理，巩固碳酸钠和碳酸氢钠的性质，利用熟知的化学反应解决实际问题。

②利用物质的性质差异、不同的现象进行物质的检验。

③形成已学知识和陌生信息综合题的解题方法。

（2）过程与方法

①通过实验探究，加深对碳酸盐检验方法的理解，学生能利用物质的性质对混合物成分进行检验。

②通过对题中资料的收集提取，学生能准确收集信息和整理信息。

③根据探究的问题设计简单的化学实验方案、评价方案，学生体会了实验方案设计的科学性、严谨性及思维的有序性。

（3）情感态度与价值观

通过体验解决中考题，克服畏难情绪，树立解题信心。

2. 教学重难点及处理策略

重点：复习巩固碳酸钠和碳酸氢钠的性质，整合已学知识和陌生信息，提高碳酸盐知识的应用水平。

策略：以2012年中考第33题为例，梳理碳酸钠和碳酸氢钠的性质，比较表格中信息，找出物质的性质差异，利用不同的现象进行物质的检验。

难点：形成已学知识和陌生信息综合题的解题方法。

（三）授课、课后访谈和教学反思

本节课的诊断、设计和实施过程让笔者体会到了对学生困难点诊断与

教学设计关系的重要性。笔者体会到，基于学生困难点的问题和活动设计，是课堂教学实效性的保证。通过前测、后测、课前和课后访谈来了解学生学习困难点，并选择有针对性的教学活动和策略来突破重难点。正是因为通过前测活动让学生暴露了问题，找准了学习困难点。从后测和访谈的情况看，学生学习的效果是令人满意的，同学们也欢迎这样具有一定思维深度的主动学习活动。

三、研究结果（重点）

（一）学生学习困难的课前预测及分析

根据学生在模拟测试及课堂回答等日常学习中出现的问题，基于学生对碳酸钠和碳酸氢钠的综合实验探究的问题较多，且该部分内容为中考热点，所以在前诊题内容的设计中要包含对碳酸钠和碳酸氢钠的综合探究，因此，精选了2013年西城区模拟第33题为前诊题。根据前诊题的答题情况，笔者确定了学生在对碳酸钠和碳酸氢钠的综合分析中的困难点有以下几点，亟待在教学中解决。

（1）基础知识掌握不扎实，不能熟练说出碳酸盐的性质，不能准确书写已学化学方程式。

（2）对碳酸盐性质的了解只局限于课本的表象知识，不能将性质及应用融会贯通，不能准确利用物质性质检验混合物的成分。

（3）对陌生信息不会整合提取，在陌生化学方程式的书写，定性、定量分析陌生反应方面没有方法，实验方案设计思路狭窄，面对复杂问题常有畏难情绪。

（二）针对学生学习困难的教学思路与关键活动设计

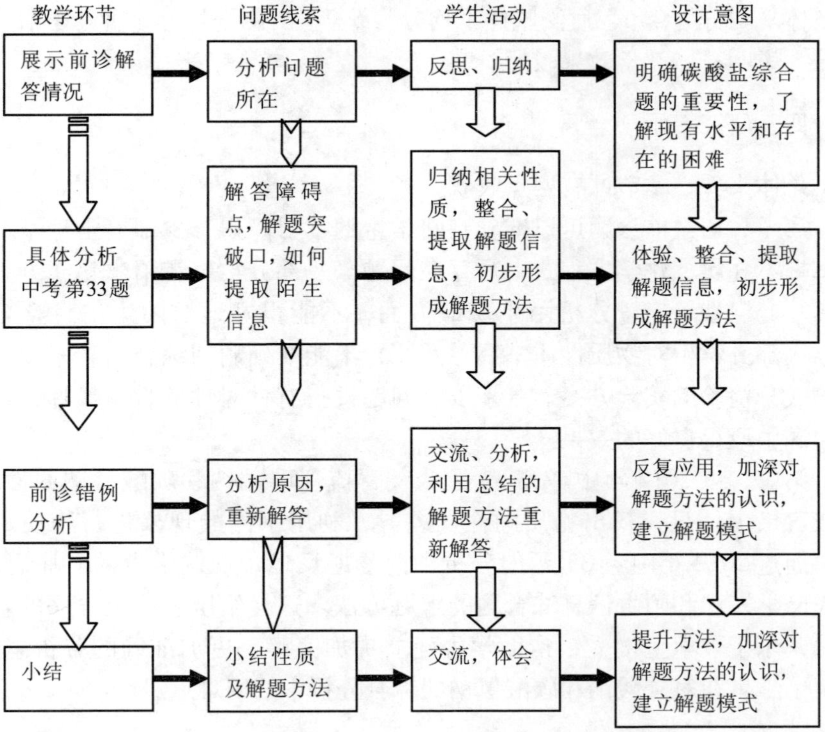

以2012年中考第33题为例，梳理碳酸钠和碳酸氢钠的性质，比较表格中信息，找出物质的性质差异，利用不同的现象进行物质的检验；通过2012年中考第33题的分析和前诊题反馈，训练学生的有序思维，充分挖掘学生的思维深度，体验、整合、提取解题信息，形成已学知识和陌生信息综合题的解题方法。

（三）学生学习情况的课后调查及分析

后测题的设计与前诊题涉及的基础知识和分析思路相似，只是实验方案设计部分稍有不同，其目的就是为了和前诊进行完全对比，以检测学生的知识掌握情况和本节课的教学效果。笔者运用SPSS18.0统计软件对学生前后测情况进行了统计，见下表。

成对样本检验	t	df	Sig.（双侧）
前诊1 – 后测1	−5.150	27	0.100
前诊2 – 后测2	−6.619	27	0.020
前诊3 – 后测3	−4.150	27	0.000
前诊4 – 后测4	−2.550	27	0.017
前诊5 – 后测5	−6.539	27	0.000
前诊6 – 后测6	−3.169	26	0.000

从学生的后测结果来看，总体教学效果显著（$P = 0.000 < 0.05$）。前诊整体平均分为4.6，后测整体平均分为6.2。后测平均分显著高于前诊平均分，说明总体教学效果较好。

四、研究启示

总体来看，本节课有两点收获。

第一，通过前诊题可以准确判断学生的学习障碍，少部分学生基础知识掌握不扎实，化学方程式书写存在问题。一部分学生在陌生化学方程式的书写，定性、定量分析陌生反应方面，不能很好地对陌生信息整合提取。大部分学生对物质性质掌握不熟练；不能准确利用综合信息来设计混合物成分检验的实验方案。基于以上问题进行有针对性的教学设计，从而在后测中取得良好的效果。

第二，以2012年中考第33题为例，梳理碳酸钠和碳酸氢钠的性质，比较表格中信息，找出物质的性质差异，利用不同的现象进行物质的检验；通过2012年中考33题的分析和前诊题反馈，训练学生的有序思维，形成已学知识和陌生信息综合题的解题方法。这样给出有一定程序的解题思路，乐于被学生接受，帮助学生建立更加完整、更加准确的分析思路，解决了学生在对碳酸钠和碳酸氢钠的综合分析中的困难点。

参考文献

[1] 任宝华. 新版课程标准解析与教学指导 [M]. 北京：北京师范大学出版社，2012：53－57.

现在的学生难教难管，德行严重缺失。为此，我在课堂教学中不失时机地对学生进行孝道及礼仪方面的教育：结合伊斯兰教的禁忌及不同宗教的相互融合，启发学生尊重不同地区和国家人们的宗教信仰及习俗；结合宗教共同点的分析，启发学生要为人子女要孝亲尊师，止恶扬善，更要学会感恩、学会珍惜，从而更加主动学习。

地理导入问题情境创设与课堂节奏把握的研究

——以“世界的语言和宗教”为例

北京市航天中学　李家宾

一、研究背景

当前，我国正在进行课程改革。新一轮的课程改革贯彻“以学生发展为本”的课程理念。地理课程标准指出：“学习对生活有用的地理，学习对终身发展有用的地理。”“改变地理学习方式。要根据学生的心理发展规律，联系实际安排教学内容，引导学生从现实生活的经历与体验出发，激发学生对地理问题的兴趣，培养地理学习能力，鼓励积极探究，使学生了解地理知识的功能与价值，形成主动学习的态度。”“建立学习结果与学习过程并重的评价机制。”地理学习的评价，既要关注学习结果，也要关注学习过程，以及情感、态度、行为的变化。创设一种“发现闪光点”“鼓励自信心”的激励性评价机制。很明显，新课程理念下的地理课堂教学更加强调了学生的学习主体地位，它将学生参与地理教学过程提到了一个新的高度。这也给地理教师提出了更高的要求，作为地理教师必须想方设法激活课堂，将学生吸引进来，让学生主动地参与教学过程，力求让教师的教授过程和学生的学习过程做到完美的统一。

地理课程有着丰富的内涵与广阔的外延，它应该关注并能够影响学生的生命历程。促进每个孩子的终身学习与未来发展，这是时代发展的需要，也是“以学生发展为本”教育理念的充分体现。

二、现状分析

教学是教师的教与学生的学的统一，构建互动的师生关系是地理教学改革的重要任务。在教学过程中，师生之间、生生之间的信息交往（既包括地理需要、地理兴趣、地理知识、地理情感态度和价值观等方面，还包括生活经验、行为规范等方面）的程度对教学效果会产生深刻的影响，它也决定着教学的成败。

（一）问题的提出

目前，在地理教学中普遍存在着这样的现象：教师备课认真、讲课投入，学生要么交头接耳，要么做其他学科作业，要么昏昏欲睡，学生听课的积极性极低，严重影响课堂教学效果。

（二）问题的症结

1. 问题分析

学生对地理课不感兴趣的原因是多方面的：首先地理内容涉及面广，区域性强、综合性强，对学生来说确实有一定难度，尤其是与学生的生活联系不紧密的部分内容更是教学中最令教师和学生感到困惑的；其次学生对地理现象兴趣浓厚，但教师没有联系生活搭建平台，没有找到两者的结合点，初中学生以感性思维为主，理性思维有限，已有知识的储备与现有知识之间存在一定的差距，如果教师教学设计不到位，难以激发学生的兴趣。再者受应试教育的影响，学生的精力多用在中考科目上而忽视地理学科的学习。那么，在课堂教学中教师怎样做才能提高学生的学习兴趣，引导学生主动学习呢？

2. 解决问题的关键

新课程标准要求变革学生的学习方式，使学生能够由被动接受式学习转向主动探究式学习，而这种探究式学习是建立在学生对地理问题探究和解决的过程中，教学中只有通过多种形式创设问题情境，揭示事物的矛盾，引起学生认知冲突，才能达到激发学生的学习动机，积极探究，并激发情感的目的，从而促进学生主动发现、主动发展，真正成为学习的主人。

当前地理教学由于单纯地传授书本知识，忽视与学生生活经验及真实世界的联系，导致学生对地理学习兴趣不高，地理问题情境教学可以改变这样的现状。地理教学中问题情境创设应该做到，以问题情境激发学生积极的学习情绪，以问题情境促进学生意义建构，以问题情境驱动学生解决真实问题。因此，创设地理问题情境无疑是学生主动探究学习的关键，是学生提升思维能力尤其是思维创新能力的前提和源泉。如果教师不深入挖掘教材中的地理因素，不密切联系生活实际，难免学生兴趣不浓。其实，地理无处不在，非常有用，教师要为学生搭建桥梁，以学定教。

艾略特波浪理论也为课堂教学节奏的调控提供了如下的指导。

（1）从生理、心理、行为学上看，人的注意力与兴趣也是波浪起伏发展演变的，是不断地在驱动与调整过程中交替出现的。

（2）教学发生在特定的时空，时间因素是重要变量，节奏规律是普遍存在的。

（3）课堂教学上，教学效率是依赖学生的两种基本力量：有兴趣参与和无兴趣退出两种基本力量较量的结果。

“兴趣是最好的老师”，激发学生的学习兴趣是一切教学活动的前提，而思维起始于问题，设置问题情境非常有助于激发学生的学习兴趣，尤其是导入问题情境的设置能使学生在问题情境中，在教师有效的引领下迅速进入思考状态，从而提高学习的主动性。生活中的地理素材是最好的切入点，创设小而准且有价值的导入问题情境最能激发学生的学习兴趣，因此，设置好的导入情境是提高课堂教学效率及教学质量的一条有效途径，这正是本课题研究所要达到的最终目标。

三、研究过程

“世界的语言和宗教”这部分内容讲起来比较枯燥，通常的教法都是教师带领学生读图使他们了解世界的语言分布状况和宗教分布状况，教师简单介绍有关宗教的基本情况，学生只是被动地听，教学难以取得令人满意的效果。于是，笔者在教学中采用创设导入问题情境的方法，学生在问题的引领下进行思考和探究，既激发了学生的学习兴趣，又取得了比较好的教学效果。

（一）聚焦热点创设复习导入的问题情境

新课程设计的基本理念就是具有基础性和时代性。如果在地理教学中穿插一些社会热点话题，既能激发学生对地理的兴趣，又能增强学生对社会的责任感和使命感，而且非常有利于学生形成正确的人生观及世界观。“世界的语言和宗教”这一节课的导入，我首先出示三张不同人种的奥运冠军照片，让学生说出三位冠军有何不同？图片刚一出示，学生就立刻兴奋起来，争先恐后地回答：有说人种不同的，有说国家不同的，有说高矮不同的等，当有的同学说到语言或宗教信仰不同时，我抓住这点迅速导入新课——世界的语言和宗教。之后，我抓住学生的兴趣点，又让学生说出自己知道的语言，并让会说不同语种的学生到教室前面进行展示，展示的学生充满自信，下面的学生凝神专注，兴趣盎然，我又趁此机会让全班学生学了几句外语，学生的高兴劲可想而知。角色扮演以其直观性、形象性为学生提供了丰富的感性材料，能有效激发学生的好奇心和求知欲，又能提高展示者的自信心。本节课中通过几位学生的展示揭示了语言的重要性以及语言具有的民族特征性问题。

（二）联系生活实际创设导入问题情境

地理情境创设应该联系实际，在问题情境中呈现发生在学生身边的地理事件。只有贴近学生生活的问题情境可以激发学生兴趣，引导学生在实际生活中发现地理问题，进而为分析解决问题创造条件。

如讲世界的宗教文化习俗时，笔者从圣诞帽导入基督教的文化风俗，因为学生对此非常熟悉，学生大都见过，有的甚至戴过。佛教的文化风俗是从腊八粥导入的，因为学生大多喝过。这些贴近学生生活的事例，更容易产生吸引力，引起学生的兴趣。

（三）创设认知冲突的导入问题情境

教师创设探究情境，能引起学生的认知冲突，产生对所学知识的关切渴望，这就形成了他们学习新知识的内驱力。

思维从疑问开始，教学过程就是不断质疑、解疑的过程。创设悬念情境，恰当质疑，会使学生产生迫切探究的认知心理，激发学生的学习动机和好奇心，使学生的学习过程成为一个积极主动的探索过程。把问题提出来，让学生从问题入手，一层一层进行递进分析，并通过学生自己的观察、思考、分析、判断、推理等，最终解决疑难问题，从而培养学生的分析问题和解决问题的能力。

如讲到圣诞节时，笔者出示一张世界地图，让学生比较芬兰和澳大利亚过圣诞节有何不同，并提出三个问题。

（1）两地的圣诞老人装束一样吗？

（2）所乘交通工具一样吗？

（3）你想要的圣诞礼物一样吗？

问题提出后，学生先是一愣，然后便热烈讨论起来。关于圣诞老人的着装有说一样的，有说不一样的，最后学生通过读图分析得出了结论，然后出示一组图片，对比两国过圣诞节的差异，让学生对照与自己分析想象的是否一致。学生看的是那么专注，学习的积极性得到了极大地调动，他们深刻感受到不同的自然环境下不但会有不同的风俗习惯，而且即使相同的风俗习惯也会呈现出“冰火两重天”，课堂教学取得了非常好的效果。

（四）创设与地理因素关联的导入问题情境

地理学是研究地理环境以及人类活动与地理环境相互关系的科学。综合性和地域性是地理学科的重要特点，因此，问题情境的创设必须突出地理学科的特点，必须突出人地关系这一主线。

本节课在讲授伊斯兰教的文化时，笔者出示了几个国家的国旗，让学生观察有什么共同点，学生回答：都有新月。笔者再问，是什么原因呢？接着出示一组图片：阿拉伯人的服饰、民居和新月，让学生思考新月与当地自然条件的关系。然后出示当地气候分布图及气温曲线和降水柱状图，引导学生不断深入思考，直至学生得出结论；接下来由学生来描述到当地沙漠地区旅行的感受并提问：在沙漠地区旅行最不可缺少的是什么？进一步提问：此地要发展种植业的制约因素是什么？通过这部分内容的讲授，突出了地理学科的特点，使学生认识到生产、生活与地理环境息息相关，地理环境对生产生活的影响是无处不在的。

（五）创设激发情感的问题导入情境

新课标要求地理课程“必须着眼于学生的全面发展和终身发展”“既要关注学习结果，也要关注学习过程，以及情感、态度、行为的变化”。因此，笔者在本节课中创设了以下情境，目的是激发学生的情感，改变学生的错误态度和行为。如讲伊斯兰教斋月时问学生：①如果你到沙特旅游，正赶上当地人过斋月，你走在大街上最好别做什么？②走进伊斯兰餐厅怎样做才合适？学生经过思考后不但能做出正确的结论，而且加深了要尊重不同民族、不同地区人们的风俗及信仰的意识，规范了学生的言行，渗透了尊重不同民族信仰的教育。

带领学生分析完宗教的共同点——“爱”之后，做了一项调查，请从小没有跟爸爸妈妈顶嘴的同学举手，教室里格外安静，没有一个人举手。当时刚进行完期中考试，我随机问学生：“考试之后你有没有受到父母的责备呀？当你受到责备时心里是怎样想的呀？”这时有一位学生不高兴地说：“别提了，回家就挨批，其实我已经挺努力了，爸爸还说我，我心里太郁闷啦！气得直想哭！”我说：“别哭呀，你爸爸是不是有点不近情理呀？是不是做得有点太过分啦？这样吧，咱们听首歌吧，听完后心情可能好点。”接着我们一起听了一首“跪羊图”。优美的旋律，感人的歌声，催人泪下的画面——孩子的妈妈在给奶奶洗脚，爸爸背着年幼的孩子涉水过河，弥留之际的妈妈惦记着给孩子喂奶……教室里格外的安静，我看到不少学生的眼里噙着泪花！短短的一首歌深深地打动了全班每一个学生。感动才会心动，心动才有行动，如果我们地理教学能常常激发学生的情感，打动学生的心灵，使他们常怀感恩之心，他们怎么会不听老师和家长的话呢？他们又怎么会不爱学地理呢？

（六）艾略特波浪理论有利于教师控制课堂节奏，提高学生的注意力

波浪理论认为：股票市场的发展遵循着五浪上升，三浪下降的基本形态，从而形成包含八浪的完整周期。第 1 浪，第 3 浪和第 5 浪称为推动浪，第 2 浪和第 4 浪则称为修正浪。经过第 1 浪至第 5 浪推动之后，又会受到 a、b、c 三浪的修正。在这个完整的八浪周期结束之后，随之而来的是第二个类似的周期变动……，如此不断地重复。这样，较小级别一波浪总是包含在较大的波浪中，或者说：波浪理论认为，任一序列中，任一级次的浪，均可被细分以及再细分为较小级次的浪。但五升三降乃是其基础。

波浪理论的基本要点与地理课堂教学节奏是非常吻合的。

课堂是学生与教师心灵成长的驿站，是教师和学生共同演绎生命的舞台。课堂教学则是一个多层次的复杂系统，课堂教学节奏调控的好坏，将直接影响着整堂课的效率和质量。如果能够正确、合理地调控课堂教学节奏的变化，就能有效掌握教学过程信息的传递密度，这对提高课堂教学效率有着直接的影响。

节奏，它是音乐、诗歌、舞蹈等艺术形式的基本构成要素。它产生于事物的运动过程之中，表现并反映了事物发展、变化的规律性及重复性。课堂教学的节奏是指教师组织实施课程教学时，在深刻理解和准确把握教学内容精神实质的基础上有意识地变化讲授的方式和速度，使整堂课处于有规律的动态变化之中。

地理课堂教学要想取得好的教学效果就必须注意教学节奏的控制，因为不同的教学节奏会产生不同的教学效果，适宜的节奏对教学有积极的促进作用，反之则对教学产生消极的阻碍作用。

（1）从教学内容方面看：一堂课的教学内容本身是有着一定的节奏感的。除一般内容外，既有重点内容，又有难点内容，教师讲解时对一般内容应只做简单介绍，而对重点、难点内容应加以强调，这样就形成了节奏。

（2）从教学过程方面看：一堂课至少包括三个阶段：课的开始、讲解基本教学内容和结尾，其中讲解基本教学内容阶段根据不同的教学内容和教学目的又可采用教师系统讲述或教师提问、让学生思考后加以回答等不同方法进行教学活动。显然，整堂课是不可能自始至终持续保持在某种稳

定状态之中的。心理学家调查表明，一节课中学生的认知积极性呈现一个波形，最初的3~5分钟注意力不稳定，其后的30分钟是一般学生进入注意力最积极的时期，下课前7~10分钟注意力又开始逐渐趋于衰退。

（3）从学生年龄特征方面看：初中学生的思维趋于成熟，由形象思维向逻辑思维过渡，他们的思维相当活跃，但是他们的思维品质还不如成年人，特别是在思维的稳定性上。其思维的过程一般是活跃—疲软—再活跃的短周期运动过程，这样的思维特点就需要在课堂上做有收有放、从紧张到松弛的周期性运动。课堂教学对师生双方来说都是强度很大的脑力劳动，学生不可能一堂课自始至终高度紧张地听教师讲解，如果没有适当的放松，学生很快便会产生疲倦的感觉。这就提醒教师要合理安排思维的“张”与“弛”，创设教学高潮，使教学过程有起有伏，起伏有致，形成节奏，以增强教学的感染力，力求获得最佳的教学效果。具体来说，课的起始阶段力求创设鲜活的情境迅速吸引学生注意力；等到学生注意力集中，学习积极性有所调动之后，学生的思维活动最积极时就进入主动探究阶段，将重点、难点知识在此阶段进行讲解；下课前几分钟，可安排学生交流、概括重点内容等活动。

综上所述不难看出：从生理、心理、行为学上看，人的注意力与兴趣是波浪起伏发展演变的；是不断地在驱动与调整过程中交替出现的；是有明显的节奏的。在课堂教学中，很多人注意到时间节奏问题，但由于教师控制不当常造成教学效率下降。如果备课时能有更合理地课堂教学设计，使教学节奏更符合学生的心理、行为规律，授课时能更合理的关注和解释学生课堂表现，并及时调整教学，就会不断提高课堂教学效率。

例如，“世界的语言和宗教”这一课我是这样设计的：

因为课间休息是调整，刚上课时，学生说笑玩闹意犹未尽，需要强有力的驱动激发兴趣，因此，本节课一开始我就结合北京奥运会的成功举办，出示三张奥运冠军图片，让学生观看图片并说出三位奥运冠军的不同点，学生立刻就被吸引了，迅速集中了注意力，为新课的教学创造了好的条件。（驱动1）接下来让学生说自己了解的语言种类，（驱动2）然后由学生进行不同语言的展示，（驱动3）学生说出人数最多的语言、分布最广的语言以及联合国工作语言，（驱动4）最后小组合作完成：找出世界主要语言分布地区，（驱动5）这样，驱动1、3、5为前进浪，2、4为后退浪，学生在专注与放松调整中完成了本部分知识的学习。

基督教的教学过程也体现了波浪理论的指导作用。首先出示一组图片，让学生判断是哪一种宗教，（驱动1）接着学生简单介绍基督教（历史课学过有关知识)，(驱动2) 然后出示一组图片，让学生判断是什么节日，(驱动3) 接着由学生简单介绍关于此节日情况，(驱动4) 最后提出问题：芬兰与澳大利亚过圣诞节有何不同？(驱动5) 这样，驱动1、3、5为前进浪，2、4为后退浪，学生有张有弛，在愉快轻松的环境下掌握了地理知识。

四、总结与提升

通过一个学期的学习与实践，笔者对地理导入问题情境的创设与课堂节奏的把握有了更深的认识，主要有下面几点。

有效的地理导入问题情境的创设在学生课堂学习过程中具有重要的意义，主要体现在以下几个方面。

(1) 创设导入问题情境可以引导学生主动参与地理教学过程。新颖的导入情境利于激发学生的兴趣，激发学生的思维，使学生快速进入思考状态。学生会主动进入到探究地理问题的过程中，导入问题情境的创设是激发学生主动学习的良好策略。

(2) 导入问题情境的创设符合新课程标准的要求，能促进学生主动学习。通过导入问题情境的创设，提供相关地理背景材料，呈现地理过程，为学生提供想象和思考的空间，让学生进入地理问题情境，去思考、分析。这样，学生的主动性得以发挥，也为创造性思维的产生提供了可能。

(3) 导入问题情境的创设要突出以下三个方面。

1) 导入问题情境的创设要为教学需要而设计，针对性要强。

2) 导入问题情境的创设要为学生的思维发展而设计，启发性和可接受性要强。

3) 如何更好地运用波浪理论控制教学节奏，激发学生兴趣点，保持注意力有待进一步研究。

参考文献

[1] 普莱切特. 艾略特波浪理论市场行为的关键. 陈鑫，译. 北京：机械工业出版社，2004.

[2] 严永金. 最激发潜能的课堂提问艺术. 重庆：西南师范大学出版社，2008.

[3] 中华人民共和国教育部. 地理课程标准：实验稿. 北京：北京师范大学出版社，2001.

用爱自己孩子的方式去爱每一个需要爱的孩子！

夯实解题之基

——提升“获取和解读信息”能力

北京市航天中学　董　丽

纵观近年来的政治高考试题，都坚持了“能力立意”的指导思想，突出考查考生综合分析和解决问题的思维能力。具体来说就是考查“获取和解读信息”“调动和运用知识”“描述和阐释事物”与“论证和探讨问题”能力。所谓获取信息，即发现、收集信息；解读信息，包括归纳信息、筛选信息、理解信息、分析信息、判断信息的重要程度和提取有效信息加以运用等。《考试大纲》对此又有不同层次和水平的界定：

目标	Ⅰ	Ⅱ	Ⅲ
获取和解读信息	获取试题提供的信息，理解试题要求以及考察意图	提炼信息的有效内容和价值，并对其进行分析与综合	组织和应用相关学科的信息，形成综合性的信息解读

获取和解读信息既是成功解题的基础，也是提升其他三项能力的重要前提。2012 年丰台一模凸显出本校学生在获取和解读信息方面的能力欠缺，因此，如何夯实获取和解读信息这一解题的基础，便成为教与学的当务之急。由于考生在这方面能力欠缺的表现多样，本文仅以几位考生在 2012 年丰台一模：40（4）题中答题情况为例，分析原因，探讨措施。

一、存在的问题及原因分析

【2012 年丰台一模：40（4）】

入世之初，中国承诺将每年进口 10 部大片的数量提高到 20 部，压力之下，中国电影业做出一系列变革，同时借鉴进口大片先进的制作、营销经验，不少反映中华民族历史情感、现实追求、人文精神和文化品位的优秀影片日益得到国内市场的认可，并走向国际市场。但是，中国电影真正能够赢得口碑、全面满足市场需要和观众文化需求的精品并不多，电影产业管理缺位，适应融合现代媒介能力还不强，科技创新能力有待提高，基础设施还比较薄弱。

请结合材料，运用文化生活知识，为更好地推动中国电影产业的发展出谋划策。(10 分)

标准答案：

①立足社会实践，这是推动电影产业发展的根本途径。

②加强对外文化交流与合作，面向世界，博采众长，吸收其他国家电影产业优秀成果。

③继承中华民族优秀传统文化，在电影内容上推陈出新，革故鼎新。

④满足人民群众日益增长的精神文化需求，电影内容要反映人民需要。

⑤推动中国电影产业在内容形式、传播手段和体制机制上积极创新，营造有利于出精品、出人才、出效益的环境。

⑥繁荣电影文化市场，完善基础设施，增强中国电影产业的国际竞争力。

以下是几位考生的答案：

考生 1：文化作为一种精神力量，在人们认识世界和改造生活的过程中转化为物质力量。综合国力越来越成为国家重要因素，优秀文化促进人的发展，落后文化阻碍人的发展。

考生 2：文化软实力在文化竞争中的地位越来越重要。大力发展电影产业调整，提高自主创新能力。大力宣传电影文化。中国电影需要更加结合群众，结合生活。加强管理，大力扶持文化产业。

考生 3：政府应引导发展文化产业，营造良好文化产业环境。积极进行创作，继承传统，推陈出新，面向世界，博采众长。进行文化创新，立足于社会实践，重视人民群众在文化创作上的主体作用。发展大众文化，满足人民群众的精神需求。

考生 4：①继承传统，对待中华文化要取其精华、去其糟粕、批判继承、古为今用，面向世界、博采众长。中国电影产业发展要反映中华民族历史情感和人文精神。

②吸收借鉴其他民族文化中的积极成分，要做到以我为主、为我所

用，推动中国电影产业发展可以借鉴进口大片的制作、营销经验。

③文化发展的重要途径是创新，我国电影产业的发展要创新电影内容、传播手段，提高科技创新能力，增强基础设施建设。

④充分发挥人民群众的力量，人民群众既是文化的享受者，也是创造者。电影产业的发展要满足市场的需求，满足观众的文化需求。

⑤推动文化体制改革。

1. 考生存在的问题

（1）答非所问；

（2）表达不规范不准确；

（3）理论和材料脱节；

（4）知识点答不全。

2. 存在问题的原因分析

（1）审题失误、信息提取失真。从考生1、考生2的答题情况可以看出，其审题不准确，信息提取失真。从设问中我们可以提炼出：结合材料为电影业的更好发展寻找出路的信息。考查的是文化创新的途径，既要有理论也要联系实际。而不是文化的作用，或单纯的理论或单纯的照抄背景材料。尽管政治考题具有材料新、信息量大、设问角度灵活等特点，但我们也不难发现考卷中有些题目初看比较难，实际不大难的现象，有许多题目的答案就在材料里面，只要学生真正理解材料，有许多题目就可以迎刃而解。而缺乏正确的思路和方法，审题失误，信息提取失真则会直接导致解题的失败。

（2）知识薄弱，无层次无体系。从考生2、考生3的答题情况可以看出，考生基础知识薄弱，同时无层次无体系，答题不规范。考生4基础知识相对较好，但掌握也不够全面。本题答案直接涉及文化发展、文化创新的途径、发展人民群众喜闻乐见的文化等一系列知识，基本上跨越了整个教材。解答这一小题，对基础知识要求很高，不仅要准确识记、理解，还要能正确迁移、有效整合和灵活运用。基础知识不扎实，就不能准确表达自己的思想，写出的答案不规范、不准确。

综合以上原因，缺乏对材料与设问的正确理解及基础知识的薄弱是考生获取和解读信息的能力欠缺的主要原因。因此，准确审题、夯实基础知识便成为成功解题的入场券。

二、"获取和解读信息"的思路和方法

真正理解材料与设问、获取和解读信息，除了具有扎实的基础知识

外，还要具备较强的读题、审题能力。读题，就是让我们明确材料的中心问题是什么。审题，就是要求我们怎么处理材料中的问题。

1. 从试题设问中获取和解读信息

高考试题提出的解题要求通过所设置的问题体现，问题一般体现理论联系实际的原则，所以首先要提取出理论、实际和联结点三个部分的关键词。理论部分抓“范围关键词”、实际部分抓“主题关键词”、联结点部分抓“方向关键词”。例题中，“运用文化生活知识”为范围关键词，“结合材料”“电影产业的发展”为主题关键词，“出谋划策”是方向关键词。

为此，日常训练中，一要把握考查角度。明确知识和原理属于经济学、哲学还是政治学，如是哲学，应弄清是唯物论、辩证法、认识论、人生观和价值观还是历史唯物主义部分。二要把握考查的实际问题。要对近年来特别是一年来国内外大事，特别是国内重大实际问题予以关注，要通过专题复习，系统掌握各个领域中的热点，特别是关系国计民生的焦点问题。三要把握设问的思维点。设问到底要从哪几个方面分析？是现象、原因还是意义、方法、措施等？解答要分为哪几个层次？要通过研读设问找出全部的思维点，还应站在命题人立场去审设问，准确把握命题人的设问立足点和命题意图。

2. 从背景材料中获取和解读信息

高考试题所提供的文字背景材料都是经过仔细筛选的。解题时一定要对背景材料进行认真的研读，在最短的时间内划分层次、概括大意、提取关键词句，这将直接影响考生解题的思路和速度。例题中有一关键词“但是”，从这可以获取的信息是：我国电影产业的发展有喜亦有忧。喜体现在：电影产业做出变革、借鉴国外经验、挖掘本民族素材等。忧体现在：科技创新能力不足，基础设施薄弱。学生在掌握这两层意思之后，提取出相应的关键词句。如“借鉴进口大片经验”“反映中华民族历史情感”“满足市场需要和观众文化需求的精品并不多”“管理缺位”“科技创新能力有待提高，基础设施还比较薄弱”。由此，可以与课本的知识相对应，得出答案。

为此，在日常的训练中，要求学生养成分层、概括大意、提取关键词句的习惯。只有这样，才能在高考有限的时间内快速而又准确地把握题意，顺利解题。

正确的思路与方法是获取和解读信息必不可少的条件，而提升获取和解读信息的能力，又是我们成功解题的必要准备。

三、提高“获取和解读信息”能力的途径

考生知道获取信息的重要性，也了解获取和解读信息的正确思路和方法。而要真正提高提取信息的能力，一要扎实的基础知识，二要通过有针对性的训练，在训练中养成主动提取信息的习惯。

1. 重视基础知识，建构知识网络

扎实的知识功底是获取和解读试题信息的基础。从近几年的高考试题看，答案绝大部分是所学过的基础知识。文化知识基础愈深厚，对信息的感受愈敏锐，对事物的判断则愈准确。综合能力考查的是灵活、综合运用知识的能力，所运用的是知识体系。围绕着一个问题把有关知识联系起来，构成知识结构图或网络图。知识网络越完善，知识点组合的角度越多，想问题视野就越开阔，思维就越活。这样，发散思维、求异思维、创新思维也就体现出来了。组织答案时就会全面，深刻，有条理。如例题中关于“文化发展”的相关知识我们可以用以下的知识网络图展示。

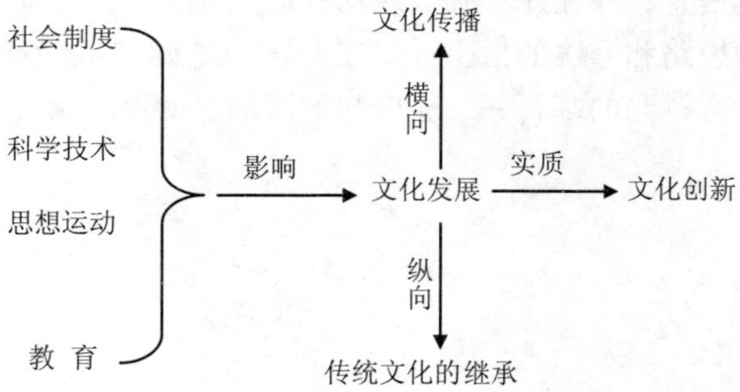

从上面网络示意图我们可以看出：文化发展的实质，文化发展从纵、横两方面需要怎么样做，以及影响文化发展的因素。当然这张网还可以延展下去，只要我们脑海中有这张图，只要是关于文化发展的问题，做题时便会胸有成竹，组织答案时便会不缺、不漏。因此，对于基础知识的把握，无论是平时的学习，还是最后的备考，都应给予充分的重视。对《高考考试说明》内容要求中的知识点必须点点到位并不断细化，而不能存在任何的侥幸心理。

2. 加强自主训练，形成思维习惯

在教授了获取和解读信息的方法和思路、学生掌握基础知识之后，我们应创设条件让学生加强自主训练，自己获取信息，从而形成习惯。要把课堂、时间真正地留给学生，但是教师要做好“导航灯”，适时给予点拨。否则时间花了，没有效果。讲解习题时，教师不读题，让学生通过审题寻

求正确答案。教师读题会剥夺学生独立正确审题的机会。因为题目中的有用信息、干扰信息、隐含条件会在教师“抑扬顿挫”的过程中呈现了，学生做的只是基本的推理，那么其自身获取有效信息的能力便难以得到训练。在能力培养上，可让学生充分展示自己的思维，但是当学生的思维受阻时，可以创设新的问题引导学生审题。在讲解完例题之后，可以相应地给出一道类似的新题，给学生做，让其自己训练，相互提问解答。

如东城示范校练习，38. 材料二：巨大的消费潜力和市场空间，对于蓄势突围的中国文化产业来说充满商机。各地在发展地方经济中，都努力抓住这一历史机遇，发掘文化潜力，打造特色文化，发展壮大文化产业。西吉县的皮影戏已有近千年的历史，是当地传统剧种。政府决定抓住当地传统戏剧——“皮影戏”作为突破口。

请你从文化生活角度，为县政府提几条可行性措施，以推动当地“皮影文化”的发展。(10 分)

此题与例题有相似之处，学生可以按照教师教授的思路和方法，先审题获取和解读信息，并在此基础上调动和运用知识，进行作答。

在正确的思路和方法的指引下，在坚实的基础知识储备上加以精细的日常训练，学生解题的基石——获取和解读信息的能力定会稳步提升。

我深深地热爱我所从事的教育事业，和学生们一起交流、成长是我最快乐的时光！

培养高中学生政治解题能力的策略

——“论证和探究问题”能力的培养

北京市航天中学　高　焱

一、直面困惑，深度思考

随着北京市高中政治新课程改革的逐步深入，高中政治教师的教学理念和教学方式在不断更新，在培养学生自主学习、合作学习、探究学习等各种学习方式方面积累了不少的经验，也取得了不少的成绩。但是，学习方式的转变并不意味着学生解题能力的提高。高中政治教师普遍感到困惑的是：新课程改革以来，政治高考试题的考查形式越来越灵活，单纯考试知识识记能力的试题比重越来越小，对学生分析问题、解决现实问题的能力要求越来越高。从现实来看，许多学生的政治学习仍停留在机械背诵上，以致考试时“有货倒不出”或者生搬硬套、张冠李戴，写了很多却不得分，在很大程度上打击了学生学习政治的积极性。从近期丰台区课题组“论证和探究问题的能力”调查问卷结果及 2012 年丰台一模政治成绩分析来看，学生的解题能力不强尤其是“论证和探究问题”能力不强是影响学生考试成绩的重要因素。而这一能力，恰恰是高考要考查的能力之一。在《高考考试大纲》中对学生在“论证和探究问题”能力考查方面有详细的解读：

运用判断、归纳、演绎、比较、概括等方法论证问题；在论证中观点明确、表述清晰、逻辑严谨；综合运用相关学科的原理和方法论证和探究问题，体现创新性思维。

所谓“论证”，是指用论据来证明论题的真实性的论述过程。所谓“探究”，是指对问题的研究和讨论。探究问题的过程，实际上是立论的过程，即对某问题提出自己的看法，表达自己的观点。论证和探究问题能力包括三个方面：一是根据有关信息，调动和运用相关知识和技能，发现或者提出体现科学精神和创新意识的问题。二是综合使用题目提供的信息、课堂学习或自主学习获得的知识、方法，提出比较必要的论据、论证和探究问题，得出合理的结论。三是能用顺畅的语言、清晰的层次、正确的逻辑关系，表达出论证、探究的过程和结果。

由此可见，“论证和探究问题”的能力是较高层次的考核目标。如何顺应课程改革的新要求，在采用新教学方式过程中培养学生“论证和探究问题”的能力，是摆在我们每一位高中政治教师面前的新课题，而这一课题的有效解决又为学生提高高考政治解题能力，提升高考成绩起着重要的作用。

二、分析问题，把握脉搏

学生要想提高“论证和探究问题”的能力必须学会在答题时能提出科学、有创新意识的问题；能运用批判、借鉴、引用、比较等方式，对有关现象、问题进行论证并具备迁移能力、创新能力、组织能力、表达能力、展示能力。结合丰台区市课题组“论证和探究问题能力”调查问卷结果及2012年丰台一模政治成绩分析结果来看，学生以上能力明显有很大的欠缺，这些能力的不足集中表现在以下几个方面。

1. 知识间点、面结合不够，缺少创新性思路，综合探究能力不强

2012年丰台一模文综40（4）

请结合材料，运用文化生活知识，为更好地推动中国电影产业的发展出谋划策。（10分）

本校高三学生答案	参考答案
①继承传统，对待中华文化要取其精华、去其糟粕、批判继承、古为今用，面向世界、博采众长。中国电影产业发展要反映中华民族历史情感和人文精神 ②吸收借鉴其他民族文化中积极成分，要做到以我为主、为我所用，推动中国电影产业发展可以借鉴进口大片的制作、营销经验 ③文化发展的重要途径是创新，我国电影产业的发展要创新电影内容、传播手段，提高科技创新能力，增强基础设施建设 ④充分发挥人民群众的力量，电影产业的发展要满足市场的需求，满足观众的文化需求	①立足社会实践，这是推动电影产业发展的根本途径 ②加强对外文化交流与合作，面向世界，博采众长，吸收其他国家电影产业优秀成果 ③继承中华民族优秀传统文化，在电影内容上推陈出新，革故鼎新 ④满足人民群众日益增长的精神文化需求，电影内容要反映人民需要 ⑤推动中国电影产业在内容形式、传播手段和体制机制上积极创新，营造有利于出精品、出人才、出效益的环境 ⑥繁荣电影文化市场，完善基础设施，增强中国电影产业的国际竞争力

从学生的答案看，学生在获取和解读信息能力、调动和运用知识能力方面较强，但是答的知识点不全，没有从根本途径上去“出谋划策”，不能提出创新性思路。这暴露出学生在复习知识时没能从整体上把握点、面之间的关系，在调取知识时，不是走知识体系，而是只有材料中明显的几个点；没有把握文化产业发展的最新精神，所以答题时思路狭窄，漏答知识点，导致相对容易的题也没能得满分。

2. 理论和实际“两张皮”，缺少综合使用题目提供的信息的能力

2012 年丰台区一模文综 40（4）

请结合材料，运用文化生活知识，为更好地推动中国电影产业的发展出谋划策。（10 分）

本校高三学生答案
（4）政府应引导发展文化产业，营造良好文化产业环境。积极进行创作，继承传统，推陈出新，面向世界，博采众长。进行文化创新，立足于社会实践，重视人民群众在文化创作上的主体作用。发展大众文化，满足人民群众的精神需求 （只有知识点，没有材料）
（4）文化软实力在文化竞争中的地位越来越重要。大力发展电影产业调整，提高自主创新能力。大力宣传电影文化。中国电影需要更加结合群众，结合生活。加强管理，大力扶持文化产业（只有材料，没有知识点）

第一位学生的答案知识点较全，如能联系上材料还能得 4 分，这 4 分对于高三学生来说，可以说是举足轻重的；第二位学生的答案只有材料和空话、套话，没有相应的知识点，写了很多，浪费了宝贵的时间，却不

得分。

3. 逻辑关系混乱，专业术语不强，表达能力欠缺

2012 年丰台区一模文综 40（4）

请结合材料，运用文化生活知识，为更好地推动中国电影产业的发展出谋划策。(10 分)

本校高三学生答案
（4）提高创新能力，依靠科技进步和科学管理等手段形成自己有利的竞争优势。利用文化传播、大众传媒等手段宣传，树立良好的企业形象，树立正确的经营战略
（4）文化作为一种精神力量，在人们认识和改造生活的过程中转化为物质力量。综合国力越来越成为国家重要因素。优秀文化促进人的发展，落后文化阻碍人们发展

第一位学生从企业的角度来答，完全不清楚应用文化模块内容来答，"树立经营战略"表现出其专业术语不强，表达能力不够。第二位学生从文化对社会的作用，综合国力的作用，文化对人的作用来答，知识逻辑关系完全混乱，不清楚该怎么表达。

以上三个方面是学生在答题时暴露出的共性问题，这些问题如不能有效地解决，将是影响学生高考成绩的一大瓶颈。

三、反思教学，对症下药

学生暴露出的"论证和探究问题"能力不足，不仅是学生学习方面的问题，更有教师在教学方面需要反思之处。学生答题能力需要提高的问题，很大程度上在于教师对学生有意识地培养和训练习惯的养成，而这种意识和这种习惯的培养要贯彻在教师教学的始终。

1. 把答题能力培养渗透到每节课中，加强探究性的设问

学生答题能力的培养尤其是"论证和探究问题"能力的培养，不是一朝一夕就能解决的，需要教师在教学中始终有对学生能力培养的意识并把它渗透到教学的各个环节中。不论在新课还是复习课，教师都要有意识地在学生进行自主学习、合作学习、探究学习的不同环节中加强探究性问题的设置，让学生在不断地提高获取和解读信息能力、调动和运用知识能力、描述和阐释事物能力的同时提高论证和探究问题能力。

比如 2012 年北京男子篮球"金隅队"首次获得 CBA 总冠军，这是让北京人都高兴的事情，也是中学生们关注的事情，如果教师能在讲完"联系"的知识点后，给学生提出问题：用联系的观点分析北京金隅队获胜的原因。那么这一问题对学生来讲既能培养学生理论和实际联系的能力，又具有很强的探究性。学生必须把联系的含义、联系的普遍性、整体和部分

的联系及系统优化的方法都用上并和实际结合才能比较完整、全面的回答这一问题。如果教师每节课都能把握好培养学生答题能力的良好契机，在每一个设问的设置上下功夫，让学生把论证和探究当成一种习惯，那么学生“论证和探究问题”能力会不断提升。

2. 构建知识体系，注重学生动笔能力、逻辑思维能力的培养

文科综合能力测试，考查的是学生对知识的整体和综合把握，高考试题考查单个知识点的越来越少，选择题和非选择题都加大了综合的力度。因此，教师在教学中要让学生学会构建知识体系，掌握知识间纵向和横向联系，把握政治、经济、文化和哲学之间的逻辑关系。学生头脑清楚才能有效调动和运用知识，才能在此基础上对知识进行迁移、整合并完整的表述。在此要强调的是，知识体系的构建，开始可以是教师为主导，但在复习和提高阶段，一定要让学生自己学会构建知识体系。

常言说得好，说起来容易，做起来难，这句话用在学生身上也不例外。在对学生进行能力训练过程中，学生往往觉得说说就行了，但真要让他们下笔写出答案，很多学生就犯难了，觉得无从下笔，甚至有学生不敢下笔，怕下笔就出错，就等着老师给标准答案。而学生的知识迁移能力、组织能力、表达能力、论证探究能力等都要在学生写答案的过程中得以培养和提高，学生的各种问题也只有在写出答案后才能充分暴露出来。所以教师在教学中一定要加强对学生动笔训练，多写多练，不能一味地赶教学进度而怕让学生写耽误时间，教师讲的越多，学生训练的机会就越少，学生的能力上不去，讲的越多做的无用功就越多，这恐怕是我们政治教师的通病，总想把所有的东西一股脑的给学生，岂不知学生没有经历过品尝美食的过程，只有吞咽的动作，他们哪会知道东西好不好吃呢？

每个人都具有起码的逻辑思维能力，但要把这一能力很好地运用到政治高考答题中来，需要教师对学生进行长期有意识的训练才能具备。逻辑能力说起来抽象，但实际培养过程中教师如果能让学生了解不同题型的不同要求，学会依据知识间的逻辑关系，养成使用专业术语的习惯，学生慢慢就会组织起顺畅、合理的答案。

主观题的设问有说明类、为什么、怎么办、认识类、意义类等不同题型，每种题型作答的逻辑要求都是不同的，教师要在平时的训练中让学生掌握不同类型题有不同的答题逻辑，要用不同的逻辑语言。例如，意义类题型就要先明确什么意义：比如经济意义、政治意义；主体是谁：比如国家、企业；性质分析：积极还是消极；常用句式：有利于、有助于、推动了、只有……才能……、增强了、促进了……

3. 撰写小论文，在自我探究中提升“论证和探究能力”

“润物细无声”是每一位教师追求教学效果的最高境界。如果我们每一位政治教师在教学过程中少让学生死背知识点，多找些学生比较感兴趣又和时事紧密结合的热点问题让学生运用所学政治知识撰写小论文，那么，对提升学生的答题能力尤其是提升学生的“论证和探究问题的能力”会有很大的帮助。

如2012年的物价问题是每个人都会关注的话题，就物价上涨带来的影响站在不同的角度会有不同的分析，就这一问题可以让学生撰写“物价上涨利大于弊”或“物价上涨弊大于利”。在学生撰写论文过程中，学生要运用政治、经济、文化、哲学知识，要涉及国家、企业、百姓等不同主体，要从利和弊不同方面去辩证分析，要用论据证明论点等。学生还在不觉中要运用批判、借鉴、引用、比较等方式，对有关现象、问题进行论证，而学生的迁移能力、创新能力、组织能力、表达能力、展示能力、论证和探究问题能力等都会在不知不觉中得到锻炼和提高，从而达到“润物细无声”的教学效果。

总之，要深化高中政治教学改革，领悟并贯彻新课改中的教学新理念、新精神，就必须直面困惑，分析问题，反思我们的教学。要真正把学生作为主体，真正还课堂给学生，课堂是教师的舞台，学生更是舞台的主角。教师既要转变传统的教学模式，又要注重对学生“论证和探究问题”答题能力的培养，在探索更好、更有效的教学中，进一步深化、完善高中政治教学改革，争做深化高中政治教学改革的领军人，做好学生攀登高考路上的阶梯人！

教师最大的享受、最大的乐趣就在于觉得自己是学生所需要的，是学生所感到亲切的，是能够给学生带来欢乐的。

让信息技术课
小心翼翼地去触及学生的心灵

北京市航天中学　王翠竹

素质教育是当前课堂教学改革的主旋律。信息技术学科作为素质教育的“领头羊”，更应以面向全体学生，发展学生能力素质，让学生主动、生动、活泼地掌握信息技术为主要特征。“信息技术课程是一门以培养学生的信息素养为主要目标、以综合实践活动的一个学习领域作为课程形态的必修课程，旨在帮助学生掌握信息时代生存与发展必需的信息技术基础知识和基本技能，形成在日常生活与学习中应用信息技术解决问题的基本态度与基本能力，形成与信息社会相适应的良好行为习惯，为培养能够适应信息社会发展挑战的创造性人才打下基础。”在新课程背景下，培养学生的信息素养就显得更为重要了。因此，我们面临的第一个问题就是转变观念，将教学重点转移到如何培养学生的素养上，而不再是操作与技能。

美国著名的教育技术历史学家萨特勒指出：“教学系统设计的第一步是对系统的目标、意图做出详细的说明，这些目标构成了所要达到的教学目标。”教学目标是指学生通过教学活动后要达到的学习结果，是教学活动的导向，是学习评价的依据。教学活动围绕教学目标而进行，教学目标是教学活动的出发点和归宿。

一、围绕“提升学生的信息素养”的总目标，开展课堂教学

（一）信息素养的含义

所谓信息素养，指的是人们利用计算机等现代信息工具获取信息，整理、加工信息从而综合利用信息提高工作与学习效能的能力。它是信息化

时代需要人们具备的一种基本能力，它包括能够判断什么时候需要信息，并且懂得如何去获取信息，如何去评价和有效利用所需的信息。

信息素养是一种基本能力，信息素养是一种对信息社会的适应能力。美国教育技术 CEO 论坛 2001 年第 4 季度报告提出，21 世纪的能力素质包括读写算的基本学习技能、信息素养、创新思维能力、人际交往与合作精神、实践能力。信息素养是其中一个方面，它涉及信息的意识、信息的能力和信息的应用。

信息素养还是一种综合能力：信息技术支持信息素养，通晓信息技术强调对技术的理解、认识和使用技能。而信息素养的重点是内容、传播、分析，包括信息检索以及评价，涉及更宽的方面。《美国高等教育信息素养能力标准》中指出，信息社会的人应该具备以下基本信息素养：决定所需信息的范围；有效地获取所需信息；严格评价信息及其相关资源；把所选信息融合到个人的知识库中；有效运用信息达到特定目的；运用信息同时了解所涉及的经济、法律和社会范畴；合法和合理地获得和利用信息等。

（二）教学目标的三个方面

在新的课程标准中，教学目标由知识与技能、过程与方法、情感态度与价值观三个维度组成，三个层面的目标相互渗透、有机联系，共同构成高中信息技术课程的培养目标。在具体的教学活动中，要引导学生在学习和使用信息技术、参与信息活动的过程中，实现知识与技能、过程与方法、情感态度与价值观等不同层面信息素养的综合提升和协调发展，不能人为地割裂三者之间的关系或通过相互孤立的活动分别培养。

任何一节课，无论是新课、练习课，还是综合活动课，学生都应当有所提高，有所发展。只有切实解决了学生现有水平与教学任务之间的矛盾，才算是真正达到教育的目的，一个没有明确的教学目标的课堂教学，无论教学形式多有创意，课堂气氛多好，都是一次失败的教学行为。教学活动的过程是学习者在教师的辅导下主动、积极地与外部世界进行交互活动，从而实现学习目标的实践过程；教学目标是教与学活动完成后，学习者在情感态度与价值观、过程方法和知识技能等方面发生的变化，教学目标具体地表现为教学过程结束时教师和学生共同完成的教学任务，它预先设定，也是衡量教学任务完成与否的标准。教学目标必须通过教学过程来实现，同样教学过程是为了完成某个目标而开展和实施的，做到有的放矢，教学过程和教学目标相互联系、相互渗透。

对应于教学思想的转变，信息技术教师要有“信息技术”和“信息素养”意识，即“从技术视野看，信息素养应定位在信息处理能力上；从心理学视野看，信息素养应定位在问题解决上；从社会学视野看，信息素养应定位在信息交流上；从文化视野看，信息素养应定位在信息文化的多重建构方面”，在信息素养中，“信息处理是基础，信息问题解决是关键，信息交流是根本，信息文化是导向”。只有在一定的理论知识储备之后，我们设计的教学目标才有科学的理论依据，才能着眼全局，才能使学生的各种信息素养得到全面、均衡地发展。

下面是“信息的鉴别与评价”——《信息技术基础》第二章第三节教学目标设计，课时为1课时。通过对课程标准理解，希望本次课能很好地渗透信息素养培养的课程目标；渗透与信息技术应用相关的社会、伦理等问题，引导学生结合具体技术活动思考有关技术哲学和技术伦理问题，培养学生良好的信息技术使用习惯和正确价值观的养成，从知识技能、过程方法、情感态度价值观三个维度体现《信息技术》课程的教学总体目标。在设计教学目标前，我们先在三个维度对这次课进行分析。

首先，在知识技能、过程方法维度上：学生已经掌握了如何在网上获取信息，但纷繁复杂的信息也很容易扰乱学生的注意力，各种各样的虚假信息、垃圾信息在网络、媒体上传播着，很多信息真伪难辨。学生对信息具有一定的鉴别能力，但缺少对信息的科学评价方法的系统认识。

其次，在情感态度与价值观维度上：由于学生正处在青春发育期，从生理和心理上都处在成长期，还不是很成熟；同时他们又渴望独立、张扬个性、表现自我；由于法律责任意识淡薄、社会伦理道德感减退，常常出现我们所不愿意看到的现象；尤其在网络上，由于从众心理的作用，普遍存在不客观评价和不尊重他人劳动成果的现象，甚至发表反动言论、对他人进行人身攻击，给国家和他人造成了不良的影响。这些由信息技术应用引起的相关社会、伦理等问题应引起我们教育者的重视和警惕，正确引导学生用好“科技”这把“双刃剑”是每个教育工作者义不容辞的责任和义务。

网络的出现使环境愈渐复杂，学生在学习和生活中，面对的信息量、信息选择、信息真伪、信息形式丰富多样。如果学生缺乏有效利用信息的能力，将会对社会形成一定的威胁。对网络德育的呼唤一直是社会各界特别是教育界非常重视的问题。学校可以立足课堂，利用信息技术的学科优势，在培养学生掌握技能的基础上，提升学生的网络道德水平。

根据“构建主义”的学习理论，结合上面三个维度的分析，设计了这次课的具体教学目标，内容如下：

（1）了解为什么要对信息进行鉴别与评价。

（2）掌握信息鉴别与评价的方法。

（3）能识别并抵制不良信息。

二、课堂教学中的内容与结构应符合学生的身心发展，有利于所有学生全面发展与个性发展

高中新课程突出了对孩子发展的基础性与差异性的关注，也就要求孩子要在学习过程中学会选择与规划，这是现代人的一个重要能力，也是高中生活对学生的要求。让孩子健康成长，是教育的核心指向，这不仅是家庭教育的期待，更是国家、社会对青少年的期待。基础教育课程改革的核心理念是为了中华民族的复兴，为了每位学生的发展。这就是强调教育要适应社会发展、科技进步、知识创新的时代需要，加强高中课程与社会发展、科技进步以及学生生活的联系，促进学习方式的多样化，发展高中生自主获取知识的愿望和能力，创建富有个性的课程制度和学校文化。

在教学中要根据学生爱玩的特点，指导他们在玩中学，在学中玩，扩展他们学习电脑的兴趣；利用学生好胜的特点，结合教学内容让学生边学边动手，边观察边分析，启迪他们在实践中进行科学的思维；教师不应强行把学生思维纳入自己的思维模式之中，鼓励学生大胆质疑，认真听取学生的意见，并放手让学生大胆试一试。

"授人以鱼，不如授人以渔"。在我们的教学内容中，既注重传授知识，又注重让学生理解电脑独特的思维；不会使用电脑，还时常想一想，为什么要这样设计，这样做有什么好处，这个程序有没有更好的设计思路。

在课堂上教师的重要任务是让学生积极思考，鼓励学生大胆地质疑，给出别出心裁的答案。学生智慧的激活，会反作用于教师和其他学生，使其能在更高层次上积极思维，从而在师生、学生间的互动中，不断闪耀出智慧的光芒。师生可从中尽情地去体验教学创造美的乐趣，并可获得教案目标之外的收获。

在课堂教学中，我们关注知识的结构和学生的认知结构，使学生学到知识和获得能力的迁移，使这些结构具有适度的灵活性。让学生成为主角。在课堂教学中，让学生作为主角，主动地学习，从而成为知识的主动探索者。信息技术课堂纪律如何把握，以前上信息课时总会出现这样一个现象：学生总会在下面叽叽喳喳，交头接耳，而且感觉比较嘈杂。有些同学是在讨论问题，而有些则在浑水摸鱼说些无关的话。对于这样的场面，

该如何掌握，以致教学能顺利进行，教学效果达到最好？目前在很多学校都存在一个普遍的问题：信息技术教师又要上课又要充当网管的角色，尤其是机房，没有专门的管理人员，基本都是信息技术教师上课兼管理机房。

针对这种情况，有两种方法：一种是管，一种是放。我认为应该宜“疏”不宜“堵”。

管，严格地管，管学生，管机器。利用各种网络管理软件对学生进行监控、限制，屏蔽聊天工具，禁用光驱，禁用 USB 口，甚至关掉网络。一学期下来，信息技术教师的大部分精力都用在了这里，最后学生弄得越来越不爱学，老师也弄得筋疲力尽。

学生和成人一样有强烈的自尊心。而且自尊心有“双重性”，当他受到保护时会产生积极向上的力量使自己进步；当其受到损伤时，会在逆反心理的支配下使行为向教育者所要求的相反的方向发展。苏霍姆林斯基曾说过：“教育——这首先是关心备至地、深思熟虑地、小心翼翼地去触及年轻的心灵。”

放，让学生充分体验到自由，赋予学生自主选择的权力，选择方法是自由的。创建多向的交流环境，学生可以问教师，也可以互相讨论，还可以查资料来解决。我们可以明确地告诉学生：教室是你们的，电脑是你们的，老师只是你们的学习伙伴，能学到多少知识，全看你自己的了。上学期，我试着将大容量硬盘开放，将耳机发给学生，开放了 USB 口，开放了光驱，开放了网络，与学生共享丰富的教学资源。我真心地尊重每一位学生，并且告诉学生尊重是相互的，老师希望和同学形成平等的、互相尊重的关系。这样做之后，并没有像我们想象的那样麻烦，一学期下来，机房的所有机器都在正常运行，而且学生的上课积极性、自觉性提高了很多。课堂上，学生始终处在不断地发现问题、解决问题的过程中，每堂课下来，学生都能根据自身的状况，选择到自己感兴趣的知识，真正成为课堂的主角。每个人都有各自不同的能力、气质、性格，也有不同的兴趣、爱好、世界观等，教师应予以尊重，并根据学生个性的不同特点，对学生正确引导，为其提供多元选择的教育，而非一种模式的“同化教育”，真正做到扬长避短、因材施教。

课改对一线教师带来了前所未有的挑战，同时也带来一些问题，其中有些问题课改之前就存在，新课改使原有的问题更加突出了。新课改的理念是好的，但新生事物都需要一个过程，新课改也不例外。我们应该深入教研教改，彻底理解新课标的内涵，并应用于教学实践当中，合理改变教学方法、学习方式，创设一个自主、合作、创新、和谐的新课堂。

参考文献

[1]. 技术课程标准解读. 湖北教育出版社.
[2] 美国高等教育信息素养能力标准. http://www.blog.edu.cn/user4/. 2005 - 10.

教师要以东风化雨之情，春泥护花之意，培育人类的花朵，绘制灿烂的春天。

提高“网络技术应用”课堂教学有效性的几种方法

北京市航天中学　钱立春

“网络技术应用”是高中信息技术新课程的选修模块，主要介绍网络的基本功能及因特网的主要应用。在信息技术新课程的五大选修模块（算法与程序设计、多媒体技术应用、网络技术应用、数据管理技术、人工智能初步）中，《网络技术应用》模块是最受学生喜爱的模块之一。如何提高“网络技术应用”课堂教学的有效性，我结合教学实践，谈谈自己的几点体会及做法。

一、注重课前的准备工作

（一）知识的准备——理论知识的通俗化

作为教师，掌握一个新知识、新概念并不难，难在如何将我们所学的知识提取精华，用通俗易懂的语言表述出来，让学生乐于接受。

在“网络技术应用”的教学中，我们不可避免地要遇到一些抽象的理论知识及技术名词，如网络协议、IP 地址、OSI 层次模型等，如果仅从教材给出的概念进行讲解，既枯燥也不利于学生理解，所以不妨通过类比，举一些生活中的小例子，既可活跃课堂气氛，也能帮助学生很好理解。例如，在讲“计算机之间的通信为什么要安装协议”这一知识点时，我举了一个例子，“我们在街上行走，要遵守交通法则，来保证交通有序和行人的安全，而计算机之间进行通信也要遵守一定的法则（约束和规范），以保证信息传递的有序及安全，网络里的这个规则就叫通信协议。”如此一来，将艰涩的知识具体化、形象化，学生易于理解，自然也就取得不错的教学效果。

当然，能将理论知识通俗、准确地表述出来，并不是一件容易的事情，这需要我们信息技术教师多读书，勤思考，只有不断地提高自己的知识水平，我们的课堂才能充满活力。

（二）网络器材的准备

“网络技术应用”是一门理论加实践的课程，要求学生不仅要掌握一定的理论知识，也要具备一定的硬件知识及动手操作能力。所以，在课堂教学中，要尽量让学生对所学的知识有一定的感性认识。例如，在讲网络通信介质时，对于有线传输介质，我会准备同轴电缆、双绞线、光纤三种不同的网线让学生观察，通过观察实物，再根据其不同的物理特性来讲解三种不同网线的优缺点及它们各自应用的具体环境，让学生在感性的基础上，加强理性认识，提高学生的学习兴趣。

二、注重课堂教学设计的工作

一节高效的课堂，离不开精心的教学设计，在进行“网络技术应用”教学设计时，我们要遵循以下原则。

（一）理论知识与实践操作相结合

“网络技术应用”是一门理论、实践并重的课程，如果单纯地讲理论知识，时间久了，学生必会感觉枯燥，失去学习兴趣。但是如果只是强调“会做”即可，学生在学习中产生诸多疑问，得不到很好的理论支撑，知其然而不知所以然，长久下去，也会让学生产生腻烦情绪。所以，在教学过程中，我们要特别注重理论与实践相结合。例如，在讲“双绞线的制作”这部分知识时，我首先让学生上网查询了双绞线的制作标准（T568A及T568B），然后让学生两人一组，根据不同的制作标准，做一条直通线或交叉线，制作完成后用测线仪测试网线是否连通。在制作、检测网线的过程中，学生发现了各种各样的问题，如为什么会出现测线仪指示灯不亮的现象？为什么测线仪指示灯闪亮的顺序跟书中不完全一致，双机也能通信？根据学生们发现的问题，我引导学生找出问题的答案。这样，通过实践操作，学生既学到了双绞线的通信原理，也锻炼了他们的动手操作能力，取到了很好的教学效果。

（二）学以致用，激发学生的学习兴趣

很多学生在学习的过程中失去学习兴趣，究其原因，是因为他们认为所学的知识在生活中没有多大的用处，一旦遇到困难，容易产生畏难情绪，不再努力探究，久而久之，对学习内容失去兴趣及信心。所以，在教学实例的选择上，一定要选择与实际生活联系紧密的例子，让他们通过自己的思考与实践，能够解决生活中实际遇到的问题，使学生学会享用自己的学习成果，感受学习过程中的成就感，从而进一步激发学生对本课程学习的热情。例如，学生们希望班级有个信息发布及师生交流的平台，我就在“网站的开发”及“动态网页制作”这两章内容的教学中，采用任务驱动及自主探究的教学方法，帮助引导学生建立了本班网站。在建设网站的过程中，从规划设计、内容的选择到颜色的搭配等，每个人都为这个班级网站献言献策，参与到班级网站的建设中，学生的学习热情空前高涨。

（三）关注细节培养

作为教师，我们在教学过程中，不仅要做到教授学生知识，还要教会学生学习方法，培养学生认真细致的学习作风，要让学生明白，细节决定成败。

例如，在制作网线的过程中，许多学生只满足于制作的网线通了，制作的网线不是很标准，四对双绞线裸露部分过长，所以在讲课过程及学生制作过程中，我反复强调制作网线的每一步细节，应该怎么做，不应该怎么做，为什么要这样做。让学生不仅会做，还要做好。

（四）培养学生勤于思考，乐于动手的习惯

学生学习归根到底是思维的锻炼，只有勤于动脑，肯于思考，才能理解和掌握知识，形成各种能力。教师首先要善于激发学生的思考欲望，提出启发学生思考的问题，培养学生发现问题、提出问题的良好品质；其次要注意提供适量的思考依据，培养学生有根据、有条理、有序地进行思考的习惯；最后，教师还要留给学生充分的思考时间，让学生在教师的指导下，充分发挥个人的见解，主动探索新知，多渠道、多角度地寻求解决问题的方法。

例如，在测试网线是否连通的过程中，有的学生一看测试仪的指示灯不亮或是亮灯顺序不对，就急于把水晶头剪掉，重新做。针对这种现象，我引导学生思考为什么会出现这种现象，该如何解决？这样有针对性地改正制作过程中的错误，培养了学生思考问题和解决问题的能力。

再比如，测试网络连通性时，我讲授了 PING 命令的使用，在 PING 对方 IP 地址 PING 不通的情况下，指导学生对可能的情况加以分析，从而找出解决问题的方法。

三、注重课后的反思工作

美国著名学者波斯纳提出：教师成长 = 经验 + 反思。也有专家认为：优秀教师 = 教育教学过程 + 反思。可见，课后反思是教师提高教学水平的有效措施。“网络技术应用”作为选修模块，在高中阶段开设仅仅有几年时间，能提供的教学资源及经验都非常有限，这就要求我们在注重自身学习的同时，更要加强课堂教学后的反思工作，除了对课标是否达成、教学效果是否良好等进行反思外，还可以从以下几方面进行思考。

（一）对精彩片断反思

课堂教学中，师生情感交流的融洽，往往会因为一些偶发事件而产生瞬间灵感，成为课堂教学中的一个闪光点，达到意想不到的效果。如在讲“无线通讯介质”时，有的学生利用手机的蓝牙或红外功能将自己喜欢的一幅图片或一首歌曲发送给我，让我感觉意外又惊喜，接着，我让学生自己谈谈无线传输的优缺点，学生们畅所欲言，课堂气氛活跃，取得了很好的教学效果。

（二）对教学遗憾的反思

再完美的教学设计在教学过程实施中，也会有遗憾、感觉不尽如人意，对这些不足之处我们要深入分析原因，找出解决问题的办法和对策。例如，在讲“双绞线的制作”时，作为知识的引入部分，我让一个学生将我准备的直通线和交叉线直连两台计算机，看是否会连接成功，从而引出双绞线的制作标准。令我没有想到的是，两根线竟然都能将双机直连成功，这让我始料不及。后来才发现，我选择的两台机器网卡是正反线自适应的。通过这件事情，也让我对自身教学的严谨性有了更深的思考，教学无小事，一定要在上课前认真准备，不能有一点马虎。

（三）对教材处理应用的反思

教材是教师进行教学的重要资源，是精选出来供学生学习的材料。但教材具有普遍性和局限性，怎么才能使教材的普遍性同自身教学实践的特殊性有机结合，充分调动教学双方的积极性，提高教学效率，是一名优秀教师应具备的基本素质。教师不但要在课前对“如何运用教材”“如何创造性使用教材”进行深入的研究，课后反思同样重要。如在讲“IP 地址及其分类”时，我引入了十进制和二进制的转换的知识，进而讲解了如何利用子网掩码区分 IP 地址中的网络号和主机号，以及如何进行简单子网的划分，从而让学生对 IP 地址的分类及划分有了更深层次的理解。

总之，新课改下信息技术课堂，要求我们具备更多的专业知识，并且始终以研究的态度对待自己学生和教学内容，精心设计和实施教学，不断反思教学过程，从而创生出符合学生特点、积极有效的课堂，真正达到教学目标。

参考文献

[1] 技术课程标准解读. 武汉：湖北教育出版社，2003.
[2] 张璐，李艺. 高中“网络技术应用”教材内容建设方法. 中小学信息技术教育，2005（1）. http://mall. cnki. net/magazine/Article/ZX-JA200501005. htm.
[3] 网络技术应用. 广东基础教育课程研究开发中心信息技术教材编写组.

音乐教育并不是音乐家的教育，而首先是人的教育。

信息技术与音乐课堂教学的整合

北京市航天中学　林　琳

信息技术与课程的整合是指在课程教学过程中把信息技术方面的技术、资源、方法、人力资源和课程内容有机结合，共同完成课程教学任务的一种新型的教学方法。如何促进信息技术与音乐课程的整合，充分发挥整合的优势呢？我的体会有以下几方面。

一、充分利用多媒体，优化音乐课堂教学

1. 创设情景，激发兴趣

学生学习音乐的兴趣主要是对形象具体、形式新颖的事物引起好奇。多媒体课件能将文字、图像等直观地展示出来，为学生提供生动形象的教学情境，丰富多彩的教学资源，营造色彩缤纷、声像同步、能动能静的教学情景，从而激发学生的学习兴趣，充分调动学生的视觉、听觉等多种器官，把学生在音乐课堂上的审美体验推向高潮。例如，在教授唱游课《两只小象》时，由于很多学生没有看到过大象，为了让他们更好地理解歌曲中的音乐形象，可将歌由和有关大象的画面剪辑成小影片，课前在大屏幕上循环播放，让学生合着音乐，看着画面，伴着律动的感觉进课堂。憨态可掬的大象一下就吸引了学生，使学生情不自禁地萌发了学习这首歌曲的兴趣。学生会唱后，可以利用“附件”中的“录音机”将学生的演唱配上伴奏录下来，然后播放，让学生欣赏，使他们享受到参与音乐活动的快感，同时也培养了他们的参与意识和表现欲望。

2. 直观形象，突破难点

心理学家认为：动态刺激远大于静态刺激，给人留下的印象也最深刻。教学中，以静态方式存在的教学材料，通过多媒体的手段可恢复其鲜活的面目，变得有声有色。采用CAI动态图像演示，利用其文字的闪现、图形的缩放与移动、颜色的变换等手段，容量大、速度快、效果好，不仅能把学生难懂的知识直观地显示出来，而且有较强的刺激作用，有利于促进学生的知识建构。

《在草原上》是一首两声部的合唱歌曲。此前，学生很少接触过分声部歌曲，为了让学生在演唱时做到声部和谐、音高、节奏准确，可以将高低声部用不同颜色显示在屏幕上，并且用“音频解霸”分别录制两个声部的伴奏。学唱时，轮到哪个声部就播放哪个声部的伴奏，并且将歌曲中的渐强、渐弱等速度记号设置成“移动播放”，从而提醒和帮助学生更快更好地学唱歌曲。在合唱时，还可以配上动画MTV，指导学生看着画面，有感情演唱歌曲，从中感受到牧民对蒙古大草原的无比热爱与赞美之情。

3. 优化教学，扩充容量

教学活动是一种复杂的信息交流活动，通过多媒体辅助，可以优化提高教学效果，摒弃落后的教学方法，突破创新，扩大补充知识容量。例如，在欣赏教学中，以前总是对录音磁带进行剪辑，不仅费时，而且效果也不理想，但电脑可以对音乐作品进行剪辑，使以前烦琐的工作变得简单，效果更佳。

在欣赏《丰收锣鼓》第一乐段主题时，第一遍播放时，采用原速，学生听完后说表现的是人们敲锣打鼓、喜庆丰收的欢腾场面；第二遍，我放慢了速度，学生听后发现，欢快、喜庆的情绪没有了，乐曲变得面目全非。通过这种方式，让学生认识到速度在作品中的重要性。又如《鸭子拌嘴》的乐曲发展顺序是出发—到池塘—拌嘴—回家，在录音时，可分四次将四个乐段分别命名录制，播放时点击哪个乐段，就会播放哪个乐段，还可以将“拌嘴”这一乐段设定成循环播放，反复聆听，便于在欣赏时加深印象，对作品更深入的理解。这样既丰富了教学内容，又扩大了学生视野。

二、巧妙借助网络，培养学生能力

1. 实践能力

在教学感受音乐情绪的时候，教师通过电脑网络展示联系背景音乐的舞蹈动作画面，引导学生欣赏、讨论、模仿，从中通过自身实践理解音乐。学生在电脑上独立选择画面，配上音乐，将作品在电脑中进行展示，并可以自己动手，实现音乐课和电脑课的“整合”，在整合活动中培养学生实践能力。

2. 信息处理能力

音乐教师也可以设计一些需要学生主动去探究、收集、整理、获取信息，并综合运用这些信息进行创新的“研究性学习”的作业。例如，在新授《小叶子》这一课之前，要求学生去找叶子，通过网络去寻找秋天的有关信息，制作各种叶子标本。在这个过程中，学生要寻找大量资料，要进行筛选、设计、排版、打字等，整个过程培养了学生收集信息、选择信息、审美、运用现代教育技术等能力。

3. 发散思维能力

在教学《美丽的草原我的家》中，学生仅仅通过歌曲了解草原的美是不够的。我们把草原的视频资料和其他相关内容以文字、声音、图片、视频的形式按一定的链接方式制作成课堂教学网页。课上，学生通过“视频点播”看到了草原人民的风俗人情及特点，从而进一步感受歌曲的音乐情绪，并在网上看到草原上的各种图片和文字信息，更加深了对歌曲的认识。

4. 创新能力

在教学《摇篮曲》时，教师在屏幕上展示一幅美丽的夜景图，用该音乐作为背景音乐，让学生如有身临其境的感觉，学生很快就学会了歌曲。与此同时，教师切换画面，学生根据画面的内容随《摇篮曲》的旋律创编歌词。在教师的指导下，学生得意地唱着自编的歌曲，很有成就感。课后让学生从校园网中查找下载相关资料，然后根据自己的理解，进行歌词创编。课堂上，学生们畅所欲言展开讨论，教师适时点拨、评价，于是一个个闪耀着创新火花的歌曲诞生了。通过网上的查阅、交流和相互间的思维碰撞，点亮了学生智慧的火花。

随着科学技术的不断发展，多媒体将更广泛地应用到音乐课堂教学上，全面提高音乐教学水平和质量。

诚挚的心灵，是学生情感的钥匙！

高中音乐鉴赏《丝竹相和》教学设计

——江南丝竹、广东音乐

北京市航天中学　田丽馨

一、教学要求

（1）聆听江南丝竹《中花六板》、广东音乐《雨打芭蕉》，使学生能够对民间丝竹乐产生兴趣和爱好。

（2）感受、体验江南丝竹及广东音乐的音乐风格，了解江南丝竹、广东音乐的主要乐器及其音色，初步掌握有关江南丝竹和广东音乐的特点及风格。

二、教材分析

“丝竹”这个名称，源于我国传统的乐器分类方法，它泛指民族管弦乐器。丝竹乐器有很多的组合，不同的组合下音乐会呈现出不同的情绪和风格特点，就好比江南丝竹音乐和广东音乐，同属于丝竹乐种，却有着不同的情绪风格和地域特征。

三、教学目标

1. 知识与技能

通过欣赏江南丝竹《中花六板》、广东音乐《雨打芭蕉》，感受、体验江南丝竹和广东音乐的音乐风格，掌握江南丝竹、广东音乐之特色乐器的知识及判断其音色的能力，了解形成其音乐风格的原因。

2. 过程与方法

通过反复聆听、视听多媒体辅助视频的过程，体验乐器的音色对比，逐步了解丝竹乐的乐器种类和风格。

教学方法：聆听法、讲授法、讨论法。

3. 情感态度与价值观

学生在民间丝竹乐欣赏中感受丝竹乐的艺术美，提高对民间音乐艺术的鉴赏能力，培养学生热爱祖国民族文化艺术的情感及民族自豪感。通过认识不同地域的音乐，从而产生对祖国大好河山的热爱与对生活的积极态度。

四、教学重点和难点

教学重点：感受体验江南丝竹和广东音乐，了解其不同音乐风格。

教学难点：聆听《中花六板》《雨打芭蕉》，感受、体验其音乐情绪，掌握江南丝竹乐队及广东音乐的编制知识及主奏乐器音色的能力。

五、教学过程

教师：请大家欣赏一首器乐曲《春江花月夜》，你从中听到哪些乐器音色啊？中国民族乐器历史悠久，种类繁多，你还知道哪些？我国的民族管弦乐队编制形式很多，如清锣鼓乐队、吹打乐队、丝竹乐队等。各种民族乐队用什么乐器与用多少，要根据乐曲的风格、色彩、习惯和内容来考虑。

“丝竹”这个名称，源于我国传统的乐器分类方法，它泛指民族管弦乐器。丝竹乐器有很多的组合，就像我们前面听到的音乐片断，不同的组合下音乐会呈现出不同的情绪和风格特点，就好比江南丝竹音乐和广东音乐，同属于丝竹乐种，却有着不同的情绪风格和地域特征。

（一）江南丝竹

1. 江南丝竹简介

教师：广义上说，是指包括长江以南的所有丝竹乐，1958 年，江南丝竹有了特定的含义，即专指流传在上海—江苏—浙江一带的民间器乐合奏曲。乐曲曲目来自民间或古曲，有些则由其他器乐曲衍化而来。著名的八大名曲有《中花六板》《三六》《行街》《欢乐歌》《云庆》《慢六板》《花三六》《四合如意》。获得国内外高度评价的《春江花月夜》，亦属于江南丝竹音乐。在历史上，江南是被文人墨客美化了的地区，它反映了古代人民对美好生活的向往，是人们心目中的世外桃源，富有盛名的苏杭是江南的代表。

2. 视频观看、听赏《中花六板》

（1）思考提问。①乐曲情绪和使用功能（喜庆、活泼、追求幸福、乐观向上），②音乐风格特征（优美抒情、清新悠扬、庄重典雅，婉转流畅，具江南色彩）。

（2）出示乐队编制图，讨论交流：使用的乐器及主奏乐器（二胡、笛、箫、琵琶演奏主旋律，笙、扬琴支持烘托，小三弦打点添线）

教师小结：江南丝竹所使用的乐器以民族管弦乐器为主，辅之以轻型的打击乐器（增添乐曲欢乐的气息）。乐队编制可大可小，大者十数人，小者至两人，一丝（二胡）一竹（笛子）。

（3）探究：引导学生唱一唱《老六板》的旋律，再与《中花六板》的旋律做比较，想想它们之间有什么联系，发生了怎样的变化。

小结：《中花六板》是《老六板》的放慢加花，主干音不变，将母曲的音调节奏逐层成倍加以扩充，而速度由一拍放慢至四拍，旋律一次又一次地加花，这是传统民族器乐创作中运用最为广泛的一种旋律发展手法。

（4）观看教材配套的音像资料介绍：江南音乐的地域特征及文化特征

讨论归纳：音乐风格的形成与江南的历史、文化、景致、地理环境直接相关，乐曲内容多表现江南人民朴实健朗的欢乐性格，也从一个侧面体现了江南山清水秀的美丽风貌。音乐以加花、纤细、轻盈、小型、灵活为其典型风格特征。

（二）广东音乐

1. 广东音乐简介

教师：广东音乐属丝竹乐的一种，流行于广州及珠江三角洲一带。它的前身是粤剧的过场音乐和烘托表演的小曲，20 世纪初发展为独立的乐种。广东音乐的发展与一批专业的创作者有关。其中，严老烈、何柳堂、吕文成、丘鹤俦等影响较大。1926 年，吕文成改进了广东音乐的乐队编制。广东音乐的乐曲，一部分是源于古曲或民间乐曲的改编，另一部分则是作曲家的创作。通常，乐曲都比较短小精悍。

2. 视频观看、听赏《雨打芭蕉》

思考：

（1）音乐的情绪怎样？你有何感受？情绪欢快活泼、热情开朗、富有朝气，具有一种乐观向上的情绪色彩。

（2）比较《中花六板》和《雨打芭蕉》，两首作品的色彩与风格有何不同？

学生回答:《中花六板》——悠扬抒情、典雅;《雨打芭蕉》——热情开朗,华丽。

(3)思考:主奏乐器的音色特点及其对音乐风格的影响?

六、教学总结

(1)归纳总结:主奏乐器是高胡、扬琴。高胡的音色高亢、清脆、明亮,刚劲有力,使用作品节奏更清晰,旋律悠扬悦耳活跃。

内容	江南丝竹	广东音乐
主奏乐器	二胡、扬琴,笙,琵琶等	高胡、扬琴等
音乐风格	悠扬抒情、典雅秀美	轻快流畅、热情华丽
乐曲来源	民间古由,无确切作者	有专业创作者

(2)思考讨论:在人们生活中丝竹乐都有哪些功用?

娱乐性:丝竹乐常用于调剂生活、消除疲劳、民俗民间活动,自娱性很强。

艺术性:江南丝竹从风俗性活动的演奏到大同乐会的演奏,曲目从《中花六板》等八大曲发展到《春江花月夜》等,提高了这一乐种的审美价值。

(3)拓展和探究:形成江南丝竹和广东音乐特点的主要原因是什么?

音乐来源于生活,又高于生活。不同的音乐作品,往往具有不同的音乐风格,它反映了当地人民的生活习惯、语言特点、思想情感、历史文化等。

我国的民族音乐文化丰富多彩,具有多种民族性格及地方风格,而江南丝竹与广东音乐正是中国民族音乐宝库中两颗夺目的璀璨明珠。随着时代的不断发展,我们民族音乐在表现方式上也有一些新的变化和突破,在继承传统的基础上又融入一些新的元素,给作品增添了活力,更丰富了作品的表现力。

岁月荏苒，奋斗在美术教育岗位已经十四年，有人问我："这么多年来你教给学生什么？"我想，我交给学生的是如何感受真善美。在这里引用梁启超的一句名言：美术所以能产生科学，全从"真美合一"的观念产生出来。他们觉得真即是美，又觉得真才是美，所以求美，先从求真入手。

彩绘葫芦的第一课——鉴赏葫芦

北京市航天中学　袁　清

一、指导思想与理论依据

（一）指导思想

以教育部普通高中课程方案为指导，以普通高中《美术课程标准》为基础，以我校校本课的开课思想为依托，设计了本课教案。

（二）理论依据

在高二年级开设的《彩绘葫芦》一课是依据高中美术课程标准，属于工艺课范畴。按照新课标的要求，本课的学习内容符合高中学生的兴趣，适应高中学生美术学习的实际能力和水平。

新的课程标准，要求工艺课：灵活选用身边材料，运用各种工具和方法，根据功能和审美要求，有创意地完成一件以上的设计作品和工艺作品。因此本课的材料是就近取材，将生物实验田种的葫芦运用到工艺课中，让课堂教学变得更有意义。在教学过程中不断学习和思考，让学生通过学习本课陶冶情操，提高生活品质；理解美术文化，形成人文素养；调节心理状态，促进身心健康等，并在教学中始终贯彻《美术课程标准》的课程基本理念。

二、教学背景

（一）教学内容分析

本课属于高中工艺美术课，是民间工艺美术的一个分支。

葫芦文化，是中华民俗文化的一部分，是中国民俗文化的缩影，属于我国非物质文化遗产。

作为一堂针对高中学生的课，如果是简单的知识堆砌，不能激发学生的求知欲，不利于传统文化的传播。因此，我选择有代表性的经典内容，结合学生储备的知识，深入浅出地教授。本课教学内容是以鉴赏多种形式的葫芦为主，首先让学生理解葫芦与人的密切关系，发现生活之美，学会运用比较、联想、迁移等方法；再次，重点让学生理解葫芦文化中的寓意性；最后通过对葫芦的情感积淀，激发学生的创作欲望。

（二）学生情况分析

学生情况分析：经过调查了解到，高中学生大致分成两种类型：第一种喜爱绘画，对本课充满好奇心和热情，希望通过学习，收获成果和作品；第二种不太擅长绘画，但觉得可以尝试着玩一玩。

学生美术素养的分析：通过交谈和对学生绘画的观察，高二学生的绘画能力较强，但设计意识比较薄弱。学生对现代的、大众的、流行的艺术比较熟悉和热衷，对传统的艺术了解相对较少。

（三）教学方式与手段说明

课前体验法：采取让学生实地考察葫芦，采摘葫芦，学生自己搜集葫芦和到网上查阅资料等手段，让学生对葫芦有更多的亲身感受。

比较分析法：展示经典图片，设计有效问题，分析比较，发现问题。

实践操作法：让学生通过实践更好地完成认识过程。

（四）技术准备

葫芦是中国传统的观赏果实之一，无论小孩和大人对葫芦都很喜欢，这就为本课提供了一个良好的开端。

1. 教师准备

（1）准备资料：网上查阅资料、在首都图书馆借阅资料、收集葫芦艺术图片。

（2）准备材料：葫芦、丙烯颜料、毛笔。

（3）技术准备：向葫芦爱好者求教，亲身体会彩绘葫芦的乐趣。

2. 学生准备

准备绘画的材料、从网上和书上查阅资料、收集绘画图片。

（五）前期教学状况、问题与对策

1. 学生情况

学生对葫芦的认识只停留在好玩和好看的层面上，并且认为自己对葫芦很了解。教学中，抓住学生喜爱亲近葫芦的契机，先让学生把玩葫芦，为鉴赏奠定良好开端。再通过问题吸引学生，让学生了解葫芦文化的深刻内涵。通过处理打磨葫芦，培养学生耐心细致的做事态度。

2. 教师情况

开课前我对葫芦艺术很感兴趣，希望学生能够接触到这门工艺。但是我制作葫芦的经验比较少。因此，我利用课余时间研究葫芦的采摘、葫芦的去皮和保存，并亲自彩绘葫芦。切身的实践为我的教学工作提供了宝贵经验。

3. 教学设备情况

本课材料要求比较苛刻，葫芦材料比较难得。为了保证教学的顺利开展，学校给予大力支持。例如，提供试验田里的全部葫芦，到十里河天桥市场购买葫芦，号召学生收集葫芦。

三、教学目标

（一）情感态度与价值观

（1）理解民间文化的美好寓意，感受传统文化的艺术魅力。

（2）了解葫芦的传统文化的内涵，培养学生的民族自豪感，懂得珍惜传统文化。

（二）过程与方法

（1）培养学生耐心细致、善于思考的学习态度。

（2）善于发现生活之美，学会运用比较、联想、迁移的方法，形成设计意识。

（三）知识与技能

（1）了解葫芦实用价值，理解和认识葫芦传统文化的寓意。

（2）学会如何采摘和保存葫芦及给葫芦去皮和打磨光滑。

四、教学重点与难点

（一）教学重点

通过认识葫芦的寓意和作用，培养学生珍爱中国传统文化，理解传统文化。

（二）教学难点

学生对人与葫芦的情感的理解。

五、教学过程

教学阶段	教师活动	学生活动	设置意图	技术应用	时间安排
创设情境导入新课	请同学来把玩手里的葫芦吧！今天我们先来鉴赏一下葫芦！大家在哪里见过葫芦？你在下面这些地方见到过葫芦的形象吗？ (1) 影视和文学作品中 (2) 艺术作品中 (3) 建筑中 (4) 生活用品中 教师展示生活中和艺术作品中的葫芦形象的幻灯片 可以说葫芦的艺术形象非常受人关注，那么葫芦和我们有怎样的渊源呢？	学生回答问题1：在十里河天桥市场、在工艺品商店见过。学生回答问题2：动画片《金刚葫芦娃》和《八仙过海》，葫芦丝乐器。文学作品《庄子》	善于发现生活之美，学会运用比较、联想、迁移的方法，形成设计意识	投影仪	5分钟
新课讲解	葫芦是一种分布广、用途多的古老植物。世界很多国家都有新石器时代出土葫芦的报道。我国浙江余姚河姆渡遗址出土了距今七千年前遗存的葫芦的种子。葫芦与人类的生活紧密相关，发挥你的想象力，猜猜葫芦有哪些实用性？	学生思考回答： (1) 葫芦可以吃 (2) 可以做成瓢舀水 (3) 可盛装东西（粮食、酒之类） (4) 做乐器 (5) 用作渔网的浮子（教师补充） (6) 用于浮水渡河（教师补充）	了解葫芦的实用价值，理解和认识葫芦传统文化的寓意		5分钟

续表

教学阶段	教师活动	学生活动	设置意图	技术应用	时间安排
新课讲解	葫芦的实用性备受人们的青睐，久而久之升华成一种独特情感，赋予葫芦更多的美好意义。你知道人们赋予葫芦怎样的美好寓意吗？请大家来看幻灯图片！ (1)《太上老君的宝葫芦》等 (2)《八仙过海的宝葫芦》《收毒葫芦》等 (3) 民间剪纸《多子多福》 大家跟我一起读“葫芦”谐音像什么？ “福禄”是老百姓对现实生活的最大追求。表现出人们对美好生活的期盼	学生思考回答问题1： (1) 葫芦象征延年益寿 (2) 葫芦象征平安驱灾 (3) 葫芦象征多子多孙 思考回答2： 福和禄的谐音	通过文学作品和艺术作品中对葫芦的描绘和表现启发学生理解和认识葫芦这一传统文化符号内包含的深厚情感	投影仪	10分钟
实践操作	葫芦这样美好让我们把玩一下吧！然后从视觉、触觉、听觉三方面谈谈你的感受 葫芦的造型优美，表皮光滑，色泽温润，使得许多艺术家将它进行加工修饰，增添它的人文美感，欣赏艺术家创作的各种工艺葫芦： (1) 雕刻葫芦 (2) 彩绘葫芦 (3) 针划葫芦 (4) 火画葫芦 (5) 范制葫芦 (6) 勒扎葫芦	视觉：造型圆润，有曲线美感，色泽温润自然 触觉：光滑细腻 听觉：哗哗响，有种神秘感	对葫芦的理性的思考转变为感性的认识。近距离地接触葫芦，加深对葫芦的情感。感受传统艺术的魅力	投影仪	7分钟

续表

教学阶段	教师活动	学生活动	设置意图	技术应用	时间安排
拓展提高	一个好品相的葫芦前期的工作一定要做好！教大家一些实用的常识： 葫芦成熟的标志 （1）葫芦表皮的颜色由绿变白；绒毛脱落；葫芦壳的木质变硬；葫芦秧已经变黄 什么样的葫芦是已经晾干了的? 当听到葫芦里的种子发出“沙沙”的声响时，就说明这葫芦已经干透了 葫芦的去皮： 将葫芦浸泡在水中30分钟左右后，再用刀去皮 请同学们将老师发给大家的干葫芦用砂纸稍加打磨，使之色彩更匀，表面更光洁	让学生了解画葫芦前期的制作工序 学生动手操作将葫芦打磨光洁	拓展常识，学会保存和处理葫芦的技能，培养学生艺术素养	教师示范	10分钟
归纳总结	从古至今葫芦与我们人类有着无法分割的渊源，人们赋予它美好的寓意，将它修饰成更美好的造型，期盼着它能给人们带来好运。所以葫芦不仅是自然之物，更是人文瓜果		加深学生对本课的理解		1分钟
布置作业	布置下一节课的内容：请同学们课下收集京剧脸谱的资料，为下节的绘画课做准备		为下一节课做准备		2分钟

续表

<table>
<tr><th>教学阶段</th><th>教师活动</th><th>学生活动</th><th>设置意图</th><th>技术应用</th><th>时间安排</th></tr>
<tr><td>教学过程流程图</td><td colspan="5">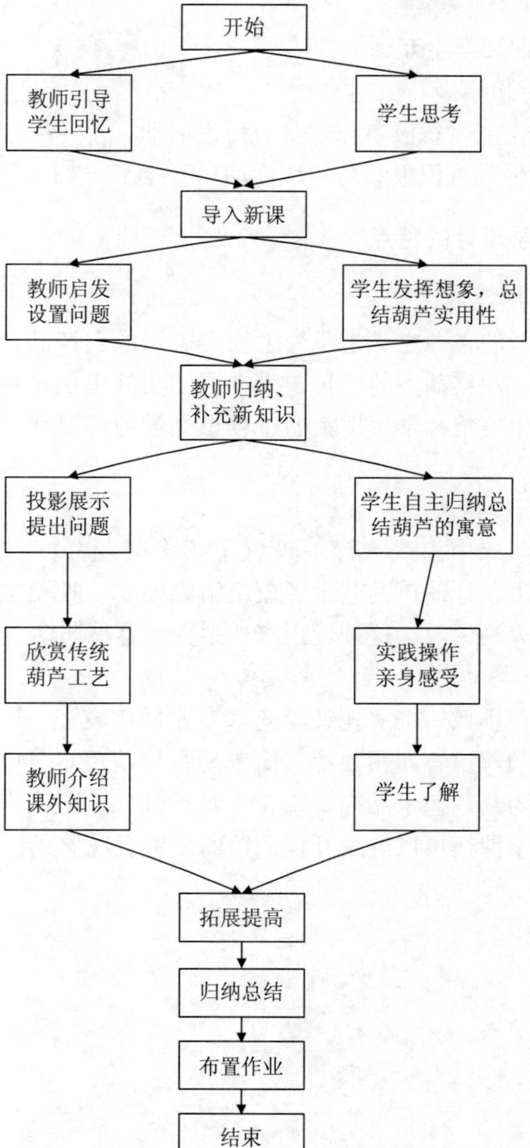
</td></tr>
</table>

六、学习效果评价设计

（一）评价方式

教师点评和学生互评。

（二）评价量规

（1）学生能否积极参与欣赏与讨论活动。

（2）学生是否积极参与实践活动

七、教学设计的特点

（一）材料特点

葫芦材料的来源之一是我校生物实验田的农产品，学生可以到试验田里采摘葫芦，观察葫芦的生长，为本课的实施提供了帮助。材料来源的另一渠道是学生搜集，学生搜集的过程也是学习的过程，同时增强了学生对葫芦的情感。

（二）资料特点

我在这节课中由浅入深地设置了很多问题并配以直观的、经典的图片，层层递进，让葫芦的艺术形象更清晰明确。搜集很多民间彩绘葫芦工艺品，如社火马勺等，这种近距离地感受，容易调动学生学习的兴趣。

（三）内容特点

彩绘葫芦不像蜡染、扎染等艺术专业性比较强、要求的硬件设施比较全面，彩绘葫芦内容新颖独特、简单易行。葫芦本身就是一件艺术品，彩绘葫芦更是为葫芦艺术品锦上添花，可行性比较强，在学生有了一定的创作经验后，本课还可以继续开发葫芦的多种表现形式。

爱与责任一起同行，让每一个孩子都得到爱的滋润，知识的浇灌，让每一个孩子在知识的碧海中和谐、自主、幸福地成长。用责任充实我的教海生涯。

在新课程标准下，体育教学追求合作教学

北京市航天中学　朱　莎

合作性教学是素质教育的主体性原则对教学过程的内在要求，是师生两方面积极性和新型的师生、生生关系在现代教学过程中的本质表现。心理学研究认为，课堂上有三种学习情境，即合作、竞争和个人学习，其中最佳情境就是合作的学习情境。著名合作学习理论家约翰逊指出："合作学习是这三种学习上最重要的一种学习情境，但目前却是运用得最少的一种学习情境……"从研究情况看，合作教学应是课堂教学活动的主流，它能开发学生的潜能，促进学生素质的提高，帮助学生达到乐于学习的情境。

合作教学包括师生合作、生生合作，师生合作是合作性教学的主要方面，而生生合作则是它的必要补充。那么，在体育课堂教学中如何才能成功地实施合作性教学呢?

一、合作教学要求在教学内容的安排上具有选择性和挑战性

教师在选择和处理教学内容时，必须充满创新精神。在学校体育的教材中，理论与实际严重脱节，造成学生认为体育课缺乏学习价值，这是导致学生学习积极性不高的原因之一。为此，教师必须充分挖掘教学内容的科学价值和生活价值，使学生乐于学习。此外，对内容的处理应稍高于学生现有认知能力的困难水平，能在教学过程中引起学生适度的认知冲突。

苏联教育家赞可夫就极力主张“高难度原则”，以求得学生在一定困难水平的面前出现认知冲突，增强学生参与讨论的积极性，促进其发展。

在体育课的教学中，也并非越难越好，要把握好难的度。要依据学生的“最近发展区”，使教学内容设计得“高而可攀”，并鼓励学生向困难挑战。根据不同的学生，困难水平的梯度也应有所区别，以保证学生都能参与合作。

二、合作教学要求在教学时间的分配上具有较强的灵活性

实施合作教学，贵在师生之间、生生之间能充分地进行交流，这不仅是形式上的问答，也是深层心理上的和谐共振。为此，在教学时间的分配方面，要考虑教学内容的难易，首先要快慢适宜。使用快节奏时，学生的思路能跟上课程的进度，达到师生“思维共振”；使用慢节奏时，保证学生对重点内容有充分的时间去思考、讨论和实践，不至于使学生无事可做，注意力涣散。其次要动静相生。高明的电影导演，总是在闹场之后又会安排一个静场，以调节和平衡观众的情绪。在教学中，我们也应重视动和静的巧妙搭配与转换。在学生答问、讨论之后，教师来一个总结，这样可以加深学生对讨论问题的理解，把讨论问题条理化，把握问题的本质和关键。

三、合作教学要求在教学手段的选用上能激起学生的求知欲望

现代心理学认为，不愉快的事往往不经意识就为知觉抵制。这就要求教师在实施合作教学中，不应只重视教的内容而忽视乐的形式，应力求二者完美的统一。在体育课的教学中，对生命活动本质规律的揭示，要尽量多用形象化的材料和手段，将教学内容化为具体生动形象的教学语言、身体力行的示范、录音录像等，从而唤起学生的兴趣，促进学生形象思维的发展。这样才能达到师生交互及时，生动形象，增强兴趣，使学生乐于学习的效果。

四、合作教学要尊重学生的探索精神和创造精神

创造精神是最重要的思维品质，有很多问题有待人们提出和探索。因此，在课堂教学中，教师要善于通过各种手段来为学生提供主动探索、发现和创造的条件。正如美国哈佛大学伯顿教授所说的，应当鼓励青少年去探索，选择新途径，不停留在已经明白的事物上。在合作教学中，教师要及时鼓励学生出现的新的甚至是异想天开的思维与行为方式，形成宽松民

主的师生合作气氛，保护学生的探索精神不受挫伤，并善于把它转化为学生对新知的执着追求。在这里，教师始终只能是个不断插放路标的高明的向导。

五、合作教学要让学生体验到成功的乐趣

教学过程中，教师要对学生的学习活动给予适时而恰当的评价和鼓励，其目的在于鼓励学生积极地发现问题、纠正失误，从而调节师生合作教学的节奏，使学生乐于配合。教师对教学效果的评价要充分体现合理、公正、激励的原则。其有三个特点：方向性，即在充分肯定学生学习进步的同时，适时地提出学生的努力方向；可行性，即教师期望学生达成的目标明确、具体，便于学生付诸实践；激励性，即教师的评价期望对学生的现有水平来说具有适度的挑战性，只有那种超出学生现有水平，但经过努力又可达到的期望才有吸引力，才能有效地调动学生学习的主动性和积极性。

六、合作教学的评价观

合作教学的评价观与传统教学也有很大不同。传统的教学评价强调的是常模参照评价，关注个体在整体中的位置，热衷于分数排队，比较强弱胜负。这种竞争性的评价是有局限性的，它把是否“成功”作为衡量学生优劣的唯一标准，脱离了大多数学生的实际。在这种评价方式下，只有少数学生能得到高分或好名次，能取得成功，而大多数学生则注定是学习的失败者，这不利于大多数学生的发展。科尔曼（Coleman，1961）曾把青少年促成学业成功的规范与促成（体育）运动的规范做过对照。在小组协作运动中，如篮球比赛，每个人的成功都有助于小组或学校的成功，因而每个都得到同伴的大力支持。与此相反，学业上的成功具有独特的性质，它会减少其他人成功的机会（因为得高分的人毕竟有限），这就导致了学生反对自己的同伴在学业上的努力。竞争性的评分效果并不理想，因为大多数的学生不管他们怎样努力，几乎都没有取得高分的可能性，只有少数人能得到高分。有鉴于此，合作教学把“不求人人成功，但求人人进步”作为教学所追求的一种境界，同时也将之作为教学评价的最终目标和尺度，将常模参照评价改为标准参照评价，把个人之间的竞争变为小组之间的竞争，把个人计分改为小组计分，以小组总体成绩决定奖励或认可的依据，形成了“组内成员合作，组间成员竞争”的新格局，使得整个评价的重心由鼓励个人竞争达标转向大家合作达标。尤其是“基础分”和“提高

分”的引入是合作教学评价的一个重要特色和创新。所谓基础分是指学生以往学习成绩的平均分；而提高分则是指学生测验分数超过基础分的程度。引入基础分与提高分的目的，就是尽可能地使所有的学生都有机会为所在的小组赢得最大的分值，把学生的着力点定位在争取不断地进步与提高上，自己与自己的过去比，只要比自己过去有进步就算达到了目标。另外，为了体现评价的公平性，合作教学还注意根据学生以往的学业成绩表现和测验成绩，安排优等生与优等生一起分组测验，差生与差生一起分组测验，中等生与中等生一起分组测验，有时候测验的难度也可以有所不同。各测验组的每个成员都与原属小组的总分挂钩，优等生小组的第一名，差生小组的第一名以及中等生小组的第一名，差生小组的第一名以及中等生小组的第一名所得的分值完全相同，这种使学生在原有的基础上进行合作竞争、公平比较其贡献的做法，最终会导致全班同学无一例外地受到奖励，取得进步，并由此走向成功。合作教学以标准参照评价为基本手段，不求人人成功，但求人人进步，以小组总体成绩为评价依据决定奖励与认可的观点与做法，有利于我们走出竞争教育的怪圈，实现教学评价的科学化。

七、结论

苏联著名教育革新家阿莫纳什维利把现代教学过程的性质看作是教师指导下学生积极参与的“亚研究”过程，它既不同于改造客观世界的成人的认识活动，也不同于传统教学论所规定的教师向学生传授知识、发展学生技能技巧的过程，而是师生共同进行创造性劳动的过程。正因为如此，现代教学过程应是教师和学生的统一体，是“乐教”与“乐学”的和谐共振。从而在学生“乐学”的过程中，形成把“不求人人成功，但求人人进步”作为教学所追求。

现在，体育教学改革非常重视培养学生的素质，重视学生的健康成长。我们要在有限的体育课时中，合理运用教学的方法，提高体育课质量。希望通过我们体育工作者的共同努力，增进学生的健康，培养学生与时俱进的思想和优良的意志品质，真正使学生成为适应时代发展要求的健康人才。

参考文献

[1] 卢家楣，魏庆安，李其维. 心理学：基础理论及教育应用［M］. 上

海：上海人民出版社，1998：7.
[2] 张大均. 教育心理学 [M]. 北京：人民出版社，1999：5.
[3] 涂可国. 社会哲学 [M]. 济南：山东人民出版社，2001：4.
[4] 张天宝. 主体性教育 [M]. 北京：教育科学出版社，2001：5.
[5] 郑晓明，张兵. 试析体育教学中师生关系. 南京体育学院学报，1999(1)：529－530.

教育不是注满一桶水，而是点燃一把火。

有效利用数据的教学分析

北京市航天中学　崔小娟

高三经常做各种考试成绩的数据分析，数据分析对教学有极大益处，极大地提高了工作效率。我们教研员曾经专门请十中的老师给我们做培训，教老师们该怎么看数据，看哪些数据。除了平均分、及格率、优秀率等基本常用数据，每道题的正确率要落实到题目上，错题名单要落实到人头上，知识点的补充和能力的提高就要以这些数据为依据，有的放矢。每周听力考试后我们都会人工统计每道题的正答率，找到学生普遍存在的问题，除了进行针对性地讲解，还要进行专项能力的提升训练。有了这些数据，哪个学生哪项能力弱，哪个知识点欠缺，我们都比较清楚，这样对于及格和优秀边缘的学生就可以进行有效训练。

一、数据分析

（一）本次考试中的优势与不足及优秀生本科贡献的情况和不足

理科按题型成绩统计得分表

项目	选择题			听力理解			知识运用			阅读理解			书面表达		
	平均分	难度	位置	平均分	难度	位置	平均分	难度	位置	平均分	难度	位置	平均分	难度	位置
满分	9.00	—	—	21.00	—	—	45.00	—	—	40.00	—	—	35.00	—	—
全区	8.54	0.95	—	17.50	0.83	—	33.34	0.74	—	31.40	0.78	—	22.96	0.66	—
北京十二中	8.83	0.98	1	19.94	0.95	1	40.04	0.89	1	36.49	0.91	1	27.01	0.77	1
丰台二中	8.71	0.97	2	18.45	0.88	2	36.13	0.80	2	33.89	0.85	2	24.01	0.69	2
北京十中	8.43	0.94	5	17.23	0.82	4	32.75	0.73	4	31.32	0.78	3	22.51	0.64	3

续表

项目	选择题			听力理解			知识运用			阅读理解			书面表达		
	平均分	难度	位置	平均分	难度	位置	平均分	难度	位置	平均分	难度	位置	平均分	难度	位置
北京十八中	8.64	0.96	3	17.72	0.84	3	33.20	0.74	3	31.14	0.78	4	22.22	0.63	4
丽泽中学	8.45	0.94	4	16.82	0.80	5	32.36	0.72	5	30.06	0.75	5	21.86	0.62	5
云岗中学	8.40	0.93	6	14.94	0.71	7	26.07	0.58	7	26.03	0.65	7	20.89	0.60	6
实验学校	8.27	0.92	8	15.73	0.75	6	29.23	0.65	6	28.88	0.72	6	20.44	0.58	7
首医附中	8.08	0.90	11	14.91	0.71	8	24.42	0.54	8	24.49	0.61	8	19.07	0.54	8
丰台一中	8.25	0.92	9	12.59	0.60	12	24.16	0.54	9	21.63	0.54	12	17.63	0.50	10
航天中学	8.16	0.91	10	14.37	0.68	9	23.21	0.52	10	23.07	0.58	9	18.49	0.53	9
大成学校	7.40	0.82	12	13.53	0.64	10	21.87	0.49	11	21.73	0.54	11	17.20	0.49	11
东铁营一中	8.30	0.92	7	12.60	0.60	11	21.63	0.48	12	22.53	0.56	10	15.13	0.43	12

从该表得知，我校理科生在听力理解、阅读理解和书面表达中均排名第九。这源于上学期对于这些题型高强度的训练。如听力除了平时课上听，每周四早读安排听力套题，即听即批即讲评，尽可能地锻炼学生的耳朵；阅读是将往年的高考原题按难度重组，每日两篇，教师讲解和学生讲解相结合；书面表达除了平时写句子写文段，在考前两到三节课完全背诵并默写教师挑选的话题常用句式。单选和完形填空不理想。单选考查的是语法，其实一个学期下来很大部分时间用来讲语法，但考前缺少套题的训练，由此可以看出，我们的学生需要题量的训练，让他们感觉夯实基础。完形是综合能力要求较高的能力题，是我们的学生把握不好的地方，考前训练平均每周2篇，大部分以会考完形为主，题量和难度上都较低，所以期末的完形学生还不是很适应。

文科按题型成绩统计得分表

项目	选择题			听力理解			知识运用			阅读理解			书面表达		
	平均分	难度	位置	平均分	难度	位置	平均分	难度	位置	平均分	难度	位置	平均分	难度	位置
满分	9.00	—	—	21.00	—	—	45.00	—	—	40.00	—	—	35.00	—	—
全区	8.55	0.95	—	17.81	0.85	—	33.85	0.75	—	32.11	0.80	—	23.40	0.67	—
云岗中学	7.97	0.89	10	16.42	0.78	8	29.74	0.66	8	29.16	0.73	8	21.42	0.61	8
实验学校	8.70	0.97	4	18.36	0.87	4	35.80	0.80	3	34.16	0.85	3	23.64	0.68	5
首医附中	8.25	0.92	9	16.64	0.79	7	30.14	0.67	7	30.00	0.75	7	21.97	0.63	7
丰台一中	8.57	0.95	6	15.93	0.76	9	26.11	0.58	10	28.14	0.70	9	20.07	0.57	10
航天中学	8.29	0.92	8	14.79	0.70	11	25.00	0.56	11	25.16	0.63	11	19.68	0.56	11
大成学校	7.85	0.87	11	14.09	0.67	12	27.47	0.61	9	28.00	0.70	10	21.06	0.60	9
东铁营一中	7.50	0.83	12	15.36	0.73	10	19.86	0.44	12	20.57	0.51	12	14.71	0.42	12

从该表得知，除了选择题，文科班其他几个题型得分都不太理想，均排名11。文科班有尖子生，在复习语法上起了一定的带动作用。在平时课堂上，文科班也比较踏实，但在能力上有所欠缺，想问题头脑不够灵活，所以单选题题量少，知识相对固定，学生容易得分，其他各项无论是能力要求还是知识灵活度都较高，学生相对吃力。

理科按分数段统计情况

项目	人数	最高分	最低分	平均分	[120，130)	[110，120)	[100，110)	[90，100)	[80，90)	[70，80)	[60，70)	[50，60)
云岗中学	62	130.5	50.0	96.32	5.00%	13.00%	24.00%	24.00%	10.00%	16.00%	3.00%	2.00%
丰台实验学校	91	130.5	46.5	102.55	13.00%	22.00%	27.00%	14.00%	14.00%	3.00%	1.00%	2.00%
首医附中	85	120.0	54.0	90.97	1.00%	11.00%	19.00%	20.00%	24.00%	22.00%	2.00%	1.00%
丰台一中	16	116.0	51.5	84.25	0.00%	19.00%	6.00%	13.00%	19.00%	13.00%	25.00%	6.00%
航天中学	41	122.5	59.5	87.29	2.00%	5.00%	20.00%	17.00%	15.00%	29.00%	10.00%	2.00%
大成学校	15	116.5	29.5	81.73	0.00%	13.00%	0.00%	20.00%	20.00%	33.00%	0.00%	7.00%
东铁营一中	15	113.0	61.5	80.20	0.00%	7.00%	0.00%	20.00%	20.00%	27.00%	27.00%	0.00%

从分数段统计来看，我校理科生最高分在区后五所学校中还是比较高的，并且在该分数段中，我校学生比率还是高于其余四所学校。虽然该生赵悦竹英语基础知识不是十分扎实，但有理科思维，做题头脑灵活，具备考本科的素质，这个成绩是她的英语学习中较高的一次，对她的鼓励还是很明显的，在后半学期多关注她基础知识的夯实，让她的成绩趋于平稳。

我校理科生的最低分59.5，张玉麟，相比较而言不是太低，希望任课教师给予一定关注，这对提高平均分有很大的作用。从平均分来看，我校距离第8名首医附中还有3分多的差距，我们以他们为目标，一模赶超。

遗憾的是，我校理科生110～120分数段学生比率小，只有杜雨晴和许思琦，其中许思琦被列入可能上本的名单中，该生基础不比赵悦竹差，但思维相对不是很活跃，接下来的复习中多给予关注，争取提到120分档，增加上本的可能性。

幸运的是，我校理科生100～110分数段的学生比率还是有优势的，郝磊、谢天宇、许汇敏、于海晨、李帅成、武思嘉、刘平和朱莹，其中郝磊、谢天宇、许汇敏也是有可能上本的学生，通过对这三个学生的关注，争取让他们的分数档次提升到110分档次。

我校理科生70～90分档次的学生比率共为29%，提升及格率的可能就在他们身上，所以对这部分孩子的监管不能放松。

2%的最低分刚才已经提过，不再赘述，但尽量提高他的成绩减少对平均分的“伤害”。

文科按分数段统计情况

项目	人数	最高分	最低分	平均分	[130，140）	[120，130）	[110，120）	[100，110）	[90，100）	[80，90）	[70，80）	[60，70）
北京十二中	50	145.0	74.0	128.32	44.00%	28.00%	8.00%	0.00%	2.00%	2.00%	2.00%	0.00%
丰台二中	65	140.5	98.5	125.53	40.00%	26.00%	28.00%	2.00%	2.00%	0.00%	0.00%	0.00%
北京十中	51	139.0	95.5	120.60	18.00%	45.00%	24.00%	10.00%	4.00%	0.00%	0.00%	0.00%
北京十八中	57	141.5	73.5	116.84	14.00%	19.00%	40.00%	21.00%	0.00%	2.00%	2.00%	0.00%
丽泽中学	52	135.0	71.5	115.94	17.00%	25.00%	27.00%	23.00%	2.00%	4.00%	2.00%	0.00%
云岗中学	19	120.5	56.5	104.71	0.00%	11.00%	32.00%	32.00%	16.00%	5.00%	0.00%	0.00%
丰台实验学校	25	140.0	105.5	120.66	16.00%	32.00%	32.00%	16.00%	0.00%	0.00%	0.00%	0.00%
首医附中	32	129.5	79.5	107.00	0.00%	9.00%	34.00%	28.00%	22.00%	3.00%	3.00%	0.00%
丰台一中	14	126.5	74.0	98.82	0.00%	14.00%	0.00%	36.00%	21.00%	14.00%	14.00%	0.00%
航天中学	19	133.0	61.5	92.92	5.00%	0.00%	5.00%	16.00%	37.00%	16.00%	11.00%	11.00%
大成学校	17	126.5	71.5	98.47	0.00%	12.00%	18.00%	18.00%	24.00%	12.00%	18.00%	0.00%
东铁营一中	7	98.5	49.0	78.00	0.00%	0.00%	0.00%	0.00%	14.00%	29.00%	43.00%	0.00%

从文科班分数段统计情况来看，最高分陈尹淼在后几所学校里占有一定优势，并且达到了优秀线。该生基础较扎实，期末考试前的上课状态也很好，肯付出，能够听从老师的教导，这学期以来，状态也不错，是2班本科边缘学生，努力稳定她的成绩，争取上本。

最低分李鹏伟和裴博文在整个区里也是最低分，这两个学生拉低了2班的平均分，同时也说明文科班的两极分化极为严重。这给课堂教学提出了更高的要求，稳定高分段学生的同时不能忽视这些低分生。

遗憾的是，120～130这个分数段空白，其实张晗117分是她的低分。她与陈尹淼的区别在于对学业的重视和对老师教导的听从。现在我已经开始和她进行思想工作，在高考之前我会努力不间断地关注她，目标是提升到一本。吴青青108.5也有提高的余地。她的综合能力是最强的，在英语上下的功夫不够深，总的来说，她是要求上进的学生，后半学期要多提醒她，稳定她上一本的可能性。

在100～110分段的邹靓，思想上有极大的问题，上课几乎每节课都要提醒她认真听课，如果她在思想能有所转变，我相信她也是很有潜力的学生。

就2班而言，90～100分段的学生上升一个分数段会有一定难度，但我会尽力而为。

80～90分数段的学生是提高及格率的关键人群，赵心雨、董爱、刘家瑞和许瑞晨。其中董爱的课堂反应还是比较理想的，应该会有所突破。

70～80分数段的常诚和尹健，其中常诚是本科边缘的学生，虽然英语思维略为欠缺，但还是比较努力的，愿意主动和我谈论英语学习情况，可以向三本冲刺一下。

文科班本科边缘的学生还有胡明东和姜媛西，其中胡明东由95.5分向100分冲刺还是有希望的。姜媛西维持即可。

（二）学生在容易题、中等题等方面的落实情况

难度	易（1.00～0.70）				中（0.69～0.30）				难（0.29～0.00）			
	平均分	得分率（%）	Z值	位置	平均分	得分率（%）	Z值	位置	平均分	得分率（%）	Z值	位置
分值	110	—	—	—	36.5	—	—	—	3.5	—	—	—
全区	93.90	85.4	—	—	20.86	57.1	—	—	0.97	27.6	—	—
丰台一中	82.00	74.6	-0.63	9	16.50	45.2	-0.73	9	0.32	9.2	-1.09	12
航天中学	76.37	69.4	-1.14	11	16.16	44.3	-0.82	11	0.39	11.3	-0.94	10
大成学校	81.50	74.1	-0.67	10	16.47	45.1	-0.73	10	0.50	14.3	-0.70	9
东铁营一中	65.29	59.4	-2.14	12	11.93	32.7	-1.96	12	0.79	22.5	-0.08	7

难度		易（1.00～0.70）				中（0.69～0.30）				任课老师
		平均分	得分率（%）	Z值	位置	平均分	得分率（%）	Z值	位置	
分值		108.5	—	—	—	41.5	—	—	—	—
全区		91.18	84.0	—	—	22.57	54.4	—	—	—
首医附中	3班	72.62	66.9	-1.52	42	15.26	36.8	-1.26	44	陈梅
首医附中	5班	70.73	65.2	-1.69	43	16.38	39.5	-1.04	42	李萌，裴雪松
首医附中	6班	79.56	73.3	-0.89	40	16.63	40.1	-0.99	41	陈梅
丰台一中	2班	69.28	63.9	-1.82	45	14.97	36.1	-1.31	46	伊娜
航天中学	1班	78.66	72.5	-0.97	41	17.13	41.3	-0.89	39	吴桃荣，崔小娟
航天中学	4班	64.70	59.6	-2.24	48	15.25	36.8	-1.26	45	姜楠，王爱民
大成学校	1班	68.10	62.8	-1.93	46	13.63	32.9	-1.58	48	孙清梅，尹珏萍
东铁营一中	4班	65.97	60.8	-2.13	47	14.23	34.3	-1.46	47	马海兰

从该表中可以看出，我校理科班学生在容易题上丢分更多，中档题反而还好。今后的复习中应该更加关注基础知识的落实，把该得到的分

得到。

文科班存在同样的问题，今后的教学工作应更加重视基础题目。

二、措施

落实基础题和应知应会题目。

听力：延续上学期的模式，每天课上安排听力 10～15 分钟，每周四早读整套高考原题。材料：教辅材料《北京市高考英语听力》和教师自印 2004—2013 年听力套题及文本。听后复测语言知识。

单选：随堂动词时态语态，非谓语，从句和情态动词虚拟语气专项练习。材料：区三级跳；教师自印卷 2013 年各区一模单选分项汇编。每周一套套题及年级统考套题。材料：2014 年各区期末试卷及教师自选题。

完形：每周随堂三篇讲练结合。材料：区三级跳，2013 年各区一模试题和 2014 各区期末试题。

阅读：每课必练一篇讲练结合，作业两篇。材料：区三级跳，教师自印 2013 年各区一模阅读 A、B 篇，2002—2013 年阅读 A、B 篇汇编。

作文：每周年级统练一次。学生范文学习 + 文章复测 + 全文背诵默写。

三、年级和班级的备考管理建议

对于有上本可能的学生多加关注其心态变化，关心多于斥责，劳逸结合；科学备考。

总而言之，利用现代化手段，科学进行数据分析，是教师对学生的发展进行正确的评价，以引导和帮助学生全面发展，积极推动教育素质发展的重要措施之一。进行科学的数据分析，可以及时发现学生个体或群体在学科学习过程中的问题，并及时采取措施加以解决，从而形成对学生学科综合发展行之有效的反馈和干预机制。

潜移默化，润物无声，在教学中以生命影响生命，令学生感受到自我的成长和发展。

心理课教学实践中的几点思考

北京市航天中学　何　力

良好的心理素质是人的全面素质中的重要组成部分。在中学阶段开设心理课是重要的心理健康教育方式之一。如何有效的发挥心理课的作用是我在教学过程中一直探索的问题，在此，我结合基础教育课程改革的部分具体目标，谈谈我在教学实践过程中的几点思考。

一、在教学设计上的转变

在心理课的教学实践中，我在教学设计上经历了一个思想转变的过程，对于我个人而言也是在教学设计上一个质的飞跃。以前在进行心理课教学设计的时候，很少和学生进行充分的沟通，更多的是自己坐在办公室，通过自己的想象、理解设计心理课，教学效果差强人意。学生不仅没有表现出对心理课的兴趣，还对心理课形成了一个印象，认为心理课和传统的语文课、数学课一样，注重的是知识的传授，心理课的内容枯燥无味。大部分学生感觉上心理课是个苦差事，既无聊又和实际学习生活脱节。在了解到这种情况后，我开始反思自己的教学设计，寻找解决问题的方法。在基础教育课程改革的具体目标中提到，改变课程过于注重知识传授的倾向，强调形成积极主动的学习态度，使获得基础知识与基本技能的过程同时成为学会学习和形成正确价值观的过程。了解到这点后，我认识到，我对心理课的理解还停留在一个学习知识的层次上，也是在设计心理课时最容易走入的误区。经过认真反思后，我领悟到心理课是创设必要的心理情景和心理氛围，引导学生在进入心理情景和心理氛围后思考要探讨和处理的问题，并辅助以心理学理论进行说明和支撑。我在最初的教学设计中，为了体现心理课的专业性，过分强调了心理学原理的传授，没有真正地发挥心理课的作用。心理课提供的是一个平台，帮助学生通过分享、案例分析、游戏等多种活动形式来发现、探索自己在成长过程中出现的心理困惑或问题，是一种开放的交流方式。

我在“青春期”这节课的设计上，最初是通过讲解什么是青春期，青春期我们的身体心理会发生什么样的变化，在青春期中我们需注意什么，这三大部分内容进行设计，知识性很强，但是学生不喜欢听。后来我转换了设计思路，从一个同学的困惑案例引入，引出青春期这个主题，然后让学生分组讨论青春期会遇到哪些困惑，帮助学生梳理困惑原因，减轻学生的内在焦虑。接着通过我的青春故事，让学生写出曾经发生在自己身上的困惑或问题。下一个环节是分享故事，提炼出解决方法。同学们把从故事中提炼出的方法列出来，大家相互交流，相互帮助。我再给出一些解决方法作为参考。学生在这个过程中，会逐渐调整自己，调整情绪，调整行为，更好地适应学习和生活，也达到了助人以自助的效果。有关青春期的知识我会以小贴士的方式印在学案上，既帮助学生丰富了知识，也达到了心理课的效果。学生通过在心理课上的交流积累，也激发了他们在日常的生活中探索发现的能力，促进学生形成解决问题的有效模式，获得处理问题的信心，进而帮助学生形成积极的价值观。

二、在内容选取上的转变

我在最初选择内容时，倾向于选取情绪调节和人际交往这类内容。这类内容在设计时活动游戏多，学生感兴趣，主题范围广，课堂气氛活跃。但是问题也慢慢地显现出来了，学生在课上了解到的方法和技巧并不能够有效地帮助学生学习和生活。学生在学校的生活是以学习为主，如果要帮助学生过得愉快，就要从根本上解决问题，帮助学生解决学习问题。目前很多学生在学习上没有积极性和主动性，更谈不到运用有效的学习方法。在基础教育课程改革的具体目标中提到，改变课程内容“难、繁、偏、旧”和过于注重书本知识的现状，加强课程内容与学生生活以及现代社会和科技发展的联系，关注学生的学习兴趣和经验，精选终身学习必备的基础知识和技能。因此，我尝试在心理课上以形象直观的方式和学生交流，区别于其他老师说教式的交流方式，让学生通过心理课的思考学习的目的，充分激发他们的内在动机，伴随着多种学习方式的体验，让学生感受到乐在其中，进而结合自己的情况总结适合于自己的学习方法，并运用到实际的学习和生活中。

我会把学习心理学作为一个专题和学生进行交流，在这个专题中我会选取学习动机、学习习惯、学习方法、学习态度等内容分别和学生进行交流，把和学生学习密切相关的内容纳入课程中，在交流这些内容的过程中帮助学生接纳自己的状态，思考学习的意义，激发学习兴趣，尝试从被动学习转变到主动学习。学生在开始接触心理学这个专题的时候，在情绪上有些抵触，后来发现了这些内容对他们的帮助，学生才投入其中。在处理好学生学习问题的同时，辅助以其他的心理健康内容，所取得的进展是相对明显的，老师们也感觉到学生在不断进步。

三、在授课方式上的转变

心理课又名心理活动课，通过教师设计的一系列活动为学生构建一个参与、体验的情境，帮助学生感悟、领会其中的道理，是一种自主的学习过程。我在最初上课的时候，授课方式单一，主要以讲授为主，学生基本不感兴趣，课程效果也不好。经过不断反思和学习，我领悟到基础教育课程改革的具体目标提到的“改变课程实施过于强调接受学习、死记硬背、机械训练的现状，倡导学生主动参与、乐于探究、勤于动手，培养学生搜集和处理信息的能力、获取新知识的能力、分析和解决问题的能力以及交流与合作的能力。”在这个目标的基础上，我开始重新思考我的授课方式。我通过尝试在课堂上引入活动，变换形式，来观察学生的反应和课堂效果。我尝试运用更适合于学生的方式授课，首先把心理课的地点从教室搬到操场，让学生有更广泛的空间体验活动，地点的转换也给学生一种新奇的感觉，对激发学生对心理课的兴趣起到了润物细无声的作用。由于操场空间大，学生兴奋点多，课堂不好控制，因此，授课老师最重要的就是要和学生说清楚课堂规则和活动规则，这样才能够确保本堂课的有效进行。在这节课上我选用松鼠搬家作为本节课的主体活动，帮助学生在活动过程中体会适应的意义和重要性，学生在活动中感觉像在做游戏一样，状态很投入，情绪体验很愉悦。在这种情况下，我并没有急于结束活动，而是临时调整授课方案，让学生充分完成活动，全身心地去体验和领悟。在活动结束后，再安排一节课，让学生自愿组合，在组内分享活动的感受，交流活动过程中的经验，帮助学生理解适应初中生活的意义，并从活动中总结提炼方法，最后我再给出我的建议和方法。这种授课方式，学生对适应的理解更深刻，比之前我直接讲授的效果更好。

这就是我在心理课教学过程中的几点思考，在基础教育课程改革的方针指引下，我将继续探寻如何更好地发挥心理课的有效性，努力上好心理课。

教育需要智慧、需要方法、更需要爱心。

让学生在游戏中自我成长

北京市航天中学　王亚玫

随着学校对学生心理健康重视程度的不断提高，班级心理辅导课发挥了不可替代的作用。心理游戏进入中学课堂是心理教育的一种新尝试。游戏辅导是以“游戏”作为中间的媒介将学生的内心世界投射出来，进而进行心理辅导。它应用精神分析、行为主义、团体动力学等理论，在团体情境中提供心理学帮助与指导；促进学生心理情感、认知、意志力、注意力、人际交往能力、语言表达能力、理解能力等的发展。通过团体内人际交互作用，促使学生在交往中通过观察、学习、体验，认识自我、探讨自我、接纳自我，调整和改善与他人的关系，学习新的态度和行为方式，以发展良好的生活适应的助人过程。

心理游戏，指依据人心理发生、发展的规律，设定一系列游戏并进行筛选、分类、归纳、创新，使之系统化、逻辑化、形象化，达到改进不良心理状态、塑造健全人格，使人健康发展。心理游戏具有趣味性强、灵活性高、个性化突出、形象化逼真等特征，可以辅助并弥补团体心理辅导的不足，在解决学生的问题时起到“四两拨千斤”的效果，发挥画龙点睛的作用。

一、“纸笔”游戏，促进学生自我成长

在现实生活中，人们会遇到各种各样的事件，导致情绪、情感发生不同的改变。而有益的心理游戏能给学生带来快乐并从中受到教育。游戏能尊重学生的人格尊严，能宽容学生真情的流露，能满足学生实现自我的需

要，感受到成功的喜悦。

如我在初一某节心理课上，结合特定班级的具体情况，用“纸笔”游戏中的造句方法，协助学生解决与老师的矛盾，收到良好的效果。“造句”游戏是纸笔游戏中的一种。在一张纸和一支笔的范围内行进，身体几乎不用活动。上课前班主任找到我，请我帮助协调“老师请家长”与学生产生的小摩擦。这班同学对老师请家长非常反感。于是，在心理课上我设计用“造句”游戏，设计一句话让学生完成句子的后半句。“今天，老师请我家长，我很高兴，因为……”游戏开始时，学生们并不是没有表现出兴趣，后来，慢慢开始参与活动，随着游戏的深入，大家能融入进来。当我问学生对活动的感受时，学生们积极踊跃发言。例如：今天，老师请我家长，我很高兴，因为老是想把近期的表现及时与家长沟通，以便自己进步更大；再如：今天，老师请我家长，我很高兴，因为我近期还有不足，让家长帮我共同进步等。学生们还对游戏结果进行了统计，发现 97% 的人说：“今天，老师请我家长，我很高兴，因为老师是为我好之类的话语”；2% 的人说：“无所谓”；1% 的人说：“不知道”。通过这样的游戏让学生自我成长，感受喜悦。卡特里奇和米尔本认为：游戏是为儿童提供学习和参与活动的机会，而不是挫败他们。在游戏中，犯错和疏忽是可以接受和宽容的。游戏通常激起笑声和玩笑，而降低焦虑情绪的产生。让他们感到只有经受住挫折，付出努力，才能超越自我，走向成功。

二、“纸笔”游戏，促进学生自我内省

一天，某班主任送一学生来咨询室，我一看学生的面部表情，已经初步判断出该生情绪极其不稳定，到底发生了什么情况呢？经询问得知：该生在物理课上与老师发生了严重冲突，甚至在课堂恶语伤人，被老师赶出教室，该生还处在情绪波动期。我请他坐下，并用温和的语气问他：“老师非常想帮助你，能把心中的不快告诉我吗？”起初，他一言不发，双手握拳，目光发狠，紧咬嘴唇，眉头紧锁。看到这种情况我并不急于求成，而是温和地对他说：“如果你现在不想说，老师再等一会儿，等你情绪好些，我们再谈。”他停顿片刻，很愤恨地说：“老师误会他，不听他的解释……，他一气之下情绪失控，对老师说了不该说的话？”。我马上追问：“对老师说了不该说的话吗”。“嗯！”他闷闷地说。我观察到孩子的内心已经开始有变化了，用“纸笔”游戏解决问题的时机已经成熟，于是，我问道：“老师帮你找一个解决这件事的好办法，你想试试吗？”他用渴望的目光看着我。我说：对于这件事，老师给你一张纸和一支笔，你能用老师提供给你东西，回答我三个问题吗？他说："好吧。"我说："有三个问题需要你认真思考然后写在纸上（写出来的东西比说出来话更能触动人的内心）：①老师为我做了什么？②我为老师做了什么？③我给老师带来了什么麻烦？"他听后，沉默片刻写道：①老师为我传授知识，为我好。②我辜负了老师的期望和好意，不但没学到知识还不能在教室听课。③我给老师带来了很多烦恼，让老师很生气，情绪不好，甚至还会影响老师讲课的情绪……他写完后，还主动对我说："我一会儿就找老师，请求老师的谅解，您看行吗？"我高兴地说："老师相信你能处理好这件事，希望你是发自内心的、真诚的。"我们会心微笑着，他愉快地离开咨询室。通过这次咨询可以看出，老师抓住时机，通过心理学的内观疗法帮学生及时解决问题，以达到最佳处理效果。事后，我主动找到他的物理老师，问询此件事解决的结果，物理老师与这个孩子也做了很好地沟通，并接受了该生真诚的道歉。现在这名学生不但物理成绩优秀，而且与老师关系相处的十分融洽。

在游戏中培养学生良好的自我意识，重要的是要增强中学生认识自我、体验自我和控制自我的能力。中学生只有具备了这些能力，才能走出"错误的肯定"或"错误的否定"的误区，才能体悟人生的甘苦和意义，才能具有坚定的信念和坚强的意志，从而不断地充实自我、超越自我。获得对别人价值的肯定，进而达到发现自我、洞察自我，再抱有对他人的感谢回报之情，从而激发内心的深情，提升自己心灵的纯洁。

三、自我提升，促进自我成熟

中学生的自我成长要求他们对自己保持一种接纳的态度，而且是一种愉快而满意地接纳自己的态度，这就是悦纳。悦纳要求学生不要把自己深藏、压抑。每个人都有缺点和弱点，老是把自己的缺点、弱点放在心上，连自己的优点和长处也看不到，自己就会被自身的缺点压垮，自己的聪明才智、潜在能力就无从发挥。在各个领域渗透自我能动意识，生活之中存在着无数为学生创设成功的机会，感受成功的喜悦，使学生信心百倍。

有时内心一些难以表达清楚的想法，通过趣味的游戏就有了一种表达的载体，原来抽象的感觉被具体化了，尤其是不善于表达或比较内向的人，游戏往往也会激发他们表达的欲望。游戏一方面可以调动起学生切身参与的乐趣，体验到意外的发现；另一方面也能通过心理游戏活动唤起学生对生活的激情，对周围人的关注，对父母的关爱。

苏联教育家说："如果每个人都不善于用自己的智慧与心灵在人海中

辨明方向，那就不可能有集体，不可能有对集体中每个成员的尊重，也不可能有自我尊重。”中学生的情绪特点是情绪的丰富性、情绪的强烈性、情绪的不稳定性以及自我估计不恰当易引起挫折等，需要教师投入更多的耐心、爱心，安抚他们的心灵，调整他们的情绪。调查表明，有 37.94% 的学生能够经常总结成功的经验和失败的教训；有 57.14% 的学生做错事后很快就能意识到自己的错误在哪里。这都是元认知水平提高的表现。但还有 26.03% 的学生很少考虑自己的学习方法是否合理，说明自我监控的意识还有待加强。把自控能力和抗挫能力结合起来，不断培养自我控制和抗挫折能力，应做到学会约束自己的言行。让他们学会支配自己、命令自己、掌握自己，迫使自己去做应该做的事；学会控制自己的情绪；进行适当的挫折教育和抗挫折训练，提高抗挫能力。心理游戏为参加者提供了一种良好的社会活动场所，创造了一种信任的、温暖的、支持的团体气氛，学生可以他人为镜反省自己，同时也成为他人的社会支持力量。

总之，游戏辅导是尊重学生的人格尊严，唤起学生感知自己的主体性，吸引他们忘我的投入，并影响其人格的发展。游戏的娱乐性，使学生在娱乐中放松，在不安中坦然，在竞赛中找到欢笑。游戏不是代替辅导，而是借游戏帮学生进行深刻的体验和感悟。同时，游戏是一种最能启发个性、自我创造的教育方式，学生可以最大限度地表现“自我”，施展“自我”，在游戏中培养学生的想象力、创造力、组织能力、自制力。

参考文献

[1] 刘视湘，马利艳. 中小学生团体心理辅导. 北京：开明出版社. 2009.
[2] 吴卫东. 互动游戏与心理教育：教师培养儿童社会性的智能 [M]. 杭州：浙江教育出版社. 2006.
[3] 刘勇. 团体心理辅导与训练 [M]. 广州：广东中山大学出版社. 2007.

第三编　新的教法

教育事业的成效，不只是学生成绩的提升，更是学生在问题面前的勇于担当、善于应对，教师的成功就是能够成为学生成长身后的那个可以依靠、信赖的人！

精选案例，推进高中政治学科与生活的融合

北京市航天中学　李志英

陶行知先生说过，“给生活以教育，用生活来教育，为生活向前向上的需要而教育。”这段话不仅道出了生活与教育之间的密切关系，而且也给我们的高中政治教学提出了目标和方向。与陶先生不谋而合的是高中新课改对政治课教学提出的要求，强调生活逻辑与学科逻辑的统一，要贴近学生实际的生活。不仅如此，高中政治课教材四个必修模块分别以“经济生活”“政治生活”“文化生活”和“生活与哲学”来命名，从中我们也能感受到“生活”在政治课中应有的地位与分量。

就如我们教师经常会教育学生要“学以致用”一样，教师教学的目的不就是帮助学生更好地“学以致用”？帮助学生把所学用在其生活中，解决其现实生活问题，帮助学生今后能更好地“生活”？然而教师在教学过程中往往会被考试牵着鼻子走，容易走向“应试教育”的教学模式，为了教知识而教知识，使我们的政治课堂远离了学生生活，也远离了学生的心灵。事实上，我们的政治课知识与生活是相互交融的，在生活中蕴含着知识。以知识为支撑看生活，我们的生活有章可循；如果没有知识，我们的生活就是一团乱麻，解也解不开。

由此可见，高中政治学科应该也必须与我们的生活相互融合，唯有融

合，才能彰显高中政治的学科魅力；也唯有融合，才能体现高中政治的学科价值。那么，作为教师又该如何推进高中政治学科与生活的融合呢？我们尝试过很多的教学方法、教学手段，其间，最重要的一环就是需要教师精选案例，选择恰当的、既能承载知识又能承载生活的教学案例，使政治学科与实际生活得以相契合、相交融。

一、定准融合切入点，发挥案例辅助教学的功能

政治学科与生活能够完美融合的教学案例从何而来？当然是来源于生活。然而我们的生活是那么的丰富，尤其是在当今这样一个信息大爆炸的时代，生活中的事件往往会让我们目不暇接，到底该如何选择呢？教师要做的第一步就是要定准融合点，深刻领悟教材内涵，以此为依据来定位教学案例。

教材内涵，不仅包括对教材重难点的把握，也包括对学生能力以及情感态度与价值观的培养。例如，在“生活与哲学”这个必修模块中，就知识而言，大多都是围绕哲学原理和方法论这两大部分来展开的，但在实际教学中，如果我们仅仅以让学生理解哲学观点为目标，那么我们的课堂就会更多地纠缠于某个词、某句话、某观点的阐释与说明上，从而走入单纯讲知识的枯燥课堂，这就脱离了生活，脱离了政治教学的根本意义——阐释生活、指导生活。所以，教师在把握每一课教材知识内涵时，一定要先明确本课对于学生能力及思想态度价值观方面的内涵要求，在此基础上，再去明确本课的具体知识要求，做到具体与根本相结合。只有这样，在教师进行案例选择时，才能挑选出同时承载了知识、能力、情感态度与价值观的既有广度又有厚度的事例，为政治学科与生活的融合做好必要的前期准备。

以《用联系的观点看问题》为例，本课的落脚点是为了培养学生用联系的观点看问题，具体理解整体与部分的关系以及系统与要素的关系。针对这一教学目标，教师选择“候鸟迁徙的中国死亡地图”这一主题案例，给学生介绍了“途径我国的三条候鸟迁徙路线、猎杀候鸟的情况简介、猎杀候鸟的产业链以及从生物学角度分析的猎杀候鸟带来的影响”，引导学生探究讨论“你认为应该猎杀候鸟吗？为什么会出现猎杀候鸟的行为？猎杀候鸟会带来哪些影响？”。通过讨论，学生一致认为尽管猎杀候鸟能实现一部分人的经济利益，但这种行为会对中国的长远发展是不利的；而且，候鸟作为生态系统中的一个重要组成部分，会对整个系统的和谐带来重要影响。从中，学生理解了整体与部分以及系统与要素的关系，理解了要用联系的观点看问题。这样就让学生在理解教材内容的同时，也让学生树立了环境保护、重视生态系统的平衡以及可持续发展的观念。可以说，本案例的选择既考虑了教材知识，也考虑了对学生情感态度与价值观的培养，目的明确，效果明显。

二、加深融合共鸣度，促进学生思维的深度参与

教师在选择案例时，能够融合教材与生活的案例一定很多，但这些案例能否使学生真正参与其中，使学生能够根据教师所提供的案例进行积极思考，开启智慧之门呢？这就要求教师在进行案例的选择时，还要考虑满足“学生生活实际”这一方面，要尽可能地贴近学生的生活实际，或是选择学生有一些了解、有一些生活经验的案例，才能加深政治学科与生活相融合的共鸣度，才能使学生的思维得到训练与培养。

例如，在讲授《积极参与国际经济竞争与合作》一课时，教师运用了我国汽车业发展的案例贯穿全课，给学生呈现了“中国加入世贸前后汽车业发展状况以及在此大背景下国产奇瑞汽车的发展之路”，引导学生思考“如何促进我国汽车业的发展?”进而理解我国对外开放的基本战略及其重要举措——“引进来”“走出去”相结合。在本案例的选用中，教师虽然了解到很多学生家庭都有私家车，然而，并不等于学生就具有与汽车相关的较为专业的知识，所以学生在课堂的表现似乎是无话可说，大多数知识、观点都不能自主得出。由此可见，学生对于汽车业的相关背景知识不够了解，教师所提供的案例信息也不足以让学生在短时间内对汽车业状况有所体悟，这就直接影响到了课堂授课效果。学生不仅不能对生活实际有较深刻的认识，也不能对教材知识有较深刻的理解。究其原因，就在于教师选择的案例，虽然可能是当下社会的热点，可能是以往所没有尝试过的，但却忽视了学生的经验及现有认知水平。

所以，案例的选择固然要求新、求异，引起学生的关注；但同时更要“求同”，寻求与学生生活经验的共通之处，引发学生的共鸣，以此来推动学生对教材、对生活的深度理解，这样才能真正实现政治学科与生活的完美融合。

三、拓宽融合包容面，激发学生学习主体的热情

教师选择一个生活与教材知识相融合的案例可能并不难，但如果仅仅局限在某一个知识上，或者案例的生活指向性非常单一，这样就不能给学生提供足够广阔的思维空间，那么，这样的选材也就不会激发学生的思考

欲望，会让学生感到索然无味，无话想说。所以案例的选择，不能只看其关联性，还要看到它是否具有足够的包容性、开放性，是否具有足够大的张力。

例如，在讲到“经济生活”中企业经营成功的要素时，教材内容中有“制定正确的经营战略”“提高自主创新能力”以及“诚信经营，树立良好的企业形象”这三个方面，但是这三句话并不只是三个具体的做法，其中包括了丰富的内涵。所以，教师在选择案例时，应尽可能地给学生提供具有丰富内容的案例，如一家企业的发展历程，而不只是某些片段，让学生去归纳、概括，进而理解这三方面的内涵。以柯达公司为例，从它的辉煌业绩到如今的衰败，原因是多方面的，有技术、产品、服务、市场、业务、规模、管理、理念等，让学生去充分讨论，找出原因，一一罗列并进行归纳，在辅助理解教材内容的同时，也对教材内容进行必要的补充，从而拓展了学生的思维，让学生感受到多角度、全方位思考问题的魅力，也真正体会到政治课学习对于实际生活的意义，并不是“纸上谈兵”“不切实际”。

因此，教学案例的选择，不仅要能使案例与生活相衔接，而且要尽可能地还原复杂的现实生活实际，拓宽学科与生活的融合面，培养学生全面分析问题的能力，切不能以教材为框，束缚了政治课教学本应具有的广度和深度，也限制了学生的思维，制约了学生作为学习主体的参与热情。

四、引领融合方向性，指导学生正视生活

在我们的现实生活中，总会有这样、那样的阴暗面，而高中生似乎更加具有批判意识。当然，这种批判意识不同于批判性思维，不是全面客观地分析问题，往往会加入自己的感情色彩，会对生活产生偏激的看法，“愤青”的称谓对他们来说似乎再恰当不过。面对这样的教学实际，教师，尤其是政治教师，在选材时就要做好充分的准备，准备好学生会抨击、会批判，也要准备当好学生的引导员。

案例的选用要本着既不回避问题、也不忽视成绩的原则来进行，当然，其最终意义在于引导学生积极对待生活，看到问题的同时，也要看到成绩，更要思考解决问题的办法，让学生不再只是停留于对某些现实不满的情绪中，而是能够在批判中提出建设性的意见和看法，有想法，会表达。

例如，在讲“政治生活”中《权力的行使：需要监督》一课时，案例的选择，就要结合生活实际，选择政府行政中的问题以及成绩一并呈现在

学生面前，可以用“高官落马前后”这一主题案例，让学生去做全面地评价，“权力的行使可能带来的影响”；之后，再引导学生分析“如何才能对政府权力的行使进行有效监督”；进而提出，“如果你将来成为政府部门中的一员，你会如何做”。这样，不仅能指导学生客观全面地分析生活，更是对学生积极对待生活的态度和方法上的引领，同时也就实现了政治课教学的根本意义。

综合以上，当教师能够从多方面来考虑挑选案例时，才有可能实现高中政治学科与生活的真正融合。虽然这仅仅是其中的一步，但却是最为关键的一步，因为教学案例是联系学生生活与学科知识学习的桥梁，实质上是学生生活需求向学生的学习需求转化的重要环节。让我们秉持“课堂分析生活、课堂指导生活”的教育教学理念，定准切入点、加深共鸣度、拓宽包容面、引领方向性，用心挑选案例，真正实现生活与教学的完美融合！真正实现高中政治课的生活价值！

参考文献

[1] 郑金洲. 案例教学指南. 上海：华东师范大学出版社，2000.

[2] 金艳. 思想政治课生活化教学探索. 上海：华东师范大学出版社，2007.

[3] 陈红. 案例教学法在高中思想政治课教学中的运用研究. 武汉：华中师范大学，2010.

教育需要热情与智慧，更需要创造与坚持！

“航天科技特色”校本课程有效开发途径初探[①]

北京市航天中学　徐　红

校本课程是课程的一种，它能体现学校特色，并利于充分挖掘学生的个性潜能优势，促进学生的个性全面和谐发展，同时也能提高教师的课程开发能力从而促进教师的专业发展。

校本课程不同于国家课程，它没有太固定的教材和固定的授课模式，它给了学校自主开发特色课程，探寻特色之路的平台和机会。在当今迅速发展的新教育理念下，很多学校开始了特色校本课程的有效开发和探索，以求挖掘并充分利用学校自身的优势，促进学校的特色发展。我校也是一所寻求依托特色促发展品牌的学校，自从2009年四校合校以来，学校面临着师生人数众多，办学规模剧增的现状。如何才能促进学校稳定发展？经多方调研、论证、座谈等挖掘学校的优势之后，校领导决定于2011年从开发特色校本课程开始正式实施“航天科技”特色教育。

我校旨在通过“航天科技”特色文化的建设，构建一个多样、开放、灵活的学校教育体系，在保证学校教育教学高品质发展的基础上，寻求学校未来发展或理想教育发展的方向。满足学生个性化发展和学校未来发展的需要，适应社会对学校教育的多样化需求，渗透“特别能吃苦，特别能战斗，特别能攻关，特别能奉献”的载人航天精神，培养学生的自主学习意识和能力，普及航天科技知识，开阔眼界，爱科学，学科学，形成一定

① 2013年度丰台区基础教育课程教材改革实验项目教师参评成果。

的科学素质，为培养合格的社会公民奠定良好的基础。

众所周知，教育离不开课堂，因为课堂是学生接受知识，增长能力，树立理想的主要场所。由此可知，与课程相结合的特色教育才会具有可持续性的生命力和发展力，因此，航天科技特色教育依托有利条件，首先就从“航天科技”类校本课程的开发与建设开始，实施“四探究”的教育教学活动，全面在课堂上实施我校的科技教育。

通过2年来的航天科技特色校本课程开发，作为管理者的我整理了一些有效实施的有利条件，希望为接下来的管理提供更好的帮助。

一、教师的学科特点为航天科技类校本课程有效开发提供实施基础

我校拥有一支非常优秀的教师队伍，尤其是物理、化学、生物、地理、历史、信息、劳技等学课的教师具备了比较好的学科类科技知识，因此我们就充分利用我校的教师资源优势，将学科教学和特色校本课程结合起来，开发一些学科拓展类的科技课程，如物理学科的《航天天体运动》，信息学科的《航天中信息技术的运用》和《航天电子小报的设计》，还有政治学科的《航天人物的励志故事》，历史学科的《航天发展简史的研究》，地理学科的《航天发射基地的研究》等。这样的课程开发有依据、有实效，最主要是能和学科特点结合的校本课程对于教师来说开发的难度就会降低很多。

二、航天科技特色校本课程的课程体系的设定为有效开发提供实施依据

我校的航天科技特色建设主要由科研办负责，为了保证特色教育的顺利实施，在确定了依托特色校本课程的实施进行航天精神和科技教育的发展方向之后，就多方探讨并确定航天科技特色校本课程的课程体系，并且在实施的过程中逐渐调整完善，让课程体系成为课程开发的依据保障。

依据这个课程体系，我们按传授知识，能力的不同先分为普及，实践，规划三个层次，由必修课程和选修课程构成，制订相应的课程目标，然后结合学科特点，将课程分解到不同的学科。

（一）特色校本课程体系规划

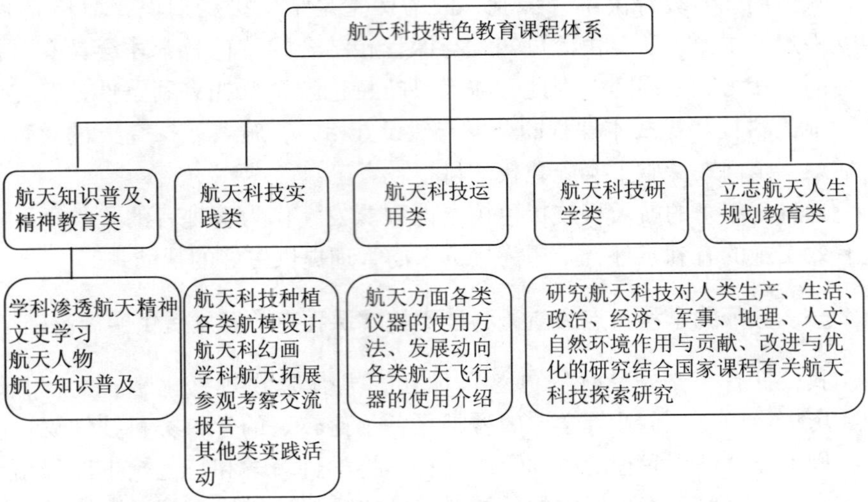

1. 航天科技特色教育课程体系层次规划

课程层次	课程类别	课程内容	课程目标	课程重心	涉及年级
第一层次	普及类必修课程	航天科技基础知识、航天人物和航天精神教育	普及航天科技知识、学习理解认知航天精神、学习研究航天人物成长之路	学知识 学科学 知科学	初一 初二 高一 高二
第二层次	实践类选修课程	航天科技教育实践、社会实践、研究实践活动教育	进行航天科技教育实践、社会实践类、研究类实践活动，包括与国家课程相结合的拓展类航天科技校本课程	讲科学 用科学 传科学 培养创新精神 践行航天精神	初一 初二 高一 高二
第三层次	规划类德育课程	科学人生规划教育	在前两年的航天知识普及和实践的基础上，引导学生进行个人生涯规划	立志科学 立志航天 对自己负责任 为社会做贡献	初三 高三

2. 航天科技必修校本课程简介

课程名称	课程类别	课程简介	年级	学科教师	学年课时
初中： 《中国航天人物传》 高中： 《中国航天人物成长之路研究》	知识普及类必修课程	初中年级通过视频、故事和具体生动的事例，高中年级则采用研究性学习的方式，学习中国“两弹一星”科学家和航天员的感人励志故事，让学生透过这些航天人物了解中国航天的发展历程并且以这些航天伟人为榜样，以他们的精神激励自己，力争创造自己的辉煌。	初一 初二 高一 高二	语文 心理 政治	16 ~ 20 课时
初中： 《中国火箭发展史》 高中： 《中国火箭动力发展研究》	知识普及类必修课程	学生在教师指导下，通过上网查找信息，自主学习，去科技馆参观火箭展，聆听火箭专家讲座等生动活泼的方式，了解火箭的发展、构造、动力、工作原理，以及火箭发展过程中的重要人物等相关知识，普及火箭及火箭动力系统的发展，同样了解航天发展，感悟航天精神。	初一 初二 高一 高二	历史 化学 物理	16 ~ 20 课时
初中： 《太空种子和普通种子的培育方法及种植技能培训》 高中： 《太空种子和普通种子的育种、种植研究》	动手实践类必修课程	通过观看视频、查阅资料、交流访谈、参观、动手栽培等方式普及太空育种，太空种子与普通种子的区别，太空种子在世界各国的应用以及我国在太空育种方面的发展、成就和未来等知识。同时利用我校的“太空种植生态实践园”和“无土栽培花卉实践基地”，指导学生进行实地太空种子与普通种子的培育与种植的对比研究，激发学生热爱科学的情感，培养学生的观察，动手，分析问题等技能。	初一 初二 高一 高二	生物 劳技	16 ~ 20 课时

3. 航天科技选修课程简介

课程名称	课程类别	课程目的
《航天科幻立体纸浮雕》《航天科幻画》 《剪纸中的航天梦想》 《航天科技电子小报的设计与制作》	航天科技中的艺术之美	感受神秘梦幻般的航天世界
《航天科技英语》《水火箭的制作与发射》 《中国古诗文中的航天梦想》 《信息技术在航天科技中的运用研究》 《航天技术中物理知识的运用与研究》	学科中的航天知识普及课程	学习学科中的航天科技知识及运用
《航天科技与政治的关系研究》 《航天科技与军事的关系研究》 《航天发射基地的地理研究》 《航天服的制作与研究》	航天科技中的研究性学习课程	研究航天科技领域与各方面的关系

（二）特色校本课程的调整与完善

这几年，我们开发了一大批比较成形的航天科技特色校本课程。以2013—2014学年度第一学期的校本课程的规划表为例，我们除了重点整合确定航天类科技课程外，还结合学生的兴趣及老师的特长开设了一些拓展类的兴趣课程，目的是促进学生的全面发展。

《航天发展简史的研究》课程、改为集体的必修讲座式授课，同时在此学期还增加了必修的集体讲座授课《航天精神的解读》，这两门课程是所有航天学生必须学习的航天普及知识，而校本课程的走班制无法实现所有学生在校期间都能选到这两门课程，因此，调整后就能保证所有学生的学习和课程普及。

序号	课程名称	课程内容（单元）	开设年级	课时安排	任课教师	备注
1	航天人物励志	中国航天人物励志故事，学习航天人的航天精神（钱学森、屠守锷、王永志、杨利伟、刘洋等）	初一 初二 高一 高二	10	语文、政治教师（江旭晨、祖瑛、董丽、高洁）	航天科技特色课程
2	航天育种与无土栽培技术实践	太空种植及无土栽培知识普及及实地种植实践	初一 初二 高一 高二	10	生物、劳技老师（崔劲松、曹万仓）	航天科技特色课程

续表

序号	课程名称	课程内容（单元）	开设年级	课时安排	任课教师	备注
3	航天科普阅读及写作实践	通过航天科普文和科幻小说的阅读，了解航天领域的科技发展及科幻故事，并且进行航天科普文的写作实践	初一 初二 高一 高二	10	语文老师（王群、于晓欧）	航天科技特色课程
4	航天科幻画	航天科幻画绘画指导与实践（航天立体科幻画，航天科幻纸浮雕，航天剪纸画，意像科幻画）	初一 初二 高一 高二	10	美术教师（袁清、包永梅、藤荣萍、翟辉）	航天科技特色课程
5	航天科技英语	以英语为载体，学习与航天领域相关的词汇、句式，以及文章阅读，既培养学生的英语学习兴趣，又提高用英语获取航天信息的能力	初二 高二	10	英语教师（杨慧）	航天科技特色课程
6	航天天体运动	通过宇宙天体的介绍，了解航天宇宙，探索宇宙奥秘和规律，提高对航天领域的兴趣	高一	10	物理教师（张海芝）	航天科技特色课程
7	航天科技电子小报及动画设计	对学生进行电子小报技术的实践指导，并且依托电子小报进行航天知识的宣传	初二	10	武维华	航天科技特色课程
8	信息技术在航天领域中应用	利用信息技术在航天领域中的运用，让学生学会编程技术，设计编写航天火箭发射的指令，提高学生的信息技术的能力，并且了解火箭发射的电子程序编制	高二	10	钱立春	航天科技特色课程
9	航天水火箭的制作与发射	指导学生进行水火箭的制作实践，并且进行发射练习，提高学生的动手实践能力以及学习火箭发射的原理等知识	初二	10	张俊松	航天科技特色课程

续表

序号	课程名称	课程内容（单元）	开设年级	课时安排	任课教师	备注
10	航天巧手，创意无限	依托老师特长，以中国结，十字绣，丝网花，剪纸等动手实践活动，为航天模型添创意	初一 初二 高一	10	刘小红、陈桂琴、张美芹、毛冬梅	航天科技特色课程
11	航天基地发展史	通过对中国航天基地的知识介绍，使学生了解航天基地的状况及发展，激发学生热爱航天事业的激情	初一 高一	10	高俊华、张炜	航天科技特色课程
12	航天与政治经济的关系研究	引导学生以完成课题的方式，对航天领域及政治经济关系的研究，了解航天对国家经济的影响	高二	10	马秀舫	航天科技特色课程
13	诗词与人生	通过对古人诗歌的学习了解诗人的情怀与人生，激励学生对自己的人生进行规划	初一 初二 高一 高二	10	王永红、卿平娇	学科兴趣校本课程
14	桥牌高手	学习桥牌的发展，规则以及桥牌的技巧，训练学生的推理，判断，创新能力，培养团队合作精神	初一 初二 高一 高二	10	吴昱欧	兴趣校本课程
15	京剧社团	教唱京剧，排练京剧片段，弘扬中国传统文化，让京剧进校园	初二	10	林琳	兴趣校本课程
16	柔力球	通过对学生进行柔力球的指导和实践指导，达到锻炼身体，陶冶情操，弘扬中国传统文化的目的	初一 初二	10	朱莎、王银环	兴趣校本课程
17	国际理解	将初中的国际理解课程引入到高中的校本课程中，增加高中生的国际知识，扩大他们的国际视野，培养他们正确的国际意识，为树立正确的人生观、世界观奠定良好的基础	高一	10	韩伟	兴趣校本课程

从这个学期的校本课程的规划表中可以看出，除了刚才提及的 2 门必

修集体授课课程外，还有12门分年级分学科的航天科技类校本课程，这是我们的特色课程主体。

清晰的课程体系设置以及随时结合师生实际情况的调整完善使得我校的特色课程文化正在逐渐形成，也促进了校本课程的更有效地开发。

三、教师的多样教学为航天科技类校本课程的有效开发提供实施途径

在校本课程的课堂教学，研究性学习以及综合实践活动中，教师都注重从学生的认知出发，注重培养学生对科学探究的兴趣，运用启发式、探究式教学法，引导学生自主学习、自主实验。学生通过航天科技专家及教师的引领，通过自主探究合作，逐步体会了航天科技的魅力和科学探究的乐趣，逐步提升了创新意识和研究能力。

现在承担校本课程的教师积极探索多样的教学方式，促进特色课程的有效开发和实施。他们不仅仅是老师教授知识，而是把更多的机会和时间留给学生，让他们进行分组合作，共同完成一项研究任务或者一个汇报展示等。走进我校校本教师的课堂，你就会看到老师精心准备的视频，看到学生动手实践的场景，听到学生慷慨激昂的声音，或者分组进行辩论等，你会感受到课堂的活跃与轻松。我们的学生非常喜欢这样的课堂，喜欢上这样的课。

通过一个学期的数据统计，在校本课程上借用机房带领学生查找资料，制作课件，进行课题研究的老师共19人次。有10位教师带学生去科技馆进行体验，7位教师在期末采用竞赛活动设计的方式对学生进行评价和检测，还有10多位教师利用自己的特长带着学生进行动手实践操作活动等。

在实施了2个学期的课程之后，我们设计了一份问卷调查，其中有一些关于学生对校本课程态度的问题，如：

1. 对于学校开设校本课程，你的态度是（　　）单选

A. 很喜欢68%　B. 较喜欢30%　C. 一般1.8%　D. 不喜欢0.2%

此题选AB选项的学生合计98%左右，由此可以看出我们的学生在我们老师多样的教学方式的引领下，非常认可我们开设的这些特色课程。

2. 你希望通过校本课程的学习达到什么目的？（　　）多选

A. 对今后的学习和生活有帮助86%

B. 对提高文化学习分数有帮助56%

C. 提高自己的素质96%

D. 随便玩玩1%

E. 其他，如________。

4. 如果在实施校本课程课堂教学中，你希望有哪些多媒体教学方式（　）多选

A. 看课件 76%　　B. 看录像 82%

C. 听录音 70%　　D. 在网络上交流 89%

E. 动手做实验 87%　　F. 自己设计网页 13%

G. 其他，如________。

从这几道题的数据反馈可以看出，我校学生对于校本课程的意义认识非常清楚而明确，希望的授课方式主要体现在能让他们自己动手参与比例较高，因此依托学生的问卷反馈，将学生的建议直接传递给我校的所有校本课程教师，让他们看到因为他们的努力学生对这门课程的喜欢程度非常高，同时也提醒我们的教师注意在课堂上采用学生最喜欢的授课方式，已达到有效的授课效果。

在2年后针对教师的问卷中有这样几道题：

12. 你认为你的校本课程教学方式有什么变化？

A. 有较大变化，突出学生自主学习与小组研讨 27.59%

B. 有较大变化，有意识减少讲授时间 24.14%

C. 关注学生感受，有意识落实堂堂清 34.48%

13. 一学年的校本后，您认为学生最大的变化是什么？

A. 交流与合作能力提升，合作学习 37.93%

B. 主动参与，乐于探究 51.77%

从老师反馈的数据中可以看出，我们的老师接受了学生的建议并且尝试应用。

多样的方法调动学生的积极性，鼓励引导学生进行自我探究和合作式学习的模式，有效地学习校本课程。学生产生的变化是教师变化的直接结果。这样的变化是校本课程有效开发的途径保障。

四、丰富的校外资源是航天科技类校本课程有效开发的支持源泉

作为地处航天城，毗邻科技馆的一所东高地地区的完全中学，我们与航天城和科技馆建立了长期的合作关系。目前航天科技博物馆和科技馆是我校的一个校外科技实践体验基地。每个学期我们会组织相应的学生去博物馆和科技馆进行科技实践活动，丰富学生的课外生活。利用博物馆的航天资源，学生通过参观，听讲解，或与航天专家座谈的方式来直观了解更多的我国航天事业的发展与取得的成就；而科技馆更是学生乐于前往的地

方。新建的钱学森青少年科技馆大厅里的陈列的火箭模型是我校航天科技特色校本课程《航天火箭的发展历史研究》的实践场所。学生面对逼真的火箭，听着科技馆老师的火箭介绍，更加增强了要了解研究火箭的决心与信心。同时科技馆的科技体验室、航天火箭模拟发射台，以及今年刚搬迁过来的地震馆都是我校学生喜爱的地方。

依托东高地教育集群的科技资源优势，我们对科技教师的培训，科技节活动的设计安排，航天科技的社会实践活动组织等都进行了集群间的合作与交流，并将这种区域间的合作发展模式发展为省际，国际间的合作。教育集群与四川省凉山州西昌市第二小学成功签约，组建了“航天科技特色教育研修共同体”。中英合作项目中的课程共建，让我们和远在英国的学校建立了科幻画、科技摄影、气象观测等科技类课程，在资源共享共同开发和建设航天科技特色教育基础上，为航天中学开展落实航天科技特色教育建设提供了更加广阔的空间，也为深化辐射本地区航天科技特色教育提供了平台，从而形成“地区间国际航天科技资源共享、共研、共促”的合作共赢的局面。

这些有利而丰富的校外资源优势为我校航天科技类校本课程的开发提供了源源不断的动力源泉。当老师有困惑或不解的时候，科技馆航天城的专家就会给我们指引方向；当学生需要了解航天科技领域里的某个技术发展，我们就及时邀请航天专家、航天院士和学生面对面，零距离接触；当师生需要实践体验的时候，周边的资源就会向我们随时敞开。有着这样的支持保障，我们的特色课程没有理由不具有强大的生命力。

五、多彩的科技类实践活动及竞赛为航天校本课程的有效开发提供评价平台

校本课程的开发离不开一种良好的评价及奖励体系，在良好有效的评价和奖励系统的促进下，特色课程的有效开发才会更有保障，更有持续性。

为了激励师生更好地实施特色课程文化的建设，我们特制订了一些依托科技类实践活动及竞赛的奖励制度。

（一）教师奖励

（1）每个学期航天科技校本课程教师进行一次总结交流会议，就某个主题进行研讨，并适当地给这些老师一定物质奖励。

（2）每个学期带队辅导各级各类航天科技竞赛活动的教师给予一定的物质或资金的奖励。

（3）每个学期将针对工作认真、负责，科技教育成效突出的教师进行外出培训学习，作为一种研修式的奖励。

（4）在学校航天科技特色课题中积极撰写论文，案例，教学设计并参加市区论文评比的教师作为校本研训评价的一个依据。

（5）航天科技课程的承担也将作为教师专业发展的一种方式，鼓励教师结合学校特色以及自身优势等选报或开发1～2门科技课程。

（6）对于以组为单位开发航天科技特色校本课程的教研组进行适当地奖励和鼓励，从而加大教研组的校本课程开发的奖励力度。

（7）每一学年科技文化节鼓励科技教师参与活动的设计和实施，并对于活动组织较突出的科技教师进行物质奖励。

（8）每年评选“年度优秀科技教师”，计入教师的各种晋级及优秀评选条件之一。

（9）依托东高地科技教育集群，组织教师的科技培训并评选“集群优秀科技教师”，并进行奖励。

（二）学生奖励

（1）鼓励学生积极参与航天科技特色科技文化节活动，设置丰富多样的科技竞赛活动，表彰表现优秀，成绩突出的学生。

（2）和德育处联手，结合科技比赛的成绩及平时对科技的关注度评选一年一度的“优秀科技小明星”。

（3）依托科技文化节评选组织积极，效果明显的“优秀科技班级”。

（4）借助东高地科技教育集群，评选“优秀科技小院士”及“优秀科技小明星”，记录档案。

（5）对科技特长生将进行物质奖励并合理由优带弱，培养更多的科技爱好者。

在这样的奖励制度下，我们积极组织教师和学生参与各种实践活动及竞赛。

第一，航天校本课程的成果展示活动。

每个学期的航天科技校本课程或是研究型学习结束时，我校科研办主管负责人将督促师生共同进行认真详细的总结反思，展开优秀学员的评选活动，促学生兴趣和参与积极性的提高，同时组织不同年级的课程成果展示，如研学的开题报告会，结题报告会，科幻画作品展，太空种植实验报告，我最敬佩的航天人物征文赛等评价活动为课程更有效地实施打下了扎实的基础，提供了良好的评价保障。学校还把学生的这些课程成果设计为展板，让全校师生共同学习了解，扩大特色校园发展的宣传面。

第二，科技节活动及科技竞赛的组织，为特长学生提供发展窗口，为校本课程挑选科技特长生。

特色学校文化离不开特色的学生教育活动，而航天科技教育则离不开各种各样的航天科技活动，因此，我校借助市区科技节的各项比赛，组织学校的科技文化节，以此来培养我校学生“爱科学、学科学、用科学”的精神；激发我校学生的创新意识和创新能力；切实加强我校航天科技校园文化建设，丰富学生的校园文化生活，更好地体现我校“航天科技，探索创新”的宗旨，使我校的航天科技氛围更上一个台阶，为打造我校航天科技校园人文的软文化奠定良好的基础。

2012 年 10 月至 11 月，我校成功组织了“创新科技，爱我航天”首届科技节活动，整个活动过程中，我们鼓励学生积极参与，并通过校赛挑选优秀学生参加区赛，市赛等，目的是为学生提供发挥特长的窗口。整个活动也体现了我校师生对航天科技特色文化打造的发展方向，并已逐步得到认同，积极投身到这种特色教育的行列中来。

2012—2013 学年北京市和丰台区第 30 届科技节中，我校选送的参赛学生通过老师的细心指导和训练，均获得了很好的成绩，在这一学年中共 228 人次获国家、市级、区级奖项。在比赛中我校师生“奋勇拼搏，为校争光”的爱校情结和“敢于竞争，敢于战斗”的航天精神体现得淋漓尽致。

2013 年的科技文化节主题为“创新科技，超越自我每一天”，意在鼓励学生依托科技平台，学会不断创新，不断超越。我们也将继续努力实施航天科技特色教育，为校本课程的继续有效开发创造更多的评价平台和激励机制。

特色课程的有效开发离不开以上提到的几个方面的充分利用和调整完善，虽然我校的航天科技特色教育仅仅只是初见迈步，航天科技类校本课程仅仅只是初见成效，但我们坚信我们对特色课程有效开发的初探会给我很多启示与借鉴。我们将继续开发并实施我校的航天科技类校本课程，最终形成独特的课程文化，促学校特色的可持续发展！

用爱心与汗水浇灌智慧之花，播撒希望之种，期盼盛夏的果实。

美在其中的数学

北京市航天中学　邱荣荣

数学是一门研究空间形式和数量关系的科学，是刻画自然规律和社会规律的科学语言和有效工具。数学教育作为教育的组成部分，在发展和完善人的教育活动中、在形成人们认识世界的态度和思想方法方面、在推动社会进步和发展的进程中起着重要的作用。它与美学有什么关系呢？数学是人类文化的重要组成部分，数学课程应体现数学的美学价值。例如：众所周知的“黄金分割”是个数学问题，但它显示出来的美，至今仍是一个谜；还有宏伟的埃菲尔铁塔、举世闻名的比萨斜塔等建筑，如果离开数学，它们就不会存在。它们所表现出的美是永恒的，使几代人赞叹不已。这种例子举不胜举。在日常教学中怎样对学生进行审美教育呢？首先要挖掘教材的美育因素，结合课堂教学、解题训练、数学课外活动及作业的书写等内容，让学生在实践中体验美，引导他们发现美、欣赏美，适时进行审美教育。这样，不但能陶冶学生的情操，提高审美水平，而且能提高学生学习数学的兴趣，养成良好的学习习惯。那么该如何引导学生去领会数学的“美”呢？

一、在教学中创设美的情景，感受数学的美

俗话说“知之者不如好之者；好之者不如乐之者。”在数学教学中，教师若能利用各种手段，挖掘蕴含在数学中的可激发学生兴趣的因素，充分调动学生的学习积极性，使求知成为学生的内在动力，必能事半功倍。而为学生创造一种美的教学情境，引导学生去探索、思考、发现，则不仅

能使学生在轻松优美的氛围中学到知识，发展能力，而且还让学生感知到美、欣赏到美，从而受到较好的审美教育。

如在讲授“等比数列求和”一节中，引用《庄子》中“一尺之棰，日取其半，万事不竭”的论述，或引用国际象棋的典故引入课题：古时印度国王为了奖赏国际象棋的发明者，问他有什么要求吧，发明者说：“请在棋盘的第 1 格子里放上 1 颗麦粒，第 2 格子里放上 2 颗麦粒，第 3 格子里放上 4 颗麦粒，第 4 格子里放上 8 颗麦粒，每个格子里放的麦粒数都是前一个格子里的 2 倍，直到第 64 个格子。请给我足够的粮食来实现上述要求。”国王觉得这并不难办，就答应了。

你认为国王有能力满足发明者上述要求吗？让我们来分析一下。

各个格子里的麦粒数依次是 $1, 2, 2^2, 2^3, \cdots, 2^{63}$

于是发明者要求的麦粒数就是 $1+2+2^2+2^3+\cdots+2^{63}$

通过这样创设情境，极大地提高了学生学习数学的兴趣，促使学生积极思考问题，使他们的思维处于活跃状态，创造潜能得以发展。

在“基本不等式 $\sqrt{ab} \leqslant \dfrac{a+b}{2}$（$a \geqslant 0, b \geqslant 0$）的证明”一节中，可以引用如下的几何背景。

右图是 2002 年在北京召开的第 24 界国际数学家大会的会标，它是取材于我国古代数学家赵爽的弦图，是由四个全等的直角三角形和一个小正方形组成的大正方形，形如一只旋转的橘黄色纸风车，象征着中国人的热情好客。此图是目前所知道的对勾股定理最早、最简洁的证明。根据图中所标的数据，你能从中找出一些不等关系式吗？

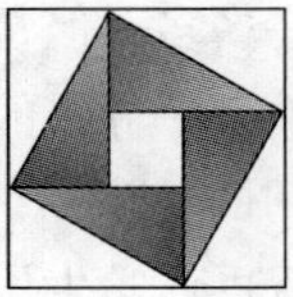

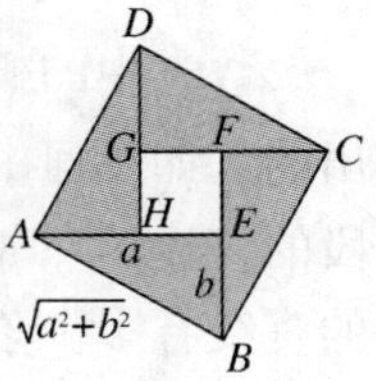

点评：“弦图”说明了我国古人在数学方面的贡献，是中国人的骄傲，可以激发学生的学习兴趣，现在的我们要沿着古人的痕迹，振兴数学，复兴数学，不仅学习了数学知识，而且对学生进行了一次爱国主义教育，树立学好数学的信心。

二、组织趣味数学游戏，体会数学的魅力

数学知识无处不在，在很多游戏中，都蕴含着数学知识，如果你会运用数学知识，就能增加获胜的把握。如我们熟知的数独游戏、“多米诺骨牌”、数字魔方等。

我们来看下面的数学游戏——有没有获胜“秘诀”。

拿出一副扑克牌，游戏规则是：两人轮流取牌，每人每次取 1 ~4 张，但不能不取，取走最后一张牌者为胜。采取三局两胜制，决出胜负。

如果两个人都是“高手”，先取者必胜。理由如下：

一副扑克牌有54 张，假设甲先取，由于 $54 \div (4+1)$，商10 余4，所以甲先取走4 张，乙再取走 n（$1 \leqslant n \leqslant 4$）张，接着甲取走（$5-n$）张；以后每次在乙取牌后，甲所取牌数均为5 减去乙所取牌数之差；最后必剩5 张，由乙来取，乙无论怎么取，都得给甲剩下1 ~4 张，这样，甲就能最后取走剩下的所有牌。

如果乙不知道这种获胜策略，甲即使后取，也有获胜机会。只要设在某次取牌时取走的最后一张，是第4、9、14、19、24、29、34、39、44、49 张扑克牌中的任何一张，在后面的取牌中，按照刚才介绍的方法，必定有获胜的把握。

这样的教学可以让学生从游戏中领悟数学的逻辑性和推理性，既发展了学生的思维能力、理解能力与创动手能力，又增强了学生学习的积极性。

三、用简洁的语言，概述数学的美

数学中的概念许许多多，但每个概念都是以最精炼、最概括的语言给出的。如几何中线段垂直平分线的概念：垂直于这条线段并且平分这条线段的直线等。如在《图的初步知识》教学中，可以先让学生去探究过两点的直线有多少条？然后再让学生用自己的语言来概括这个结论，最后教师再给出“两点确定一条直线”，短短的一句话，简练严谨，内涵丰富，充分让学生体会了数学定理的简洁之美；又如九年级圆的定义“圆是到定点的距离等于定长的点的集合”，若无“集合”则形成了点，构不成圆，一字之差则情况相差万里，充分体现了数学语言的简洁美。

欧拉给出的公式：$V-E+F=2$ 堪称“简单美”的典范。世间的多面体有多少？没有人能说清楚。但它们的顶点数V、棱数E、面数F，都必须服从欧拉给出的公式，一个如此简单的公式，概括了无数种多面体的共同特性，令人惊叹不已。在数学中，像欧拉公式这样形式简洁、内容深刻、作用很大的定理还有许多，如圆的周长公式：$c=2\pi r$。

四、动手画数学图形，描绘数学的美

几何初步知识是中学数学的一项重要内容，它包括直线、线段、射线、长方形、正方形、圆、平行四边形、梯形、长方体、正方体、球的认识和画法等，这些图形，无论他们的简单和复杂程度如何，都各自具有独特的美。例如：直线表现刚劲有力，曲线表现轻快流畅，三角形寓有变化之美，等腰三角形、等腰梯形、长方形、圆等几何形体的对称美，正方形的平稳方正等，教师可在教学中利用教材提供的各种图形，引导学生在认识和掌握各种图形的过程中，体验他们的优美，达到美的感受。并且可以利用图形之间的关系或者一些有趣的规律，发挥学生的想象力，让他们用各种图形拼组成自己喜欢的事物，体会数学的组合美。

例如：对于任意三角形，它们的三条中线总是交于一点，使学生感到应是巧合而并非巧合，从而由审美直觉联想到三条角平分线、三条高线、三条中垂线也总是交于一点，使学生进一步认识到了最简单的图形——三角形中蕴藏着的一般规律。

如在讲述圆锥曲线的第二定义时，人造卫星、行星、彗星等由于运动的速度的不同，它们的轨道可能是椭圆、双曲线或抛物线，这几种曲线的定义如下。

到定点距离与它到定直线的距离之比是常数 e 的点的轨迹，

当 $e<1$ 时，形成的是椭圆。

当 $e>1$ 时，形成的是双曲线。

当 $e=1$ 时，形成的是抛物线。

常数 e 由 0.999 变为 1、变为 0.001，相差很小，形成的却是形状、性质完全不同的曲线。而这几种曲线又完全可看作不同的平面截圆锥面所得到的截线。让学生通过动手画出三条曲线，体会它们的区别与联系，描绘出数学图形的美。

在我们数学的教学中，探索和发现数学的美是提高学生学习数学的有效途径。所以如何去探索和发现数学的美，并将其通过课堂教学传授给学生是摆在我们每一个数学老师前面的一个问题。作为一位数学教师，首先我们就应具备对数学美的捕捉和创造能力，并带着自己对数学美的强烈体验与感悟走进课堂、走进学生、走进数学，与他们共寻数学美、共创数学美、共享数学美。这才是新课程改革下素质教育在数学教育中的集中体现。

罗丹说：自然总是美的。伽利略则宣称道：自然这本书是用数学语言写成的。哪里有数，哪里就有美。数学总是美的，数学是美的科学。数学美的魅力是诱人的，数学美的力量是巨大的，数学美的思想是神奇的。它可以改变人们认为对数学枯燥无味的成见，让人们认识到数学也是一个五彩缤纷的美的世界。如果说数学使许多人心旷神怡，并为之付出毕生的精力，从而促进了数学学科的飞速发展，那么，它也一定能够激发更多的有志青年追求知识，探索未来的强烈愿望，因为“美”在数学中存在。

参考文献

[1] 江蕺茜. 论美与数学. 重庆大学学报：社会科学版，2001，7（3）.
[2] 数学中的对称美与应用. 中国科学信息，2006（5）.
[3] 钱珮玲. 高中数学新课程教学法. 高等教育出版社，2007.
[4] 叶海英. 例谈数学教学中的数学文化渗透. 希望月报：上半月，2008.
[5] 谈谈数学的奇异美. 汤波. 济南教育学院学报，2002（2）.
[6] 普通高中数学课程标准. 人民教育出版社，2003.

尊重、理解、帮助学生，是教师对学生最大的爱。

问渠那得清如许　为有源头活水来

——引导学生改变写作方式

北京市航天中学　纪　宏

作为一名语文老师，感觉语文教学中最大的难题，是作文教学。提起写作文，学生唉声叹气，一脸愁容。往往是绞尽脑汁、抓耳挠腮，面对着作文纸使劲咬笔杆却半天都挤不出一个字。每周两节作文课，课时不少，课上也在反复讲解作文的方法，如何开头，如何描写人物，运用多种描写方法，外貌描写、语言描写、动作描写，加上心理描写；怎样设计结尾，如何点题扣题等，可是学生还是无从下笔，即使交上来的作文也生搬硬套，言之无物。十几年的教学中，一直在探寻如何解决这一难题。结合新课程所提倡的教育理念，语文学习应该在大量的、丰富多彩的语文实践中感悟、习得。所以利用生活这个大课堂，发现其中蕴含的价值，引导学生关注、了解、学习，对于学生语文素养的提高是非常有益的。老师应该精心创设写作的大环境，对学生进行训练；环境刺激学生，调动学生的兴趣、情绪，激发写作欲望。老师应该全身心关注学生的生活，开启学生的心灵智慧；并引导学生深入环境中，从细心的观察感知到发现领悟进而表达抒发。作文教学中“演、说、写”的作文思维训练，注重让学生在生活中发展，在活动中发展，是避免脱离学生实际的有效教学方式。

一、引导捕捉生活场景，成为写作素材

观察是人们认识事物的起点，是迈向创新的第一步。如果学生对周围

事物缺乏认识，硬要他们去表达，是不可能的。只有认真细致地观察，才能对事物有全面细致的了解，写出来的文章才会真实感人。学校是学生的主要生活空间，但往往在学生的眼中看到的是些零散的、互不关联的情景，此时需要老师引导学生捕捉场景，用自己的眼睛去发现，用心灵去体会。成为自己的写作素材。开学之初，面对新的学校、新的老师、新的同学，所有的一切都是崭新的。学生身处其中只是感觉到好奇新鲜。此时让同学们细心观察，每天接触很多任课教师，你最喜欢哪科老师，说说他（她）上课的特点。提示观察的方法，他（她）讲课时的神情，板书时的动作，讲课的方式都怎样？平时学生可能上课只停留在听讲，当老师将此问题抛出时，学生有意识的观察，将自己的观察述说出来，感觉作文好像有内容了。有的学生说历史老师每天上课充满激情，一个个历史小故事娓娓道来，让我们感觉特别愉快。有的学生说喜欢数学老师，老师上课经常满满一黑板的板书，将定义公式展现得清清楚楚，让我们一目了然。有时让同学上讲台，给大家讲题，老师方法多样，灵活多变。有的说英语老师，老师设计小游戏，拼写接力大赛形式，让我们掌握单词。尤其喜欢外教老师上课，边唱边跳，将学习内容编写成一首首歌曲，演唱过程中学会了难以理解的知识。学生在说中回忆起上课的情景，有的同学还能活灵活现地表演老师上课的细节之处，其他学生在他们的表演中受到启发，补充自己观察到的情景，在不知不觉中将各科老师的形象丰满起来。此时再拿起笔写《我的新老师》，感觉有话可说，有内容可写。开学之后不久，学校召开运动会。运动会前期最重要的彩排仪式，各班经过主席台前要求进行一分钟展演。学生的积极性很高，有的购买班服，有的设计口号，有的武术表演，大家利用放学时间，自觉地进行练习。看到这一幕，及时点拨，让同学们注意观察。军体委员是如何呼喊口号，让大家走好正步，全班协调一致的；八个女生表演跆拳道，看她们的一招一式，举手投足之间是怎样把少年风采展现的；班服送到之后，同学各自拿到衣服兴奋的神态，跃跃欲试的样子。这时再以《团结》为题布置作文，学生从自己观察的角度先说，有的说军体委员一脸严肃地站在队列中，自己首先做到标准姿态，身体笔直收腹挺胸、目视前方，喊口号时声音洪亮，额头、脖子上的青筋暴露，她为我们班队列整齐的表演，付出得最多。有的同学说班里的八个女生代表了我们班的风格，她们动作有力、转身踢腿出拳特别一致，展现了我们朝气蓬勃又团结向上的一面。此时，再引导同学展开讨论——我们班集体是个怎样的集体，大家都会异口同声地说："团结"，那么在作文中我们应该怎样书写呢？学生拿起笔知道抓住人物神态、动作、语言来描绘班级中同学们的努力，每个人都要做到最好的一面，为班集体增光添彩。这样比单纯的讲解写作方法来得生动、具体、可感，作文的技巧训练自然地融汇其中了。

二、展现生活的画面，抒发真情实感

利用有利于学生思维发展的环境，活跃学生的思维，联系自己经历，抒发真实的感受。本学期笔者担任初一班主任工作，有意识的引导学生关注学校的各项活动。丰富的学校活动可作为调动学生写作的第一素材。开学之初，学校组织全体初一新生参加军训，当时正是炎炎夏日，气温高达34℃。学生们在军营中接受6天的严格训练，站军姿、正步走、夜间集合拉练。刚刚十一二岁的孩子，远离父母独立接受这样的挑战，的确是一种考验。抓住这次机会，让同学们在晚间休息时，写出自己的感受，后期编写成了军训日志，记录了自己人生成长的档案。有的同学在命题作文《那一次，我××》，将自己的经历写到作文中《那一次，我自豪》。文中这样写道：刚上初中，学校组织军训，当时还是炎炎夏日，火辣辣的阳光让人感觉就像在烤箱里，连旁边的花草都晒得打蔫，更何况我们在沙石地上做俯卧撑，石子都被阳光晒得滚烫，手放上去多一会都不行，在这种天气，做50个俯卧撑简直就是折磨。“1、2……”教官喊着口令，我们就跟着做，我感觉我的身体好像有千斤重，胳膊一弯就趴下去起不来了，豆大的汗珠从额头上滚落，脸被烤得火辣辣的，我想趴下来休息一会，只是一小会……可转念一想，教官说了，要做50个，还没做到呢，怎么能偷懒呢？不行！绝对不行！可是我现在胳膊和腿都酸的不行，连支撑自己的力气都快没有了，再说别的同学也有偷懒的，我也想休息一会……我十分纠结，心中好像有两个人打架，一个说休息，一个说要坚持下去。我想，如果我休息了，就是半途而废，我要坚持下去，虽然累，但是坚持就是胜利！“47、48、49、50！”终于做完了。我如释重负，尽管很累，身子像散了架，一点力气都没了。可是我心里感觉十分自豪，因为，我坚持了下去，我做到了！学生成功的习作结合了自己已有的生活经历，将它们在大脑中重现，如同像电视回放一样，一一展现，历历在目。学生对自己熟悉的生活是不犯怵的，心理上去除了畏难情绪，对自己熟悉的经历的生活有着真切的体验，而且十分投入，此时的大脑处于兴奋状态，思维活跃，表达起来就会顺畅。这时告诉学生只要留意自己的生活，那些令你难忘令你感动的情景，把它们描写出来，感受融进去就是一篇成功的习作。这时就会觉得作文不难写了。这就是在作文教学中设置了促进内因转化的外部条件，调动起学生写作的积极性。

三、建立良好的训练常规，让写作循径而上

“问渠那得清如许？为有源头活水来。”作文的源头就是生活，就是积累。如果没有大量的阅读，就没有丰富的语言积累，写作将成为“无源之水，无本之木”。写作教学中还提倡学生多读书。

为此，我班建立“读书角”，学生自己所拥有的课外读物捐献出来，成了班内所有同学的公共读物，让学生尽可能涉猎多方面的知识。为学生创造了一个静心读书的机会，在做好正常教学工作的基础上，一周专门拿出一节课让学生静心读书。诵读古诗文、名著阅读、报纸杂志的时文都可以。书读得多，对生活就有了自己独到的看法，作文也就与众不同了。但是不能单一要求学生读书，还应制定相应得读书规定，我的做法是要求学生建立一个制订阅读计划，每周坚持读两篇以上的文章，做好读书笔记。利用自习时间一个月举办一次读书交流活动。读书之后的收获，与同学们一起分享。有的同学读完《哈利波特》后写道：在魔法世界里学会善良，崇尚正义，与邪恶斗争，哈利是我们的天使。有同学读完《老人与海》后写道：生活感到疲惫时，他好像在告诉你：起来，一定要爬起来，我们可能被打倒，但我们不能被打败。还可以采用在每节语文课前三分钟时进行课前演讲或推荐成语故事、名言佳句、励志故事、新闻时事。2010 年以来，一直坚持这样的形式，全班每天一名同学介绍，依座次轮换，几个学期下来，学生的介绍内容越来越丰富，自己的见识越来越广博，思想认识越来越深刻。同时对学生的写作也有了一定的帮助。从素材的选择到文段的安排以及文章主题的挖掘各个方面都有一定程度提升。

实践证明：写作教学的方法中，引导学生用一双敏锐的眼睛留意自然状态下的生活，随时发现写作的契机，关注生活的点点滴滴，观察入手，在观察和分析事物过程中，学生总是展开想象的翅膀，从而促进思维的深化，写作灵感的涌动。想方设法让学生进入真实的写作情境，天长日久，学生的习作便少了生硬虚假，多了真实与个性发挥。减少了对学生写作的束缚，创设了一个挥洒个性的空间，采用灵活多样的形式进行作文教学，会让学生真正的放开来写作。学生会自由流露自己内心真实的感情，因此感情会更真挚，表达也会更流畅。总之，生活是学生取之不尽、用之不竭的源泉。只有生活中活水流淌，笔下的文章才会生意盎然。当我们综合以上训练要点，形成一个良好的写作常规时，作文的清泉就会汩汩而出。学生才能成为真正的学习的主人。